Robert Schopflocher

Weit von wo

Robert Schopflocher

Weit von wo

Mein Leben zwischen drei Welten

Mit 30 Abbildungen

Langen*Müller*

Bild- und Quellennachweis
Privatarchiv des Autors: 24, 26, 27, 51, 67, 113, 193, 241, 252, 253, 255, 265, 288 –
Dr. Hans-Georg Ohm: 58 – Marcelo Loeb, Buenos Aires: 89, 90, 91, 142 –
AFI (vermittelt durch Mónica Sadler): 101 – Transmare Verlag: 117 –
Damián Roth: 145, 147, 148 – Lisbeth Neumeyer: 149, 151 – Archiv der J.C.A: 156 –
Museo Judáico de Entre Ríos, Dominguez: 188, 190

Besuchen Sie uns im Internet unter
www.langen-mueller-verlag.de

© 2010 by Langen*Müller* in der
F. A. Herbig Verlagsbuchhandlung GmbH, München
Alle Rechte vorbehalten
Schutzumschlag: Wolfgang Heinzel
Umschlagfotos: Robert Schopflocher (privat)
Satz: Uhl + Massopust, Aalen
Gesetzt aus: Minion Pro 11/14 pt
Druck und Binden: GGP Media GmbH, Pößneck
Printed in Germany
ISBN 978-3-7844-3236-6

Inhalt

Das Geheimnis einer Schublade

Bei der Niederschrift meiner Lebensgeschichte leitet mich der kluge Ausspruch Maria Jokls: »Es gibt keine Ereignisse mit Anfang und Ende.« Ohne mich gleich ins Dunkel einer der Anthropogenie vorbehaltenen Vergangenheit vorwagen zu wollen, möge hier die Feststellung genügen, dass sich der Verlauf meines Daseins fast ein Jahrzehnt vor meiner Geburt – in den ersten Augusttagen des Jahres 1914 muss es gewesen sein – entschied. Beim Ausbruch des Ersten Weltkriegs befand sich mein Vater nämlich als Vierundzwanzigjähriger im neutralen Argentinien. Von jugendlichem Patriotismus beflügelt, wollte er dem Aufruf Kaiser Wilhelm II. Folge leisten: »Nun auf zu den Waffen!« – »Vorwärts mit Gott, der mit uns sein wird, wie er mit den Vätern war!« Und: »Ich kenne keine Parteien mehr, ich kenne nur noch Deutsche.« Mit seinem Enthusiasmus befand er sich nicht allein: Mehr als einer, der es eigentlich hätte besser wissen müssen, gebärdete sich in den ersten Monaten des Waffengangs kriegerisch und gab Gold für Eisen.

Er meldete sich beim Deutschen Konsulat in Buenos Aires und schaffte es tatsächlich, sich einzuschiffen, um das angeblich von seinen Feinden bedrohte Vaterland zu verteidigen. Bis zur Front gelangte er nicht, denn im Ärmelkanal brachten die Engländer seinen Dampfer auf und steckten die sich darauf befindenden sechzig jungen Deutschen in ein Kriegsgefangenenlager auf der Isle of Man. Nach Kriegsende kehrte der verhinderte Soldat, von seiner Abenteuerlust geheilt, nach Deutschland zurück, trat in die väterliche Firma ein, gründete im Inflationsjahr 1922 seine Familie und zeugte mich. Vom Truppenteil, für den man

7

ihn bestimmt hatte, kehrte, wie er später erfahren sollte, kaum ein Soldat zurück.

So also kam es, dass ich am 14. April 1923 im fränkischen Fürth das Licht der Welt erblickte und nicht in Argentinien, wo die weniger patriotisch gesinnten Freunde meines Vaters zurückgeblieben waren. Zu ihrem und zu unserem Glück. Denn unter ihnen befand sich sein Vetter Adolf Hirsch aus Bad Mergentheim. Dieser brachte es später zu Wohlstand. Nicht zuletzt ihm verdanken wir die Rettung aus der Hölle, in die sich unser Vaterland im Jahre 1933 verwandelt hatte.

Und so kam es auch, dass ich erst seit 1937 an den Ufern des Rio de la Plata lebe, des Silberstroms, der seinen Namen zu Unrecht führt. Denn weder verdienen seine lehmbraunen Fluten eine solch poetische Bezeichnung noch trugen die auf ihm verkehrenden Schiffe je Silberschätze ins spanische Mutterland, wie es sich die Eroberer ein halbes Jahrtausend zuvor erträumt hatten. Nur als ein Silberstreifen der Hoffnung erwies er sich für die Flüchtlinge, die in den dreißiger Jahren des vergangenen Jahrhunderts der ihnen zugedachten Endlösung entrinnen wollten. Ein Silberstreifen, der ein gutes Jahr nach unserer Landung seinen Glanz einbüßte, als die Gespensterschiffe von einem Atlantikhafen zum nächsten irrten, in der Bemühung, ihre menschliche Fracht mit der verfemten Rasse, dem teuer erkauften, aber fragwürdigen Visum und dem roten Judenstempel im Pass loszuwerden. Sehr oft erfolglos.

Dieser Verkettung nicht voraussehbarer Umstände ist es zuzuschreiben, dass ich nicht in der Gaskammer oder im Krematorium endete wie mehr als einer meiner früheren Spielkameraden und Schulfreunde. Wäre mein Vater nicht rechtzeitig ausgewandert, hätte er nicht die alten Beziehungen zu Argentinien gehabt, nicht den Vetter, nicht die christlichen Freunde in Fürth, die ihm in schwerer Zeit brüderlich zur Seite standen …

Wenn … Aber die Geschichte wird bekanntlich nicht im Konjunktiv geschrieben.

So viel also zu den richtungsweisenden Schicksalskräften – ob von göttlicher Vorsehung, den Sternen (mein aufgeklärter Vater ließ sich trotz aller Skepsis ab und zu sein Horoskop stellen), vom blinden Zufall oder, wie ich mit zunehmendem Alter immer mehr erahne, von einem mir innewohnenden geheimen Kompass bestimmt, mag dahingestellt bleiben. Ein Schicksal jedenfalls, dessen Zeugnis mir violett auf weiß in die Hände fiel, als ich viele Jahre später, nach dem Tod meines Vaters, dessen Schreibtisch ordnen musste. In Begleitung meines Bruders Klaus stand ich vor seinem Sekretär und überprüfte den Inhalt der vielen kleinen Schubladen des altertümlichen Büromöbels. Ein paar Briefmarken, Büroklammern, etliche vergilbte Passbildchen. Eine einzige Schublade leistete Widerstand und erwies sich als verschlossen. Da wir keinen Schlüssel fanden, sah ich mich gezwungen, sie aufzubrechen.

Sie enthielt nur ein Blatt Papier. Ein einziges. Den Durchschlag eines an seine Cousine Ännchen gerichteten Briefes, die es nach San Francisco verschlagen hatte. Den nahen Krebstod vor Augen hatte ihn mein Vater verfasst. Mir kam es zu, das Dokument zu verbrennen. Aber das gehört in ein späteres Kapitel.

Vorgeschichte

Als mein Vater im Mai 1913 zum ersten Mal in Buenos Aires eintraf, hatte er sein Abitur im Humanistischen Gymnasium zu Fürth, das Einjährige in einem bayerischen Kavallerieregiment und eine Lehre in der Nürnberger Privatbank seines Onkels Julius Hirschmann hinter sich. Die letztgenannte Tätigkeit hatte ihm eine goldene Taschenuhr mit eingravierter Widmung als Erinnerung und Abschiedsgeschenk eingebracht, die er zeitlebens trug.

Mehr als einmal erwähnte er die freizügige Vorkriegszeit, als man die meisten Länder ohne Pass und Visum besuchen konnte. Von allen Mitgliedern unserer Familie besaß damals lediglich sein Onkel Semi Mager einen Pass, weil ihn seine Geschäftsreisen ein oder zwei Mal im Jahr nach Russland führten. Mein Vater hatte sich mit der Absicht getragen, die väterliche Firma in Argentinien zu vertreten, was wohl eher als Vorwand diente, um solcherart sein jugendliches Abenteuer zu rechtfertigen. Denn mir fallen auf Anhieb etliche wesentlich ergiebigere und günstiger gelegene Absatzmärkte für die von den Gebrüdern Schopflocher unter der Marke *Fortuna* fabrizierten Bronze- und Aluminiumpulver ein als ausgerechnet Argentinien, auch wenn es in den Kirchen dort bestimmt nicht an Heiligenfiguren fehlte, deren Pracht regelmäßig mit Goldbronze aufgefrischt werden musste. Aber wie dem auch sei: Für einen strebsamen jungen Mann war es damals nicht schwer, sich in Argentinien seinen Unterhalt zu verdienen. So weiß ich aus den Erzählungen meines Vaters, dass er unter anderem Taschenlampenbatterien aus Deutschland importierte, die er durch Straßenverkäufer an den Mann brachte. Bei der Ankunft eines Schiffes mit einer Kiste seiner Batterien an Bord bildete sich eine Warteschlange von Hausierern, die nach Abrechnung der vorausgegangenen Lieferung einen neuen Posten auf Kredit ausgehändigt bekamen.

Bis 1936 war Argentinien kein Thema für mich. Ich wusste, dass mein Vater in seiner Jugend dort ein paar Jahre verbracht hatte. Mein Interesse an diesem fernen Land erwachte, als uns ein kurzer Luftpostbrief des Vetters meines Vaters erreichte, der ihm seine Hilfe anbot, um in Argentinien Fuß zu fassen; er könne zunächst bei ihm wohnen und die Familie nachkommen lassen. Dieser Brief entschied über unser Schicksal. Argentinien wurde plötzlich zum Mittelpunkt unseres Interesses, und ich begann, Spanisch zu lernen.

Ich erfuhr, dass das Land schon vor dem Ende des 19. Jahrhunderts eine starke Anziehungskraft auf die unternehmungslustige Jugend des Alten Kontinents ausgeübt hatte, die der Enge ihrer Heimat entfliehen wollte. Darüber hinaus genoss es auch den Ruf eines Refugiums für Verfolgte, waren es Armenier aus dem Imperium des Sultans oder »rusos«, Juden, aus dem Reich des Zaren; Deutsche, denen Bismarcks »Sozialistengesetz« die Heimat vergrault hatte, oder unter ottomanischer Willkür schmachtende Syrier und Libanesen, die man »turcos« nannte, weil sie mit türkischem Pass einreisten. Doch die aus den ärmsten Provinzen ihrer Länder stammenden Italiener und Spanier bildeten nach wie vor das Gros des Emigrantenstroms.

Gesegnet mit einem weitgehend gemäßigten Klima, mit fruchtbarem Acker- und Weideland und Bodenschätzen aller Art schien der Republik eine goldene Zukunft vorbestimmt zu sein. Schon bei der Staatsgründung 1810 hatte man die Sklaverei und die Inquisition abgeschafft. Zwei Maßnahmen, die nur auf geringen Widerstand gestoßen waren. Denn hier hatte das Heilige Offizium nie Ketzer verbrannt, wie dies auf den Scheiterhaufen zu Lima oder Cartagena de las Indias zur Erbauung und Abschreckung der Bevölkerung gebräuchlich war. Buenos Aires stellte zwar einen bedeutenden Umschlagplatz für Negersklaven dar, doch wurde die ersteigerte Menschenware meist nach dem Norden verfrachtet, denn hierzulande gab es weder Silberbergwerke noch nennenswerte Baumwoll- und Zuckerplantagen, die alle auf Sklavenarbeit angewiesen waren. Eine fortschrittliche, von den Postulaten der Französischen Revolution und der nordamerikanischen Verfassung inspirierte Konstitution aus dem Jahre 1853 sah die Teilung der drei Gewalten vor und garantierte sämtlichen Bürgern Gewissensfreiheit und Gleichheit vor dem Gesetz ohne Unterschied der Herkunft, Religion oder Hautfarbe.

Allerdings kann man sich beim Studium der argentinischen Geschichte nicht ganz des Eindrucks erwehren, die Verfassungsgeber hätten damals dem Land ein ihm im Grunde wesensfremdes politisches Modell aufgepfropft, das seinem kolonial geprägten, zu autokratischen Zentralregimes neigenden Charakter zuwiderläuft. Gewiss, das 19. Jahrhundert brachte weitsichtige Männer hervor: einen Juan Baustista Alberdi (1810-1884) zum Beispiel mit seinem in allen Schulbüchern nachzulesenden Grundsatz »Regieren heißt Besiedeln«. Oder Domingo Faustino Sarmiento (1811–1888), der sich um die Volkserziehung verdient gemacht hat. Aber trotz vielen, von liberalen Kräften getragenen Perioden des Fortschritts drangen immer wieder (und drängen sich gelegentlich noch heute) störende Kräfte in den Vordergrund – populistische »Caudillos«, Militärs, zur Gewalt neigende Gewerkschaftler –, die sich hemmend auf die Entwicklung dieses so liebenswerten Landes auswirken.

Als mein Vater 1913 zum ersten Mal Argentinien besuchte, beherbergte das heute knapp vierzig Millionen zählende Land gerade einmal drei Millionen Einwohner. Drei Jahre zuvor hatte die Republik mit eindrucksvollem Prunk das hundertjährige Jubiläum ihrer Unabhängigkeit gefeiert. Aus diesem Anlass waren allerhand technische Errungenschaften eingeführt worden. Eine davon war das Unterseekabel, das die telegraphische Verbindung mit Europa herstellte. Ihm kam nicht nur praktische, sondern auch symbolische Bedeutung zu: der Anschluss an die große Welt! Bereits Ende des darauffolgenden Jahres wurde in Buenos Aires die erste Untergrundbahn in Betrieb genommen, nachdem die elektrischen Straßenbahnen schon längst die Pferdebahnen verdrängt hatten. Die Straßen der Außenbezirke waren noch nicht befestigt und verwandelten sich beim geringsten Regenschauer in Morast, was dazu führte, dass automatisch alle Verabredungen und selbst der Schulbesuch ausfielen. Die Straßen des Stadtkerns jedoch waren gepflastert, teils mit Granitsteinen, die Frachter aus Europa als Ballast mitbrachten, teils mit Pflöcken aus einheimischem Hartholz. Ich habe es noch selbst erlebt, dass sich Letztere bei jedem heftigen Regenguss aus ihrem Asphaltbett lösten und in den Fluten davonschwammen.

Längst hatte man die allgemeine Schulpflicht eingeführt, Argentinien wies die niedrigste Analphabetenquote Lateinamerikas auf. Bis in die späten siebziger Jahre des 19. Jahrhunderts hinein hatte sich der Exporthandel Argentiniens vornehmlich auf die Ausfuhr in Salz konservierter Rinderhäute, auf Schafwolle und Rindertalg beschränkt. In erstaunlich kurzer Zeit war die Republik seitdem zur Kornkammer der ganzen Welt aufgerückt. Und als ab 1877 die Kühlschiffe zum Einsatz kamen, strömte durch die Ausfuhr von Kühl- und Gefrierfleisch und anderen Derivaten der Fleischindustrie ein bis dahin ungeahnter Reichtum ins Land. Eine Oberschicht von Großgrundbesitzern regierte das Land, als handle es sich um eine ihrer »Estancias«, baute sich in der Hauptstadt und auf ihren Landgütern luxuriöse Paläste im Stil des Pariser Neoklassizismus. Die Parks ihrer Latifundien ließen sich die Herren von französischen Landschaftsarchitekten entwerfen; den argentinischen Winter verbrachten sie mit ihren Familien meist an der Riviera. Man erzählt sich noch heute von »Estancieros«, die auf der Schiffsreise ein paar Milchkühe mit sich führten, damit ihre Kinder, die von französisch oder englisch parlierenden Gouvernanten betreut wurden, keinen Mangel an frischer Milch leiden mussten. »Reich wie ein Argentinier« war zu einer stehenden Redensart geworden.

Buenos Aires, die aufstrebende, überschwänglich als die »Perle des Rio de la Plata« besungene Hafenstadt, zählte beim ersten Argentinien-Besuch meines Vaters etwas über 1,25 Millionen Einwohner. Kaum die Hälfte davon waren gebürtige Argentinier. Während in den großbürgerlichen, traditionsgebundenen Kreisen weiterhin eine koloniale Gemächlichkeit herrschte, machte sich nach und nach eine kosmopolitische Atmosphäre bemerkbar. Sie ging von der quicklebendigen Schicht der mitteleuropäischen Immigranten aus. Selbst ich, das ein Vierteljahrhundert später in die Stadt gelangte Emigrantenkind, spürte noch diesen Effekt. Ich kann mir vorstellen, wie sehr diese gastfreundlich pulsierende Großstadt, am äußersten Rand der damaligen Weltkarte gelegen, meinem aus dem kleinstädtischen Fürth stammenden Vater imponieren musste. Dort dampfte zwar bereits seit 1835 die erste Eisenbahn Deutschlands, die Ludwigsbahn, die kurze Strecke zwischen Fürth und Nürnberg hin und her. Aber der Laternenanzünder, der allabendlich die gasbetriebene Straßenbeleuchtung mit seiner an einer langen Stange befestigten Lunte anzünden musste, geistert sogar noch durch meine fränkischen Kindheitserinnerungen, während die nächtlichen Straßen von Buenos Aires damals längst durch elektrische Bogen-lampen erhellt wurden.

Die Ende des 19. Jahrhunderts entstandenen eindrucksvollen Bauten der Ministerien, öffentlichen Bibliotheken, Schulen, Spi-täler, Universitäten und Justizgebäude zeugten vom Fortschritt des »europäischsten Landes Südamerikas«. Die wenigen Indios, die den bewaffneten Expeditionen der landhungrigen Ober-schicht der Republik nicht zum Opfer gefallen waren, spielten keine Rolle. Die regen Hafenanlagen mit ihren Getreidesilos wa-ren der sichtbare Ausdruck von Argentiniens neu erworbenem Rang im Welthandel. Großzügig angelegte Plazas schmückten die Stadt. Auf ihnen konnte man die Skulpturen französischer Bildhauer bewundern, unter anderem Werke Bourdelles und ei-nen Originalguss des *Denkers* von Rodin. Der Einfluss der fran-zösischen Kultur machte sich nicht weniger stark bemerkbar als die Präsenz der Wirtschaftsmacht England.

Die Abgeordneten des Zweikammerparlaments tagten im Kon-gressgebäude mit seiner dem Kapitol in Washington nachemp-fundenen Kuppel. Im prunkvoll dekorierten Opernhaus Teatro Colón gastierten die berühmtesten Sänger der Zeit. Zu den Gala-vorstellungen erschien die High Society in Frack und Abend-kleid. Die alljährlich im Juli stattfindende, mit der Auktion der Zuchtstiere verbundene Ausstellung der einflussreichen Vereini-gung der Viehzüchter stellte ein gesellschaftliches Ereignis ers-ten Ranges dar, zu dem sich der Präsident der Republik in seiner offenen Staatskutsche begab. Ein ähnliches Schauspiel bot er zu den Nationalfeiertagen, wenn er sich mit seinem Kabinett in der Kathedrale einfand, um dem *Tedeum* beizuwohnen.

Mein Vater war ein Jahr vor unserer Überfahrt 1936 angekom-men, um als umsichtiger Familienvater unsere Ankunft vorzu-bereiten. Aber trotz seiner wöchentlichen Briefe gelang es ihm nicht, in mir eine Vorstellung von der mich erwartenden neuen Heimat hervorzurufen. So war alles überraschend und hochin-teressant für mich. Bei meiner Ankunft in Buenos Aires gab es noch eine ganze Anzahl ebenerdiger Wohnhäuser mit vergitterten Fenstern aus Schmiedeeisen und gekachelten Patios, um deren Ziehbrunnen sich die Pflanzenpracht der Farne, Zwergpalmen und Rinzinusstauden in ihren bauchigen Blumentöpfen gruppierten. In jenen weitläufigen, auch im Sommer kühlen Häusern, die inzwischen dem Bauboom zum Opfer gefallen sind, wohnten die zu Wohlstand gekommenen Vertreter einer bürgerlichen Mittelklasse, in der sich mein Vater zu Hause fühlte.

Ich kann mich gut des iberisch anmutenden Rhythmus entsinnen, der das Leben Argentiniens noch in den vierziger Jahren des vergangenen Jahrhunderts bestimmte.

Ein Leben, das, wie ich aus den Erzählungen meines Vaters weiß, bleibende Eindrücke in ihm hinterließ. Jedenfalls erleichterten ihm diese Erinnerungen die Auswanderung im Jahre 1936 ebenso wie die alten Bekannten, die ihn freundschaftlich aufnahmen.

Die Schattenseiten jener Glanzzeit wurden ihm meines Wissens nicht bewusst. Angefangen mit den Bedenken, die man damals diesem Neureichtum in der internationalen Finanzwelt gelegentlich entgegenbrachte. Ein Misstrauen, das zum Beispiel im Rat eines bekannten Berliner Bankiers an seine Kunden zum Ausdruck kam: »Wollen Sie gut essen, so kaufen Sie argentinische Eisenbahnaktien. Wollen Sie aber gut schlafen, so legen Sie Ihr Geld lieber in mündelsicheren Anleihen an.« Im Licht der Weltfinanzkrisen der letzten Jahre erübrigt sich ein Kommentar aus heutiger Sicht zur Bonität der angeblich so »mündelsicheren« Anlagen.

Aber diese Dinge interessierten den jungen Mann aus Franken bei seinem ersten Aufenthalt herzlich wenig. Was kümmerten ihn schon die Machenschaften der argentinischen Politiker, der landesübliche Wahlbetrug, die unausrottbare Korruption? Was die sich bereits abzeichnenden sozialen Spannungen, die in der »Tragischen Woche« 1919 in Form von Streiks, blutigen Straßenkrawallen und einem regelrechten Pogrom ausbrechen sollten? Er, der damals nicht im Traum daran dachte, eines Tages seine Zelte definitiv in Argentinien aufzuschlagen – da ihn, im Gegensatz zu seinen Freunden, eine Aufgabe in Deutschland erwartete, nämlich die Leitung der väterlichen Fabrik –, pflegte weder Umgang mit der argentinischen Hautevolee noch mit den Agenten der großen Getreideexporthäuser, den Latifundienbesitzern oder den Verwaltern der englischen und nordamerikanischen Schlachthäuser. Er bewegte sich stattdessen im Milieu der deutschstämmigen Immigranten. Bei ihnen gab es keinen Unterschied zwischen Juden und Christen. Viele seiner jüdischen Freunde heirateten damals nicht-jüdische deutsche oder Schweizer Frauen. Unter ihnen war auch sein Vetter Adolf Hirsch. Der Himmel stürzte deshalb nicht ein. Die meisten ihrer Kinder und Enkel gingen später gänzlich in der argentinischen katholischen Gesellschaft auf und erinnern sich, wenn überhaupt, nur vage des jüdischen Groß- oder Urgroßvaters. Manchmal sind sie sogar stolz auf diesen exotischen Tropfen Blut in ihren Adern. Ein leicht aseptischer Stolz allerdings, so wie ihn etwa eine meiner Jugendfreundinnen an den Tag legte, die von sich behauptete, einen Indio zum Ururgroßvater zu haben. Natürlich einen berühmten Kaziken – unter dem tat sie es nicht. Eine Deszendenz, von der sie die Berechtigung ableitete, sich manchmal einen bunten Poncho umzuhängen. Oder die Nachkommen der als »Neuchristen« bezeichneten, einer erzwungenen Taufe unterzogenen einstigen Juden aus der Kolonialzeit. Seit Generationen hatten sie sich als treue Diener der alleinseligmachenden Kirche bewährt. Im 17. Jahrhundert soll etwa 25 Prozent der Einwohnerschaft des damals noch Santa María de los Buenos Ayres de la Santísima Trinidad genannten Städtchens diesen suspekten Kreisen angehört haben.

Man versuchte, wirtschaftlich voranzukommen: Der Vetter Adolf gründete mit einem aus Ansbach stammenden Partner ein Geschäft für Beleuchtungskörper, das alles vom Kronleuchter bis zur Taschenlampe anbot, ein aus Bamberg gebürtiger Freund einen Vertrieb für elektrische Bauteile, ein Nürnberger importierte Spielzeug, ein Rheinländer Werkzeug aus Solingen. Andere vertraten deutsche Firmen. Dann kam der Krieg und bestätigte das so oft unvollständig zitierte Heraklit-Wort »Der Krieg ist der Vater aller Dinge«. Irreführend ohne den Nachsatz: »… die einen macht er zu Göttern, die andern zu Menschen, die einen zu Sklaven, die andern zu Freien.« Da vom Ausland weitgehend abgeschnitten, machten sich unternehmerisch veranlagte Kaufleute an die Herstellung diverser bislang importierter Artikel. Bescheidene Produktionsstätten wurden gegründet. In vielen Fällen entwickelten sie sich im Laufe der Jahre zu bedeutenden Fabriken der Textilbranche, im Nahrungsmittelsektor, im Druckgewerbe, in der pharmazeutischen Industrie oder in der Farben- und Lackherstellung, um nur einige Beispiele zu nennen, an denen sich Deutsche maßgeblich beteiligten. Die Redensart, es genüge in Argentinien, ein Weizenkorn achtlos zu Boden fallen zu lassen, um kurz darauf eine volle Ähre zu ernten, bewahrheitete sich sinngemäß auch bei vielen der damals ins Leben gerufenen Industrieunternehmen.

Der Blumenstrauß

Jahre später erst wurden meinem Vater die Ausflüchte zugetragen, die sich seine schlauen Gefährten ausgedacht hatten, um ihre damalige Kriegsdienstverweigerung zu rechtfertigen. Der eine behauptete, er habe das letzte ausgehende Schiff verpasst; ein anderer, die Hafenpolizei habe ihn, unter Berufung auf die Neutralität Argentiniens, geschnappt. Nur Vetter Adolf gab unumwunden zu, er habe von Anfang an vorgehabt, im schönen Argentinien zu bleiben, da er seine Haut nicht zu Markt tragen wollte und ihm die Probleme Europas schnurzegal gewesen waren. Obwohl nicht sonderlich bewandert in Literatur oder anderen brotlosen Künsten, bediente er sich bei seiner Verurteilung der Kriegstreiber sogar eines deftigen Klassiker-Zitats, das in Goethes *Götz von Berlichingen* nachzulesen ist.
Mein Vater erlebte den Krieg im englischen Gefangenenlager. Die Zustände in jenem »concentration camp« hören sich für

17

uns, die wir über den Horror der deutschen Konzentrations- und Vernichtungslager Bescheid wissen, geradezu idyllisch an, selbst wenn manche Episoden Spannungen unter den Gefangenen verrieten. So erzählte mein Vater von einem als gutmütig bekannten Kameraden, der eines Tages mit der Suppenkelle auf seinen Tischnachbarn einschlug, nur weil er sich bei der Essensausgabe benachteiligt fühlte. Dank der Bemühungen des Internationalen Roten Kreuzes gelangte mein Vater tatsächlich in den Besitz seiner in Deutschland zurückgelassenen Geige, was ihn in die Lage versetzte, im Gefangenenorchester mitzuwirken. Darüber hinaus stand es ihm wie allen anderen Internierten frei, an den unterschiedlichsten Kursen teilzunehmen. Zwei kleine, von seiner Hand geschnitzte Holztruhen, geschmückt mit pflanzlichen Ornamenten – eine davon in meinem Besitz, die andere in dem meines Bruders –, zeugen nicht nur von der handwerklichen Geschicklichkeit unseres Vaters, sondern auch von den humanen Bedingungen in einem englischen Gefangenenlager im Ersten Weltkrieg.

Aus diesem wurde er nach Friedensschluss in die Heimat entlassen.

Am Bahnsteig in Berlin empfing die ganze Familie den glücklich Zurückgekehrten. Die Cousine Ännchen Kraemer, ein hübsches, blondlockiges Mädchen, das aus intelligenten blauen Augen neugierig den großen Vetter betrachtete, machte den einstudierten Knicks und überreichte ihm einen Blumenstrauß. Denselben Strauß, der ein halbes Jahrhundert später in der Fantasie meines Vaters noch einmal erblühte, indem er ihn in seinem letzten an diese Kusine gerichteten Brief erwähnte. Im Abschiedsbrief, dessen Durchschlag ich nach seinem Tod in einer verschlossenen Schreibtischschublade vorfand.

Glückliche Kindheit?

Drei Welten sind es, denen ich zeitlebens verhaftet blieb, in die ich hineinwuchs und in denen ich ein und aus gehe. Erstens, allen negativen Erfahrungen zum Trotz, die deutsche Kultur und Lebensart – romantisch, idealistisch gefärbt. Zweitens, ein Judentum, das, allerdings stark agnostisch durchsetzt, mit keinem regelmäßigen Synagogenbesuch verbunden ist. Diese Parallelwelten verdanke ich meiner Kindheit in Mittelfranken und der Pestalozzi-Schule in Buenos Aires, dem Jüdischen Landschulheim in Deutschland und schließlich dem Kontakt mit den russischen Juden in den Baron-Hirsch-Siedlungen, wo ich meine Berufslaufbahn begann. Meine dritte Welt wurde das lebensrettende Argentinien mit seinen herrlichen Landschaften und seiner liebenswerten Bevölkerung. Dort erhielt ich meine Ausbildung als Diplomlandwirt, gründete meine Familie, kamen meine Kinder, Enkel und Urenkel zur Welt, und dort bin ich, mit kurzen Unterbrechungen, seit über siebzig Jahren zuhause. Mein Leben lang bemühte ich mich um die Balance dieser permanent fluktuierenden Dimensionen, ohne mich eindeutig auf eine derselben festlegen zu können. Das von vielen Exilanten beschriebene Gefühl der Heimatlosigkeit lernte ich in dieser Form nie kennen, obwohl ich mich weder als Deutscher betrachte noch als Argentinier.

Beginnen wir mit der deutschen Urheimat, die meine Kindheit bestimmte.

Von wem der Begriff einer glücklichen, unbeschwerten Kindheit stammt, weiß ich nicht. Den deutschen Romantikern hätte eine solche Vorspiegelung falscher Tatsachen durchaus ähnlich gesehen. Aber vielleicht beschönigten schon die Dichter des klassischen Altertums ihre entschwundene Jugend auf diese Weise. Selbstverständlich erlebte ich als Kind glückliche Momente. Viele sogar: Der Teddybär. Der bunte Kreisel. Ein Lob des Herrn Lehrers, ein Schlotfeger oder ein Mohrenkopf beim Konditor, der Schlittschuhlauf auf dem zugefrorenen Ludwig-Donau-Main-

Kanal, Kinderfreundschaften, die Sommerferien gemeinsam mit dem ein Jahr älteren Vetter Rudi in der Fränkischen Schweiz, die Entdeckerfreude bei der Pilzsuche im Moosteppich der heimatlichen Wälder, die »Schiffla«, die mir der Vater aus der Borke der Nadelbäume schnitzte, die Modelldampfmaschine, die Laterna magica oder der Märklin-Baukasten zum Geburtstag. Doch nicht weniger gegenwärtig sind die mich damals heimsuchenden Angst- und Schuldgefühle. Wie ein feinverteiltes Giftgas durchdrangen sie all meine Poren, beschämten mich, verursachten Herzklopfen und hinterließen ihre toxischen Spuren, deren lähmende Wirkung ich noch heute gelegentlich verspüre. Dabei beziehe ich mich weniger auf die antisemitischen Anrempelungen, Zurücksetzungen, Püffe, Spottworte, denen ein jüdisches Kind in Deutschland lange vor Hitlers »Machtergreifung« ausgesetzt war. Recht hilflos ausgesetzt, wie es die Minderheiten immer und überall sind. Vor allem die Kinder.

Denn abgesehen von diesen Traumata waren wir, wie jedes Kind in Deutschland, einer Anzahl von geheimen Schrecken ausgeliefert. Hervorgerufen etwa durch den Anblick des um einen Teller Suppe bettelnden Arbeitslosen, den dieser, auf der Treppe hockend, schmatzend verschlingt – ein Bild, das sich mir so tief eingegraben hat, das es mir noch heute, achtzig Jahre später, vor Augen steht. Genau wie das des Drehorgelmanns auf dem Hof, der sich nach den Pfennigen bückt, die ihm aus den Fenstern zugeworfen werden. Oder das des auf seinem Holzbein humpelnden Kriegsversehrten, dem wir Kinder, von den Eltern dazu angehalten, ein paar Schächtelchen Streichhölzer abkauften. »Der Dank des Vaterlands sei Euch gewiss«, hatte man ihm versprochen.

Es waren verwirrende Erfahrungen, die da auf uns einströmten. Unter denen wir ungeachtet der Lehren Pestalozzis, Fröbels und Maria Montessoris zu leiden hatten, egal welcher Gesellschaftsschicht wir angehörten. Auch mir setzten sie natürlich zu, obwohl ich bis zu meinem elften Lebensjahr in der Geborgenheit eines toleranten, gutbürgerlichen Elternhauses aufwuchs.

In diesem Mikrokosmus litt niemand Hunger, und es war verpönt, Kinder zu schlagen. In ihm musizierte man, wurden Bücher gelesen und Schallplatten angehört. Man hielt sich ein Dienstmädchen und ein Kinderfräulein. An den Wänden hingen Ölgemälde, und der Parkettboden war mit Teppichen bedeckt, auch wenn all diese nicht besonders wertvoll waren. Die Erwachsenen besuchten Theater- und Kabarettaufführungen, gingen zu Vorträgen, in Konzerte und einmal sogar zu einem Wagner-Spektakel nach Bayreuth. Bei den gesellschaftlichen Zusammenkünften unterhielt man sich über die noch keineswegs allgemein akzeptierten Lehren Darwins, über Oswald Spenglers düstere Visionen vom *Untergang des Abendlandes*. Oder über die in der Luft liegenden gesellschaftskritischen Theorien. Unser Familien-Erkennungspfiff: der Auftakt des *Forellenquintetts*. Meine Mutter, die in Mannheim eine Gesangsausbildung genossen hatte, spielte Klavier vom Blatt. Ich erinnere mich, wie mich in meinem Kinderbett manchmal die Melodien der Hauskonzerte in den Schlaf geleiteten. Zur Violine meines Vaters und dem Piano meiner Mutter gesellte sich das Cello unseres Zahnarzts Dr. Louis Weil. Als ihn zehn Jahre – nur zehn kurze Jahre! – später der Befehl erreichte, er habe sich mit Frau und Tochter auf dem Güterbahnhof zum Abtransport ins Lager einzufinden, erkundigte er sich in rührender Treuherzigkeit, ob er sein Instrument mitnehmen dürfe. Zwar hieß es bei uns nicht, wie etwa im Elternhaus meiner aus Bremen stammenden Frau, »ein Kind darf den Mund nur auftun, wenn es gefragt wird«. Aber die Abfuhr: »Das kannst du noch nicht verstehen« erhielt ich mehr als einmal auf meine »dummen« Fragen. Der Teller musste leer gegessen werden; ich möge an die vielen armen Kinder denken, die froh wären, wenn sie solch gute Speisen bekämen. Als weitaus schädlicher jedoch erwies sich das Misstrauen, das die Erwachsenen mir und meinesgleichen entgegenbrachten, was ein permanentes Gefühl der Unsicherheit und der Schuld in uns erzeugte. Ich erinnere mich mehrerer Vorkommnisse, die Licht auf diese Haltung werfen. Gewiss: Angesichts der wenig später über Europa hereinbrechenden Tragödie und des empörenden Unrechts, dem nach wie vor noch immer Millionen wehrloser Kinder auf vielen Teilen der Erde ausgesetzt sind, nichts weiter als Bagatellen. Und doch waren es seelenverletzende Erlebnisse, wie sie ähnlich sicher Hunderttausenden von deutschen Kindern jener Zeit widerfahren sind. Sie entsprangen vielleicht dem Argwohn der Erwachsenen den Jugendlichen gegenüber – oder drückte sich darin das Unbehagen vor dem unbekannten Wesen des Kindes aus?

Ein einziges Beispiel sei hier angeführt. Wie der sprichwörtliche Blitz aus heiterem Himmel traf mich die Beschuldigung, ich hätte im Warenhaus einen Griffel gestohlen. Mein Vater unterzog mich einem derart scharfen Verhör, dass ich schließlich dem Druck nach- und die Untat zugab. Vermutlich, weil ich glaubte, solches werde von mir erwartet und so müsse es eben sein. Offenbar überkamen meinem Quälgeist dann doch Zweifel. Warum sollte sein Kind ausgerechnet einen Griffel stehlen, an dem es bestimmt keinen Mangel litt? Außerdem lag das von mir angeblich geschädigte Warenhaus nicht auf meinem Schulweg. Nach diesem Widerspruch befragt, schwindelte ich dem gestrengen Vater in meiner Not vor, ich hätte einen Schulfreund auf seinem Nachhauseweg ein Stück begleitet. Meine Mutter verdrückte ein paar Tränen und bemitleidete sich unter Schluchzen, weil sie einen Dieb zum Sohn habe. Nachdem wir nur in der ersten Schulklasse Schiefertafeln benutzten, lässt sich leicht errechnen, dass dieser Dieb genau sechs Jahre alt gewesen sein muss. Tagelang schlich ich geknickt durch die Gegend, bis mein Vater freudestrahlend nach Hause kam, um meine Unschuld zu verkünden. Es habe sich um einen Irrtum oder um eine Falschanzeige gehandelt, und warum ich eigentlich die gar nicht verübte Missetat gestanden hätte? Anschließend überkam ihn das schlechte Gewissen, was dazu führte, dass ich ihn am nächsten schulfreien Tag in die Fabrik nach Ranna in der Fränkischen Schweiz begleiten durfte, wo er mir half, in einem stillen Bächlein Kaulquappen für mein Aquarium zu fangen.

Viele Jahrzehnte später, längst zum wohlbestallten Familienvater avanciert, entschloss ich mich eines Tages, meinen Vater nach den Hintergründen jener Affäre zu fragen, die noch immer in mir rumorte. Aber sosehr ich seinem Gedächtnis nachzuhelfen versuchte, konnte er sich in keiner Weise daran erinnern. Ich hege nicht den geringsten Zweifel an der Aufrichtigkeit meines gutmütigen Vaters. Unbewusst hatte er diese ihm peinliche Szene aus seinem Gedächtnis gelöscht. Was mich veranlasste, mein Gewissen zu durchforschen, um zu erkunden: Hatte ich mir an meinen Kindern wohl ähnliche Verfehlungen zuschulde kommen lassen, die mir entfallen waren, um ruhig schlafen zu können? Danach befragt, sprachen sie mich zu meiner Erleichterung von derartigen Sünden frei.

Fliederduft und Ochsenmaulsalat

Wenn ich die Augen schließe, regen sich die ersten, durchaus beglückenden Kindheitseindrücke: Der süßliche Geruch des blühenden Flieders der Schrebergärten erreicht mich dann, der säuerliche Mief der Bierwirtschaften, die faulige Würze der frisch gedüngten Wiesen. Bei unseren Ausflügen wurden wir Kinder dazu angehalten, tief durchzuatmen; der Dunggeruch sei gesundheitsfördernd. Und vom Mief der Wirtschaften wusste mein Vater zu berichten, dass er vom alten Bier stamme, das die Wirte vor ihren Türen ausschütteten, um solcherart den Bierdurst der Kunden anzuregen.

Und dann die Gaumenfreuden der Laugenbrezeln, der Milchweckn und Mohnbrötle, der Dampfnudeln mit »Hiftmark«, des Bitzelwassers mit Zitronengeschmack, des Ochsenmaulsalats. Der »Berches«, dieses mit Mohn bestreute Zopfbrot, das sich die Juden am Freitagnachmittag vom Bäcker holen und das auch den christlichen Nachbarn mundet. Und die Laute: das Bimmeln der »Elektrischen«, die Kinderlieder, das im Chor rezitierte kleine Einmaleins der ABC-Schützen. Die Kopfhörer der selbstgebastelten Detektorradios steigen aus dem Museum meiner Er-

23

Vier Generationen:
Urgroßvater Hirschmann,
Großvater Schopflocher,
Hans Schopflocher und
dessen Söhnchen

innerung auf und das »Panoptikum«, dieser Vorläufer des Kinos
mit seinen stereoskopischen Aufnahmen. Die kindliche Aufre-
gung, wenn sich, selten genug, ein Flieger am Himmel zeigt. Die
Fürther »Kerwa« mit »Kaschperletheater«, Brathering, Krach-
mandeln, Karussellgedudel, Türkischem Honig und dem Gewit-
zel des »Billigen Jakobs«.

Ich gehöre einer Gemeinschaft an, bin das winzige Schräubchen
eines unsichtbaren Räderwerks. Das im Foto festgehaltene Bild
des Fünfjährigen im Matrosenanzug. Die im Jahr zuvor erfolgte
Ankunft des Brüderchens. Der wetteranzeigende Laubfrosch im
Einmachglas. Der Goldfisch im Aquarium, dessen wohl durch
Überfütterung verursachter Tod mich verstörte. Der erste Schul-
tag mit der riesigen Schultüte. Der Lehrer erzählt uns vom Weltkrieg und vom französischen Erbfeind, von Bismarck, dem Eisernen Kanzler, und vom »Schwedentrunk« im Dreißigjährigen
Krieg, mit dem die Soldateska die Bauern massakrierte, indem
sie diese mit Jauche voll pumpte, bis ihnen der Magen platzte.
Einfach so, aus Freude an den Qualen der Mitmenschen, die ihnen nichts angetan hatten. Derartige Schrecken bringt er uns
genauso eindringlich nahe wie das Trommelfeuer, dem er ein

Jahrzehnt zuvor im Schlamm des Schützengrabens ausgesetzt gewesen war.

Ein wenig später: die Entdeckung der Welt, verklärt vom »Schleier der Amnesie« (S. Freud), durch den unsere Kindheitstraumata erträglich werden.

Denn im Hintergrund lauert das Grauen. Unterschwellig regt es sich hinter dem Daumenlutscher und dem Suppenkaspar des Struwwelpeters, hinter den in die Schrotmühle geratenen Max und Moritz, den Hexen der Grimm'schen Märchen und hinter den »pädagogischen« Gruselmärchen. Dem von der aus dem Grab herauswachsenden Hand des verstorbenen Kindes im tränennassen Totenhemdchen etwa, das seine Mutter geschlagen hatte. Zeigt sich das Grausen, in der Angst vor Schmerz und Schande, die vom »Rohrstöckle« ausgehen, das zum Handwerkszeug des deutschen Lehrbetriebs gehört. Welcher Vertreter meiner Generation hat die auf die offen hingehaltene Hand niedersausenden »Tatzen« und das schmerz- und schamverzerrte Gesicht der Kameraden vergessen, die mit strammgezogener Hose vor der gesamten Klasse auf der Bank in der ersten Reihe »übergelegt« wurden?

Hauptsynagoge von Fürth, nach einem zeitgenössischen Kupferstich, 1832

25

Die Eltern des Autors,
1926

Einmal im Jahr wurden wir Schulkinder in unsere Nachbarstadt geführt, in das malerische Nürnberg mit seinem mittelalterlichen Stadtbild, das schon Albrecht Dürer begeisterte, mit dem »Schönen Brunnen«, den Stadtmauern, dem »Englischen Gruß« in der Lorenzkirche, dem »Männleinlauf« und dem Germanischen Museum. Mit der Burg und seiner Folterkammer, wo man uns die Funktionsweise der einzelnen Marterinstrumente erklärte: der Daumenschrauben, der Zangen, der Geißeln und Ruten. Ich malte mir aus, wie man die Verurteilten in die »Eiserne Jungfrau« einschloss, wo die innen angebrachten Dorne ihren Leib durchbohrten. Heute heißt es, man habe dieses Gerät nie eingesetzt; es habe lediglich der Abschreckung gedient. Zu spät! In meiner Fantasie verrichtete es sein blutiges Geschäft und ist mir genauso gewärtig wie die Aufmärsche und das Gebrüll auf den Nürnberger Parteitagen oder der unter der Ägide Streichers auf die Wand des alten Rathauses kunstvoll gemalte Vers: »Glaub' keinem Fuchs auf grüner Heid, und keinem Jud' auf seinen Eid.« Als ich über den Besuch in der Folterkammer berichtete, erzählte mir meine Großmutter Sabine, mit den dort ausgestellten eisernen Ruten habe man die Juden einst aus der Stadt getrieben. Ich schenkte der Großmama keinen Glauben, denn davon hatte uns der Herr Lehrer nichts gesagt. Doch auch diese Geschichte gehört wohl in das Kapitel des unterirdischen Grauens: Die Frühgeschichte der Juden Nürnbergs, die sich, von den marodierenden Kreuzrittern aus dem Rheinland vertrieben, im 12. Jahrhundert in einem Sumpfgebiet am Ufer der Pegnitz niedergelassen hatten. An der Stelle, auf der sich heute der historische Hauptmarkt befindet. Im Jahre 1298 ereigneten sich die von einem fränkischen Edelmann namens Rindfleisch angestifteten Judenmorde, denen 628 Juden Nürnbergs zum Opfer fielen. Fünfzig Jahre später kam es unter Kaiser Karl IV. zur nächsten Ausschreitung, bei der weitere 562 Juden getötet und ihr Wohnviertel niedergebrannt wurden. Man sieht: Der Antisemitismus blickt auf eine lange Tradition in der Freien Reichsstadt zurück, die erst in der Neuzeit – genauer im Jahre 1850 – den Juden höchst widerwillig ihre Tore einen Spalt weit öffnete. Aber wenden wir uns wieder den dreißiger Jahren des letzten Jahrhunderts zu, als die ersten Kolonnen der Braunhemden, »die

Hans Schopflocher mit seinen
beiden Söhnen, 1932

Reihen fest geschlossen«, und die letzten Sozialisten aufmarschierten, als immer mehr Hakenkreuzfahnen blutrot aus den Fenstern hingen und sich die Erwachsenen mit besorgter Miene über die Wirtschaftskrise und die Notverordnungen unterhielten, während das Alltagsleben für uns Kinder weiterhin seinen gewohnten Lauf nahm. Wir sammelten Briefmarken und Zigarettenbilder, bastelten Detektorempfänger oder hantierten mit dem auf Billionen lautenden Notgeld, jenem von der Inflation hinterlassenen Strandgut. Ich verschlang die Märchen von Andersen und Hauff, den *Rübezahl*, die Jugendausgaben von *Gullivers Reisen* und den Robinson *Crusoe*, Sigismund Rüstig, Hans Dominik und – natürlich! – Karl May. Wenn ich dessen Romane als Neunjähriger auf einer Stadtparkbank lesen wollte, musste ich die Buchdeckel unter einem neutralen Umschlag verbergen, denn mein Vater sah nicht gerne, dass man seinen Sohn bei einer derartigen Lektüre antraf. Allerdings konnte er nicht verhindern, dass mir wenig später die Schundhefte des Tom Shark (oder hieß er Tom Mix?) in die Hände fielen. Später kamen die *Klassischen Sagen des Altertums* von Gustav Schwab hinzu, Erich Kästners *Emil und die Detektive*, Selma Lagerlöf, die Hefte des *Guten Kameraden* und die Jahresbücher des *Universums*. Mit anderen Worten: Ich las genau die gleichen Bücher, die von der überwiegenden Mehrzahl der deutschen Knaben konsumiert wurden.

Privatlehrer kamen ins Haus. Einer war angehalten, mir Klavierunterricht zu erteilen, weil das zur Bildung gehörte und meine Eltern Musikliebhaber waren. Widerstrebend übte ich die Tonleitern in der richtigen Fingerhaltung und versuchte, den Wünschen des geduldigen Lehrers zu willfahren, ohne so recht zu begreifen, was er eigentlich von mir wollte. Eine lästige Pflicht, weiter nichts! Was ich noch heute bedauere, denn mit ein wenig Musikpädagogik hätte sich mir eine Dimension erschlossen, die mir entgangen ist. Doch brachte ich es nie über die Blockflöte hinaus. Ein anderer Lehrer unterzog sich der Aufgabe, mir Schönschrift beizubringen. Keine kunstgerechte Kalligrafie etwa, sondern einfach Nachhilfestunden, um die damals noch gebräuchliche Sütterlinschrift zu üben, wobei auch hier auf die richtige Fingerhaltung Wert gelegt wurde. Betrachte ich mir die Schulhefte meiner Enkel, so freue ich mich über die Fortschritte, welche die Pädagogik in den letzten siebzig Jahren gemacht hat. Zu hoffen bleibt, dass diese Fortschritte eines Tages auch das Millionenheer der von sämtlichen Regierungen vernachlässigten Kinder erreichen, die in den Elendsvierteln aller Welt hausen. Aber das ist ein anderes Thema, ist der Ausdruck eines von meiner Schwiegermutter verächtlich als »trefenes (unreines) Mitleid« bezeichneten schlechten Gewissens ohne Verbindlichkeit.

Chanukkaleuchter und Weihnachtsbaum

Als sich mein Horizont erweiterte, wurde mir allmählich bewusst, dass ich nicht nur ein Fürther, sondern darüber hinaus auch ein jüdisches Kind war. Ich kann nicht behaupten, dass es eine schmerzliche Erfahrung gewesen wäre, die da auf mich zukam. Sie erzeugte anfänglich – zumindest bis zum Jahr meiner Einschulung 1929 – kein Gefühl der Ausgrenzung, sondern war eher durch die positiven Eindrücke geprägt, die vom Onkel-Tanten-Kreis ausgingen. Vom Jugendgottesdienst in der liberalen Synagoge, wo zu bestimmten Festtagen Lebkuchen in Wäschekörben hereingetragen und unter uns Kinder verteilt wurden. Vom Sederabend im Hause Semi Magers, eines Onkels meines Vaters, wurden sie bestimmt: die Pessachzeremonie, um den Auszug der Kinder Israels aus Ägypten mit Gesang und der traditionellen Mazzeklöß-Supp' zu feiern. Wobei die Tatsache, dass wir ungewöhnlich lange aufbleiben durften, eine besondere Attraktion darstellte. Das Entzünden der Chanukkalichter im Dezember, mit dem man der Wiedereinweihung des zerstörten Tempels zu Jerusalem gedachte, wurde gelegentlich, allerdings erst nach dem Tod meines Großvaters, in nicht ideologisch bestimmter Absicht, sondern folkloristisch empfunden, mit der Bescherung unter einem lamettageschmückten Tannenbaum kombiniert.

Rückblickend und mit den Vorbehalten, die mir die Shoah auferlegt, scheint mir, als haftete dem Zusammenleben zwischen Juden und Christen etwas Behäbiges an. Jedenfalls in den Kreisen des aufgeschlossenen Bildungsbürgertums, zu dem ich meine Familie wohl zählen darf. Eine doppelbödige Gemütlichkeit womöglich, in der die ständig wachsende antisemitische Stimmung verdrängt wurde. Meine Eltern hatten viele nicht-jüdische Freunde, auch wenn die Anzahl der jüdischen überwog. Natürlich blieb ein Jude Jude und ein Christ war ein Christ, aber die Religion hatte für die meisten ihre zentrale Bedeutung eingebüßt. Man war Kaufmann oder Arzt, Fabrikant oder Versicherungsagent, Musikliebhaber oder Naturfreund, Student oder Rentner. Und außerdem, simultan, war man eben auch Jude, Protestant oder Katholik. Soweit ich es im Nachhinein beurteilen kann, waren die Kreise, in denen sich meine Eltern bewegten, gegen Begriffe wie »Arier« oder »Nicht-Arier« immun. In der aktiven Freimaurerloge herrschte Toleranz. Mehrere Vorstandsmitglieder der Jüdischen Gemeinde waren Mitglieder der 1803 gegründeten Loge, in der seit dem geschichtsträchtigen Jahr 1848 Juden zugelassen waren. In den Jahren meiner Kindheit stellten diese etwa 40 Prozent ihrer Mitgliedschaft. Gemeinsame Erinnerungen an Schule und Militärdienst, an Kriegsnot und Inflation verbanden die Menschen. Freilich: die völkisch Gesinnten, die im »Braunen Haus« ein und aus gingen und den *Völkischen Beobachter* lasen, das Parteiorgan der NSDAP, mieden meine Eltern. Auch zu den meisten sich als fromm bezeichnenden Juden, die eine der kleinen orthodoxen Synagogen besuchten und Wert auf koscheres Essen und absolute Sabbatruhe legten, unterhielten sie kaum gesellschaftlichen Kontakt, einfach weil es wenig gemeinsame Berührungspunkte gab. Sicherlich bestanden Ausnahmen. Richard, einer der Vettern meines Vaters aus dem religiösen Lager, war nicht nur unser Familienarzt, sondern er und seine ebenso thoratreue Frau gehörten auch zum engen Freundeskreis meiner Eltern. Als mein Vater einmal das damals populäre Thema der Welteislehre anschneiden wollte, bat ihn sein

Freund Menki ebenso höflich wie bestimmt, er möge ihm derartige, der göttlichen Lehre widersprechende Theorien ersparen. Fast konnte man die Ohrenklappen vernehmen, die er herunterließ, um sein Seelenheil nicht zu gefährden.

Einmal pro Woche erhielten wir Kinder aus liberalen Elternhäusern jüdische Religionsstunde, die, genau wie der Unterricht der beiden christlichen Konfessionen, von der Kirchensteuer finanziert wurde. Der Lehrstoff war dürftig genug: sogenannte Biblische Geschichte, ein paar Brocken Althebräisch, um die Gebete in groben Zügen zu verstehen, und ein wenig jüdisches Brauchtum. Dabei zeigte sich, dass die Gewohnheiten unserer Eltern von den Lehren abwichen, die uns ein alter Kantor beizubringen trachtete. Mein Vater, im Grunde ein Freidenker, suchte die Synagoge nur zu den hohen Feiertagen auf, wozu er sich seinen Zylinder aufsetzte. Dort ehrte er das Andenken seiner Ahnen und ließ die Predigt des Rabbiners Doktor Siegfried Behrens über sich ergehen, dessen stereotype, salbungsvolle Einführungsworte: »Andächtige Festgemeinde!« wir Kinder zum Gaudium nachahmten. Er wurde 1945, kurz vor Kriegsende, zusammen mit seiner Frau und seiner jüngeren Tochter in Izbica ermordet. Aber so etwas war damals noch undenkbar.

Denn die meine Kindheit beschützenden Erwachsenen empfanden die heranrollende Lawine der Gewalt als ein weit entferntes Naturereignis und verkannten, trotz der lärmenden Nürnberger Parteitage quasi vor der Haustür, die lebensbedrohende Gefahr. Einmal – es muss ein oder zwei Jahre vor der Machtübernahme gewesen sein – fuhren meine in dieser Hinsicht naiven Eltern in der Straßenbahn, als vom Parteitag zurückkehrende Volksgenossen sie als Juden erkannten. Sie entgingen nur deswegen dem Lynchmord, weil der geistesgegenwärtige Schaffner den Wagen auf freier Strecke halten ließ, sodass sie sich in letzter Minute in Sicherheit bringen konnten. Aber, wie das spanische Sprichwort besagt, »es gibt keinen Tauberen als den, der nicht hören, keinen Blinderen als den, der nicht sehen will«. Wir stoßen immer wieder auf das gleiche Verhaltensmuster: Klimaerwärmung? Atomgefahr? Überbevölkerung? Wir schließen die Augen und hoffen, dass alles noch gut werden wird.

Noch Anfang 1936, im Jahr nach der Verkündung der Nürnberger Rassengesetze, als Bernardo Saphir im Auftrag der Jewish Colonization Association in Deutschland herumreiste, um für das Siedlungsprojekt des Baron Hirsch zu werben, hatte er Mühe, genügend Kandidaten für die Auswanderung nach Argentinien zu finden. Eine Ausnahme in diesem Heer der Zukunftsblinden bildeten die zahlenmäßig unbedeutenden zionistischen Gruppen. Doch von einer »Rückkehr ins Land der Väter« wollten damals die meisten deutschen Juden noch nichts wissen. Für sie gab es keine Rückkehr, und das Land der Väter hieß Deutschland, für das sie im Weltkrieg gekämpft hatten.

In wenigen Wochen ist der Spuk vorüber, trösteten sich meine Eltern und deren Freunde noch nach dem Judenboykott vom 1. April 1933. Das Ausland wird doch im 20. Jahrhundert keine Judenverfolgungen zulassen, beruhigte man sich und verkannte die zerstörerische Gewalt der Urinstinkte, die durch die Außerkraftsetzung der Gesetze entfesselt wird, mit denen in Friedenszeiten diese Triebe notdürftig im Zaum gehalten werden.

Das schleichende Gift

Dass der Judenhass seine Nahrung aus tiefliegenden Wurzeln zieht, aus dem Volksglauben an Hostienschändung, Brunnenvergiftung und Ritualmord, ist allgemein bekannt. Es erübrigt sich, an dieser Stelle zu erläutern, wie sich die Rechtfertigungsversuche jener Hassgefühle stets dem jeweils vorherrschenden Zeitgeist anpassen. Einst mussten theologische Argumente herhalten, später politische, biologistische oder wirtschaftliche Motive. In letzter Zeit versteckt man seinen Antisemitismus hinter einem Antizionismus. Manche der Argumente schließen sich sogar gegenseitig aus. Aber: »Tut nichts! Der Jude wird verbrannt«, wie

Lessing dem Patriarchen von Jerusalem in seinem *Nathan der Weise* in den Mund legt. Die Juden: ein Feindbild, über das man jederzeit verfügen kann, um das murrende Volk abzulenken, wenn es sich gegen seine schlechten Regierungen auflehnen will. Auf dass sich Minderwertigkeitskomplexe und Konkurrenzneid abreagieren lassen, begleitet von der scheinheiligen Behauptung, einen Juden zum besten Freund zu haben, dem man mit resigniertem Augenaufschlag versichert: »Ja, wenn alle Juden so wären wie du.«

Die erste direkt gegen meine Person gerichtete, judenfeindliche Episode traf mich unvorbereitet auf der Geburtstagsfeier eines blonden Mitschülers, der gerne mit den Jagdgewehren seines Vaters prahlte und den ich sehr bewunderte. Es muss um das Jahr 1931 herum gewesen sein. Beim Topfschlagen geschah es, man hatte mir gerade die Augen verbunden. Da hörte ich, wie mir jemand »Kleiner Itzig« zurief. Ein Glucksen, ein beschwichtigendes Wort der Erwachsenen. Betreten nahm ich die Binde von den Augen und sah verständnislos in die grinsenden Gesichter der Kinder und der Erwachsenen. »Spiel ruhig weiter!«, forderten mich diese leutselig auf. Hier lässt mich mein Gedächtnis im Stich: An den Ausgang der Szene entsinne ich mich nicht. Man weiß ja: der heilsame »Schleier der Amnesie«. Der Antisemitismus der zwanziger Jahre war ein in homöopathischen Dosen verabreichtes Gift, dessen anästhesierender Effekt den vor der heranziehenden Gefahr warnenden Instinkt betäubte.

Das langsam wirkende Gift! Zur Stärkung unseres Selbstbewusstseins wurden wir Kinder in den letzten Jahren der Vorhitlerzeit dazu angehalten, den uns auf der Straße zugebrüllten »Judenstinker« mit einem »Der Jud' bin i, der Stinker bist' selber!« zu parieren. Das »Juden unerwünscht« und »Juden Eintritt verboten« auf den Plakaten an Wänden und Litfaßsäulen, die zu den Versammlungen der NSDAP aufriefen, waren uns zwar geläufig, doch witzelten wir darüber, wie wir dies den Erwachsenen abgeguckt hatten. Die das Hakenkreuzgeschmiere, das mit Teerfarbe an die Brückenbogen gepinselte »Deutschland erwache,

Juda verkrache!« oder »Die Juden sind unser Unglück!« achsel-
zuckend hinnahmen. Nichts weiter als die lästigen Mückenstiche
eines Sommerabends, wie dies bereits Heinrich Heine meinte.
Hitlers *Mein Kampf* hatte kaum einer gelesen. Besser, sie hätten
es getan!

Selbst als die »Stürmerkästen« mit den pornographischen Hetz-
karikaturen auftauchten und das forsche Marschlied »Wenn das
Judenblut vom Messer spritzt/ dann geht's nochmal so gut« aus
den Kehlen der Hitlerjugend-Pimpfe erklang, blieben die im
»Centralverein deutscher Staatsbürger jüdischen Glaubens« zu-
sammengeschlossenen Juden vom Guten im Menschen und vom
Sieg der Vernunft überzeugt. Lange, viel zu lange, verkannten sie
die schleichende Verwandlung der Eidechse in den Drachen, um
mich einer Metapher Ruth Klügers zu bedienen. Das anfangs so
harmlos wirkende Reptil wurde, gemästet mit dem Blut der von
der Gesellschaft Betrogenen – der Arbeitslosen, der Inflationsge-
schädigten, der Kriegsinvaliden – zum reißenden Untier.

Dann kam der Tag, an dem der Radioansager bekannt gab, unser »greiser Generalfeldmarschall« habe Hitler zum Reichskanz-
ler ernannt. Anschließend verkündete er die Zusammensetzung
des neuen Kabinetts. Verstummt saßen meine Eltern und meine
Großmutter vor dem Radiogerät, aus dessen Lautsprecher nach
der Durchgabe der Hiobsbotschaft Mozart-Musik erklang.

Genau vierzehn Tage vor meinem zehnten Geburtstag erlebte ich
die erste von der Regierung offen organisierte, judenfeindliche
Aktion: den Boykott der jüdischen Geschäfte am Sonnabend,
den 1. April 1933. Noch heute sehe ich die SA-Männer vor mir, in
ihren braunen Hemden und schwarzen Breeches, den Koppeln
und Schaftstiefeln, mit den roten Hakenkreuzbinden am Ärmel,
wie sie breitbeinig vor den der Ächtung ausgesetzten Geschäften stehen. Ich sehe ihre Standarten, habe ihre Losung vor Augen: »Deutsche, kauft nicht bei Juden!« Ich entsinne mich der
Ansammlung von Neugierigen vor den Läden, der geflüsterten
Kommentare, die keineswegs alle den Boykott befürworteten.
Aber mein Gedächtnis verweigert die Auskunft, wenn ich ver-

suche, mir die Gefühle in Erinnerung zu rufen, die mich angesichts dieses vom Staat angeordneten Angriffs überkommen hatten. War ich eingeschüchtert? Empfand ich Angst? Schämte ich mich, dieser verfemten Rasse anzugehören? Mein Gehirn, das mit fast fotografischer Präzision die Szenen des Boykotts auf der Schwabacher Straße in Fürth registriert, verweigert hier seinen Dienst.

Am 15. Dezember des gleichen Jahres kam mein Onkel Willy Loeb, der Mann Tante Ännchens, in »Untersuchungshaft«, aus der man ihn nach fünf Wochen wieder entließ. Was man mit ihm angestellt hatte, erfuhren wir Kinder nicht.

Deutsche Juden oder jüdische Deutsche?

Noch ein Mal werfe ich einen Blick zurück in die deutsche Vergangenheit, die das Verhältnis zwischen der jüdischen und der nicht-jüdischen Bevölkerung bestimmte. Wobei mir auffällt, dass auch heute noch von »deutschen Juden« und von »jüdischen Deutschen« die Rede ist, während es keinem nicht-jüdischen Deutschen in den Sinn käme, sich, nach seiner Staatsangehörigkeit befragt, als einen katholischen oder als einen protestantischen Deutschen zu bezeichnen. Mein Vater lehrte uns, Vorurteile als solche zu erkennen und Verallgemeinerungen zu meiden. Dieser Grundsatz bestimmte auch sein Verhältnis zur Umgebung, wo er sehr genau zwischen Freund und Feind zu unterscheiden wusste. So gedachte er etwa zeit seines Lebens dankbar denjenigen seiner Kunden, die ihm 1936, als er vor der Auswanderung stand, überdimensionierte Aufträge erteilten, von deren Ertrag wir, der Rest der Familie, leben konnten, bis es uns gelang, ihm im Jahr darauf nach Argentinien zu folgen. Oder des »arischen« Logenbruders, der am Tag nach dem als »Kristallnacht« bezeichneten Pogrom meine alleinstehende Großmutter ostentativ aufsuchte, um ihr seine Hilfe anzubieten. Gewissen »Freunden« hingegen, die sich durch die »Arisierung« jüdischer

Geschäfte bereichert und ihre jüdischen Mitmenschen verraten hatten, ging er aus dem Weg.

Natürlich gilt die Aufforderung, schematische Verallgemeinerungen zu unterlassen, in gleicher Weise für die Juden. Auch sie bilden keinen kompakten Block, wie dies Außenstehende so oft vermuten – ein Irrglaube, der sich genauso hartnäckig hält wie die Mär von der Allmacht Judas, obgleich doch das Unvermögen der Juden, den Völkermord der Shoah abzuwenden, das Gegenteil beweisen sollte. Nicht alle Juden waren oder sind reiche Sanitäts-, Justiz- oder Kommerzienräte. Im Gegenteil: Die Mehrzahl von ihnen waren und sind Kleinbürger, die sich im Schweiße ihres Angesichts ihr täglich Brot verdienen. Es gibt Zionisten unter ihnen und solche, die dem Judenstaat kritisch gegenüberstehen. Es gibt politisch Rechte, Linke und Gleichgültige; Idealisten und dem schnöden Mammon Ergebene, Heilige und Verbrecher. Diverse religiöse Richtungen haben sich mit der Zeit herausgebildet. Und nach wie vor leben die orthodoxen Juden in einer ganz anderen Welt als die Konservativen oder gar die Liberalen. Eine Entwicklung, die sich bereits im 18. Jahrhundert und verstärkt im 19. Jahrhundert bemerkbar machte. Mein Großvater Isac besuchte bis zu seinem Lebensende die orthodoxe »Klausschul«, mein Vater die liberale Hauptsynagoge.

»Mischehen« wurden von der Generation der Großeltern missbilligt; Felix Mendelssohn Bartholdy und Heinrich Heine trug man die Taufe noch immer nach. Eine Ausnahme bildete ein Onkel meines Vaters. Nicht dass er sich taufen ließ, nur heiratete er seine evangelische Freundin, Tante Anna. Dass er sich aber erst nach dem Tod seiner Mutter zu diesem Schritt entschloss, ist bezeichnend für die damals vorherrschende Gesinnung. Diese Tante, die die Kriegsjahre bei ihrer Schwester in Berlin zugebracht hatte, wohnte in den fünfziger Jahren eine Zeitlang in Buenos Aires. Eine stattliche Dame, deren würdige Haltung zu bewundern ist, wenn man bedenkt, welchen Erniedrigungen sie erst als Witwe eines Juden im Nazi-Deutschland und nach dem Fall Berlins als Deutsche von den Russen ausgesetzt gewesen war.

In der Generation meines Vaters kam es dann häufiger zu »Mischehen«; viele davon hielten den abstrusen Rassentheorien des Dritten Reichs stand, andere zerbrachen an ihnen. Frage ich einen Deutschen, wie viele Juden es seiner Schätzung nach 1933 im Reich wohl gegeben habe, wird mir meist eine Zahl genannt, die zwischen drei und fünf Millionen schwankt. Was den nachhaltigen Erfolg der Goebbels-Propaganda beweist, der sich wohl noch in der Hölle darüber freut. In Wirklichkeit setzte sich die »jüdische Gefahr« damals laut offizieller Statistik aus genau 499 682 »nicht-arischen« Gefahrenträgern zusammen, was 0,77 Prozent der Bevölkerung ausmachte. Säuglinge und Greise eingeschlossen. Zu dieser Bedrohung kamen noch 275 000 bis 300 000 von der »Ariergesetzgebung« betroffene »Mischlinge« hinzu.

Dass heute in vielen Ländern weit über fünfzig Prozent junger Juden und Jüdinnen Andersgläubige zu Ehepartnern wählen (meine eigene Familie bildet da keine Ausnahme), hätten meine Großeltern vermutlich als ein wahres Unglück empfunden. Die der nicht-jüdischen Gegenseite natürlich nicht weniger. Wobei niemandem der innere Widerspruch auffiel, der darin bestand, dass man zwar die Emanzipation anstrebte, sich aber einer gleichmachenden Assimilation widersetzte. Manch einer vertritt heute noch die Ansicht, das sogenannte »Judenproblem« würde ganz von selbst verschwinden, ließe man die Juden einmal zwei oder drei Generationen über ganz in Ruhe. Nur ergab sich in den letzten zweitausend Jahren bedauerlicherweise keine Gelegenheit, um die Probe aufs Exempel zu machen. Überdies stellt sich in diesem Zusammenhang die Frage, warum wir Juden eigentlich unsere kulturellen Errungenschaften, unsere Tradition, unsere Geschichte über Bord werfen sollten, gewissermaßen als Preis, um von der Umwelt akzeptiert zu werden.

Mein Vater gehörte der ersten Generation deutscher Juden an, die in die Atmosphäre der bürgerlichen und politischen Gleichberechtigung hineingeboren worden war. Die Juden Bayerns hatten – auf dem Papier zumindest – im Jahr 1868 ihre Emanzipation erlangt; auch wenn erst 1881, also nur neun Jahre vor der Geburt meines Vaters, die letzten gesetzlichen Schranken gefallen waren. Die solchermaßen Emanzipierten bemühten sich redlich, durch betont vaterländische Gesinnung zu beweisen, dass sie der so mühsam erkämpften und immer wieder in Frage gestellten Gleichberechtigung würdig seien. Genau zweiundfünfzig Jahre währte diese Illusion.

Meine Urgroßeltern hingegen hatten es noch durchaus in Ordnung gefunden, dass sie, zumindest in ihrer Jugend, weder Gewerbefreiheit genossen noch in einer Freien Reichsstadt wohnen durften. Was die Entstehung der Judengemeinden vor den Mauern jener Städte zur Folge hatte: Steppach, der Geburtsort meines Urgroßvaters Hirschmann, vor Augsburg. Schopfloch, der Marktflecken vor Dinkelsbühl, aus dem meine Vorfahren stammten. Und – eben – Fürth vor den Toren Nürnbergs. Damit ein Jude tagsüber dort seinen Geschäften nachgehen konnte, musste er sich die gebührenpflichtige Begleitung einer pensionsberechtigten »Juden-Mitgeherin« gefallen lassen. Die hatte aufzupassen, dass er vor Torschluss die Stadt wieder verließ. Noch im 18. Jahrhundert stand es dem Magistrat jeder Stadt, dem Fürsten eines jeden Landes frei, die Juden nach Gutdünken zu besteuern, zu enteignen oder aus seinem Machtbereich zu vertreiben. Zu Betteljuden degradiert, irrten die Geächteten dann mit ihren Frauen und Kindern auf den unsicheren Landstraßen Deutschlands herum.

Meine Geburtsstadt bildete in dieser Hinsicht eine rühmliche Ausnahme, was ihr den Ruf eines »fränkischen Jerusalems« einbrachte. Bereits 1763 wurde dort das erste jüdische Waisenhaus Deutschlands errichtet. Aus dem – auch das gehört zur Geschichte der Stadt – hundertneunundsiebzig Jahre später die letzten der dort untergebrachten Kinder in ein Vernichtungslager verschleppt und ermordet wurden. Der Leiter der Anstalt, Dr. Isaac Moses Hallemann, begleitete seine Schutzbefohlenen gemeinsam mit seiner Frau und zweier seiner Töchter in den Tod, um ihnen bis zur letzten Minute tröstend beizustehen. Eines der vielen im Namen der deutschen Nation verübten Verbrechen, die im Jahre 1812 niemand für möglich gehalten hätte, als man der 605 Familien zählenden Gemeinde gestattete, ihre Religion uneingeschränkt auszuüben. Gegen Zahlung sukkulenter, jährlich neu auszuhandelnder Sonderabgaben, versteht sich. Dass es seit Beginn des 19. Jahrhunderts jüdische Magistratsräte und Distriktvorsteher gab und der Oberrabbiner Dr. Jsak Loewi zu den Gründern des 1843 ins Leben gerufenen Gewerbevereins gehörte, beleuchtet die Stellung der Juden Fürths.

Bei jeder sich ihm bietenden Gelegenheit wies mein Vater darauf hin, dass man den Zeichen ihrer Verbundenheit mit der Stadt auf Schritt und Tritt begegnet. Wir wohnten in der Königswarterstraße, ich erblickte das Licht der Welt im Nathanstift, es gab eine Krautheimer-Krippe und meine Mutter sang bei kulturellen Veranstaltungen im Berolzheimerianum. Kein Wunder, dass mein Vater stolz auf die Geschichte der jüdischen Gemeinde Fürth war, die 1890 – im Jahre seiner Geburt –, bei 6000 Katholiken und knapp 30 000 Protestanten, circa 3500 Seelen, also rund 10 Prozent der Bevölkerung umfasste. Und ich frage mich, ob dieses Zusammenspiel klassisch-deutscher und jüdischer Überlieferung vielleicht nicht nur in ihm, sondern auch in mir und in vielen deutschen Juden seiner und meiner Generation eine schöpferische Spannung erzeugte, ein ganz besonderes Lebensgefühl, das selbst die Verbrechen der Nazis nicht ganz auslöschen konnten. Als gegen Ende des Krieges Nürnberg den Vergeltungsschlägen der alliierten Luftwaffe ausgesetzt war, blieb Fürth von diesen Bombardements praktisch verschont. Was das unsinnige Gerücht zur Folge hatte, die rechtzeitig ausgewanderten Fürther Juden hätten bei den Alliierten ein gutes Wort für ihre Heimatstadt eingelegt.

Am 18. Juni 1944 wurden die letzten 38 Fürther Juden nach Auschwitz deportiert. Keiner kehrte von dort zurück.

Es erscheint mir unstatthaft, als nachgeborener Besserwisser die mangelnde Voraussicht jener zu verurteilen, die ihre Augen vor der sich nähernden Gefahr verschlossen. Ein behördlich angeordneter Völkermord im zivilisierten Mitteleuropa überstieg ihre Vorstellungskraft.

Ich möchte dieses Nicht-wahrhaben-Wollen an zwei Beispielen verdeutlichen. Das erste liefert mein eigener Vater. Im Herbst 1933 musste ich auf Grund des »Arierparagraphens« das Gymnasium verlassen. Der »Numerus clausus« betraf zunächst nur die jüdischen Schüler, deren Väter keine Frontkämpfer gewesen waren. Um die Folgen dieser Maßnahme von seinem Sohn abzuwenden, reichte mein Vater ein vom unerschütterlichen Glauben an die Gerechtigkeit getragenes Gesuch beim zuständigen Ministerium in München ein, um darzulegen, dass die erlittenen vier Jahre Kriegsgefangenschaft in seinem Fall höher zu bewerten seien als eine aktive Kriegsteilnahme. Natürlich erhielt er nie eine Antwort, worauf ich auf die Jüdische Volksschule geschickt wurde, was ich als eine Degradierung empfand, für die ich mich sehr schämte.

Das zweite Beispiel ist weitaus dramatischer. Es betrifft meinen Vetter Rudi, der, achtzehn-, neunzehnjährig, die deutsche Besatzung im holländischen Untergrund überlebte. Eines Tages besuchte ihn seine Mutter, die, während ihr Mann als Geisel festgehalten wurde, das Lager, in dem sie interniert war, für ein paar Stunden verlassen durfte, um irgendwelche Medikamente zu besorgen. Obwohl sie eine intelligente, gebildete Frau war, versuchte sie, ihren Sohn zu überreden, sich freiwillig im Lager einzufinden. Dort käme er in den Genuss einer ordentlichen Ausbildung. Seine Weigerung, den mütterlichen Rat zu befolgen, rettete ihm das Leben. Seine gutgläubigen Eltern hingegen mussten das ihrige lassen.

Familienbande

Ein kurzer Zeitsprung. Auf einer Geschäftsreise im Herbst 1971 führte mich mein Weg nach Essen. Als ich im Hotel vorsprach, erfuhr ich zu meinem nicht geringen Erstaunen, dass Herr

Schopflocher bereits angekommen sei und das vorgemerkte Zimmer bezogen habe. Erst anhand meines Passes konnte ich den Herrn vom Empfang davon überzeugen, dass in meiner Person tatsächlich der Mensch vor ihm stand, auf dessen Namen die Reservierung lautete. Daraufhin übergab er mir kopfschüttelnd den Schlüssel des Zimmers, das sich neben dem meines Doppelgängers befand. Das stand zufällig frei. Auf meine Erkundigung hin wurde ich informiert, der andere Schopflocher stamme aus Kanada. Und im Übrigen: »Dort kommt er gerade!«

Ich ging auf ihn zu und sprach ihn an. »Are you Mister Schopflocher?«, was er sichtlich zurückhaltend zugab. Meine Behauptung »I'm a Schopflocher, too« steigerte sein Befremden. Erst als ich meine Visitenkarte zückte, hellte sich seine Miene auf. »It's funny, really a Schopflocher!« »Funny« fand ich vor allem den Gedanken, dass, hätte der Empfangsherr geschwiegen, jeder von uns seiner Wege gegangen wäre, ohne zu erfahren, wer in dieser Nacht in Essen sein jeweiliger Zimmernachbar gewesen war. Zwei Schopflochers, der eine aus Kanada, der andere aus Argentinien.

Natürlich aßen wir gemeinsam zu Abend und führten ein langes Gespräch. Tom, zwölf Jahre jünger als ich, erwies sich als der Sohn Pauls, eines leiblichen Vetters meines Vaters. Er war also mein Großvetter. Paul hatte bis zur Auswanderung dem Frankfurter Bronze- und Aluminiumwerk Julius Schopflocher vorgestanden. Ende der vierziger Jahre hatte er gemeinsam mit meinem Vater Onkel Siegfried besucht, den einzigen damals noch lebenden Bruder meines Großvaters, der in Malone, Kanada, ebenfalls ein Bronze- und Aluminiumwerk betrieb. Dessen Ehe war kinderlos geblieben. Anfangs der zwanziger Jahre war er nach Kanada ausgewandert, wo er später zum Bahaismus übertrat – einer Religion, die, aus dem Islam hervorgegangen, ein friedliches Zusammenleben aller Menschen anstrebt. Ein Foto des Treffens der drei mit Pelzmützen ausstaffierten Schopflochers befindet sich in meinem Besitz. »My two nephews« hatte »uncle Fred« die beiden Cousins seinen Bekannten stolz vorgestellt. Alle drei hatten mit den gleichen Metallpigmenten zu tun. Warum die einstige Gebrüder Schopflocher GmbH in drei gegeneinander konkurrierende Unternehmen auseinandergebrochen war, ist mir bis zum heutigen Tag ein Rätsel. Tom, mit dem ich seitdem in Verbindung stehe, weiß darüber noch weniger als ich. Unsere Väter und deren Onkel konnten wir nicht befragen; die hatten alle längst das Zeitliche gesegnet. Schwerwiegende Gründe müssen es jedenfalls gewesen sein, die zu dieser Teilung geführt hatten.

Unsere gemeinsamen Vorfahren stammen, wie unser Familiennamen besagt, aus dem Marktflecken Schopfloch, zwischen Dinkelsbühl und Feuchtwangen gelegen. Dort lässt sich unser Stammbaum bis zum Dreißigjährigen Krieg zurückverfolgen, der auch jene Gegend verwüstet hat. Da gibt es einen Naftali oder »Hirsch, den Schneider«, der auf dem noch bestehenden jüdischen Friedhof bestattet ist. Spätestens seit ihrer Vertreibung aus Nördlingen waren Juden in Schopfloch ansässig, wo mit der Zeit eine verhältnismäßig bedeutende jüdische Gemeinde entstand – eine ergiebige Einnahmequelle für die Grafen von Öttingen, die ihnen ihre Schutzbriefe verkauften und ihnen auch sonstige Abgaben auferlegten, wenn sie gerade knapp bei Kasse waren. 1810 war jeder dritte Einwohner des Marktfleckens ein Jude. Von 1740 bis 1749 hatte es dort sogar einen jüdischen Bürgermeister gegeben. Den Juden verdankt man einen nur in dieser Gegend beheimateten Dialekt, der erst Mitte des vergangenen Jahrhunderts ausgestorben ist. Dieses aus judendeutschen und hebräischen Worten gebildete »Lechaudisch« – eine Verballhornung der Bezeichnung »Laschon hakodesch«: heilige Sprache – beherrschten damals nicht nur die Juden, sondern auch ihre christlichen Nachbarn.

Zwei Kinder jenes Schneiders Hirsch wurden nach dem frühen Tod ihrer Eltern in den neunziger Jahren des 18. Jahrhunderts nach Fürth geschickt, vermutlich weil die dortige Gemeinde besser für diese Waisen sorgen konnte, als dies in ihrem Heimatort möglich gewesen wäre. Isac, einer der beiden, zeugte 1824 Salomon und dieser 1855 meinen Großvater, wiederum einen Isac. Der war der älteste von insgesamt achtzehn Geschwistern (alle von der gleichen Mutter!), von denen, wenn ich recht informiert bin, immerhin zwölf das Säuglingsalter überlebten. Man kann sich also vorstellen, wie viele aus Fürth stammende Juden einen oder eine Schopflocher im Stammbaum haben.

Auch meine Großmutter, eine geborene Hirschmann, kam aus einer kinderreichen Familie. Ihrer Ehe hingegen entsprang nur ein einziges Kind: Hans, mein Vater. Im Sommer, wenn sich die Großfamilie in der »Villa« in Ranna einfand, waren zwar immer auch Hirschmanns anzutreffen, doch kann ich mich nicht entsinnen, dort je einen Vertreter der zahlreichen Schopflocher-Familie gesehen zu haben. Mein Vater pflegte in Fürth freundschaftlichen Umgang mit den Söhnen und Töchtern der Schwestern meines Großvaters, nicht so jedoch mit denen seiner Brüder. Ich sagte es schon: Die Ursachen dieser Familienzwistigkeit blieben ein Geheimnis, das die Beteiligten mit sich ins Grab nahmen.

Bronze- und Aluminiumpulver

Der Ursprung vieler Industrien meiner engeren Heimat stellt für mich keine Bücherweisheit dar, sondern ist mir lebendige Geschichte. Jakob Wassermann bezeichnete unser beider Geburtsstadt Fürth, nicht sonderlich liebevoll, als »die Stadt der tausend Schlöte«. Auf meinem Schulweg kam ich an mehreren Spiegelfabriken vorbei, am Pestalozzi-Verlag, dessen unzerreißbare Kinderbücher auf der ganzen Welt verbreitet waren, an den Auslagen der Spielzeug-Exporteure, an den Blattgoldschlägereien, deren Erzeugnisse der Vergoldung der vielen Heiligenfiguren der Gegend diente und die zur Herstellung von Bilderrahmen und von den Buchbindereien für den damals beliebten Goldschnitt eingesetzt wurden. So hauchdünn wurde das Metall geschlagen, dass die Masse eines einzigen Golddukaten ausreichte, um ein ganzes Reiterstandbild damit zu vergolden. Eng verwandt mit die-

43

ser Industrie, da einen ähnlichen Kundenkreis ansprechend, war die Herstellung von Goldbronze, einer aus Kupfer und Zink bestehenden Legierung, die in schweren Stampfwerken zu feinem Pulver reduziert wurde: Pigmente, die vor allem in Anstrich- und Druckfarben Verwendung fanden. Die zum Betreiben der Maschinen erforderliche Energie wurde der Wasserkraft der Pegnitz entnommen, was erklärt, dass sich viele dieser Fabriken in der Fränkischen Schweiz an den Ufern dieses Flusses niedergelassen hatten. So auch die Fabrik der Gebrüder Schopflocher in Ranna in der Oberpfalz, unweit von Neuhaus und Auerbach. In meiner Jugend befand sich dort noch die alte Turbine mit ihrem Schwungrad in Betrieb, deren Gang über Transmissionen auf die einzelnen Maschinen übertragen wurde. Ein Wald von Treibriemen durchzog die Fabrikhallen, die ich als kleines Kind betreten durfte. Allerdings gab es auch bereits ein Dieselaggregat, um die vom Fluss gelieferte Energie zu ergänzen. Bewohnten wir in den Sommerferien die der Fabrik gegenüber gelegene Familienvilla, begleitete uns Tag und Nacht das monotone Hintergrundgeräusch der »Stampfer«. Eine Melodie, deren Rhythmus und Lautstärke den Geschäftsgang der Firma widerspiegelte. Bis sie eines Tages verstummte, was sich deutlicher in mein Bewusstsein eingrub als die vertrauten Laute. Die Wirtschaftskrise! Zu ihr kam, allerdings vermutlich noch nicht ausschlaggebend, der Antisemitismus, den ein Teil der nicht-jüdischen Konkurrenz schon vor Hitler geschäftsfördernd einzusetzen versuchte. Deren Reisende bezeichneten die Gebrüder Schopflocher GmbH ihren Kunden gegenüber gerne als eine »gute, alte, jüdische Firma«.
Im September 1932 musste mein Vater Konkurs anmelden.
Während des Zweiten Weltkrieges erließ die englische Botschaft in Buenos Aires einen Aufruf, um die im Besitz der Emigranten befindlichen Wanderkarten Deutschlands anzufordern. Mein Vater gab eine auf Leinen aufgezogene Generalstabskarte Mittelfrankens ab, in die er säuberlich die Lage sämtlicher Bronze- und Aluminiumwerke eingezeichnet hatte: eine kriegswichtige Industrie, denn das dort erzeugte Aluminiumpulver wird bei der

Herstellung gewisser Explosivstoffe eingesetzt. Schon vor dem Ersten Weltkrieg lag im Kassaschrank jedes Unternehmens ein versiegelter Umschlag der Obersten Heeresleitung, der im Fall einer Mobilmachung zu öffnen war, um die darin enthaltenen Anweisungen zur aufrüstungsbedingten Umstellung des Betriebs in Empfang zu nehmen. Ob und wie weit die Landkarte meines Vaters zur Niederlage Hitler-Deutschlands beigetragen hat, entzieht sich meiner Kenntnis.

Doch da es keine Ereignisse mit Anfang und Ende gibt, zog auch diese »Kriegstat« meines Vaters eine Fortsetzung nach sich, von der ich erst 1998, viele Jahre nach dem Tod meiner Eltern, erfuhr. Ein freundlicher Herr vom Nürnberger Staatsarchiv verschaffte mir eine Fotokopie der Personalakte meiner Eltern. »Hans Schopflocher«, so heißt es in einer Eingabe der Industrie- und Handelskammer Fürth, »war Mitglied der Loge zur Wahrheit und Freundschaft III. Grades in Fürth. Sonst sind Vorgänge politischer Art nicht vorhanden.« Nach dieser relativ beruhigenden Einleitung wird er als ein »besonders raffinierter Jude« bezeichnet, als ein »ausgesprochener Schädling deutscher Interessen, der sich zum Nachteil der deutschen Wirtschaft nunmehr in Südamerika betätigen wird«. Und da »auch aus den Kreisen der Bronzefarben-Industrie und der Deutschen Arbeitsfront Warnungen vor etwaigen Umtrieben laut geworden« seien, dürfte es sich empfehlen, »vor Erteilung eines Auslandspasses durch sorgfältige Erhebung zu klären, ob nicht Veranlassung besteht, dem Hans Schopflocher einen Auslandspass zu verweigern«. Nicht zuletzt dank der mutigen Haltung mehrerer deutscher Unternehmer, die meinen Vater mit ihrer Vertretung für Argentinien betreuten, gelang es ihm schließlich, die Behörden davon zu überzeugen, dass sein dortiger Aufenthalt doch im Interesse der deutschen Wirtschaft läge. Aber die Industrie- und Handelskammer ließ nicht locker. Als mein Vater im Jahr nach seiner Ausreise seine Familie nachkommen lassen wollte, wandte sich die Kammer an die Gestapo: »Wir möchten dringend bitten, der Jüdin Marianne Schopflocher eine Auswanderungsgenehmigung nicht zu erteilen.« Sie und wir Kinder sollten also als Geiseln zurückgehalten werden, um den »besonders raffinierten Juden« zu zwingen, nach Deutschland zurückzukehren. Das Schicksal, das ihn und seine Familie in diesem Fall erwartet hätte, darf ich als bekannt voraussetzen.

Aber auch mit dieser Episode ist dieses Kapitel noch nicht abgeschlossen. Die Firma meines Vaters wurde am 1. Januar 1933 von einem Freiherrn Dr. von Ibach aus Schwabach übernommen, der meinem Vater und nach dessen Abreise meiner Mutter die Leitung der von ihm erworbenen Firma anvertraute, die weiter unter dem Namen Schopflocher firmierte. Im Jahre 1955 stattete mein Bruder Klaus, der als frisch habilitierter Doktor der Chemie ein Lehrjahr in Deutschland verbrachte, diesem Herrn einen Höflichkeitsbesuch ab. Er fand ein vergrämtes, altes Ehepaar vor, dessen beiden Söhne vom Russlandfeldzug nicht zurückgekommen waren. Behutsam fühlte der vereinsamte Mann vor, ob mein Bruder nicht vielleicht nach Deutschland zurückkehren wolle, um die Firma Schopflocher zu übernehmen. Auf die vielleicht etwas vorschnell erteilte Absage räumte er mit leiser Stimme ein: Ja, das könne er natürlich verstehen. Später geleiteten die beiden meinen Bruder zum Zug und winkten ihm nach. Ihre Gedanken zu erraten, war nicht schwer.

Ranna an der Pegnitz

Die »Villa« in Ranna als Mittelpunkt der Großfamilie spielte eine große Rolle in meiner frühen Kindheit. Im Erdgeschoss des zweistöckigen Gebäudes befanden sich die Aufenthaltsräume und eine große Wohnküche, an deren holzbeheiztem Herd die Frauen werkten.

Der obere Stock der Villa mit seiner hölzernen Veranda war in zwei Flügel unterteilt. Im rechten lagen die Schlafzimmer meiner Großeltern und Eltern, im linken die der Familie Onkel Semis. Der hatte in die Hirschmannfamilie eingeheiratet. Dank der

Mitgift Tante Sophies, seiner von ihm tyrannisch unterdrückten Frau, war ihm ein Anteil der Firma Schopflocher zugefallen. Die sanitären Einrichtungen des Gebäudes waren prekär: Fließendes Wasser gab es keines und folglich weder moderne Bäder noch Klosetts mit Wasserspülung. Frühe Kindheitseindrücke, aufsteigende, in der Luft platzende Erinnerungsblasen: der Geruch nach Lavendel, Hoffmannstropfen und Mottenkugeln im Schlafzimmer der Großeltern. Blitzende Goldzähne, ein künstliches Gebiss im Wasserglas, die »Holländer«, auf denen Vetter Rudi und ich im Park herumkutschierten, der alte Onkel Moritz (der Vater Tante Ännchens), dem ich zusah, wie er sich am frühen Morgen die Gebetsriemen anlegte, um seine Gebete zu verrichten. Das Aroma des eingekochten Obstes, der in einer großen Korbflasche gärende Johannisbeerwein, die Schnüre mit den zum Trocknen aufgereihten Pilzen auf dem Dachboden, die Regale voller Einmachgläser in der Vorratskammer. Der riesige Park mit seinem alten Baumbestand, der bis zum Ufer der Pegnitz reichte und ein Paradies für uns Kinder darstellte.

Ein Paradies? Ganz so idyllisch vielleicht doch nicht. Das allerdings noch nicht als lebensbedrohend erkannte Ärgernis der Partei Hitlers, die Weltwirtschaftskrise und der etwas kleinliche Familienklatsch bildeten in den Sommerferien die Gesprächsthemen, welche manchmal auch die Kinderohren erreichten. Während einige Familienmitglieder den ganzen Sommer in Ranna verbrachten, kamen andere aus Nürnberg, München, Berlin oder aus kleineren Ortschaften Süddeutschlands zu kurzen Besuchen angereist. Bei einer dieser Gelegenheiten war es gewesen, dass ich zum ersten Mal im Leben eine Erwachsene hatte weinen sehen. Kein Geschluchze ins Taschentuch, wie es meine Mutter einst von sich gegeben hatte, als sie glaubte, einen Dieb zum Sohn zu haben. Sondern die hemmungslos vergossenen Tränen meiner Tante Ännchen. Selbst uns Kindern blieb nicht verborgen, dass ihr keine gute Ehe beschieden war. Sie hatte einen Bruder meiner Mutter geheiratet und war nun folglich nicht nur Cousine, sondern auch zur Schwägerin meines Vaters geworden. Eines jener doppelt geknüpften Verwandtschaftsbänder, wie sie damals des Öfteren anzutreffen waren. Onkel Willy, ihr Mann, war Anwalt in Nürnberg. Erfolgreich, wie der Lebensstil des Ehepaars bewies, mit ihrer eleganten Wohnung am Tiergärtner Tor und dem von der Tante gelenkten Auto, einem Buick. Ansonsten habe ich ihn als ein regelrechtes Ekelpaket in Erinnerung, dem wir Kinder am liebsten aus dem Weg gingen. Seine außerehelichen Liebesaffären waren stadtbekannt. Gerüchte raunten von einem unehelichen Sohn. Wie sämtliche Erwachsenen wussten, war die Tante zur Kinderlosigkeit verdammt: Folge einer verpfuschten Blinddarmoperation. Der Anlass des Tränenergusses ist mir nicht bekannt; den in mir hervorgerufenen Eindruck aber habe ich nie vergessen. Die Tante kauerte in einem unbequemen Sessel in einer Ecke des im rustikalen Bauernstil eingerichteten Wohnzimmers der Villa. Ich sah, wie ihr meine Eltern mit ratlosen Gesichtern zuhörten. Als man meine Anwesenheit gewahrte, befahl mir meine Mutter, ich solle gefälligst draußen spielen und erst wiederkommen, wenn man mich rufe. Ihre Stimme klang derart unwirsch, dass mich das schlechte Gewissen überkam. Sicherlich hatte ich wieder einmal etwas sehr Böses angestellt. Wie kurz zuvor, als ich die Okarina aus einer Schublade genommen hatte, um darauf zu spielen, was mir einen Verweis eingebracht hatte. Das tönerne Instrument hatte Onkel Semi von einer seiner Geschäftsreisen nach Russland mitgebracht; vielleicht von derselben Reise, von der er mit einer Tänzerin zurückgekommen war. Eine russische Tänzerin! Diesen lange vor meiner Geburt liegenden Skandal mussten die Onkel aus Berlin damals mit ihren prallen Brieftaschen diskret aus der Welt schaffen. Wie vielen bedrohlichen Geheimnissen war ein Kind damals ausgesetzt! Wie schnell kam es unversehens mit ihnen in Berührung und lud sich eine ihm unerklärliche Schuld auf, die sein Gewissen belastete. Wie hätte ich wissen sollen, dass sich hinter der Okarina die Erinnerung an die Affäre mit einer russischen Tänzerin verbarg?

Ich liebte die Ausflüge mit den Eltern in die Fränkische Schweiz, wo wir in den umliegenden Wäldern – verborgen zwischen Farnkraut und Schachtelhalm, diesen Nachkommen urzeitlicher Vegetation – Steinpilze, Pfifferlinge und Morcheln fanden, Schwarz- und Preiselbeeren und gelegentlich auch Versteinerungen der nicht weniger urzeitlichen Ammoniten.

Wir besuchten die Tropfsteinhöhle in Pottenstein, wo mein Vater mit Magnesiumpulver, wie man es damals zum Fotografieren mit Blitzlicht einsetzte, ein Leuchtfeuer veranstaltete, das die Stalaktiten und Stalagmiten in zauberhaften Schein hüllte. In der bei Krottensee gelegenen Maximilianshöhle erzeugte der Expeditionsleiter durch behutsames Klopfen an den wie Orgelpfeifen aneinandergereihten Tropfsteinen Klänge, deren Echo nicht nur in den unterirdischen Gängen, sondern auch in unserer Erinnerung lange nachhallte.

Schade nur, dass die von mir so geliebte Fränkische Schweiz auch die Spuren einer üblen Vergangenheit birgt. Bei meinem ersten Nachkriegsbesuch in Neuhaus an der Pegnitz entdeckte ich am Eingang der Burgruine, die ich als Kind mehr als einmal mit meinen Eltern besucht hatte, eine (inzwischen verschwundene) Steintafel mit einer stichwortartig gehaltenen Burggeschichte. Als ihr letzter Besitzer wurde Hermann Göring genannt, er stammte aus dem Fränkischen und hatte sogar eine Zeit lang die Volksschule und das Gymnasium in Fürth besucht. Wer seinen Titel eines Generalfeldmarschalls herausgemeißelt hatte, war nicht zu erfahren. Die Spuren dieser sinistren Gestalt konnte man jedoch genauso wenig löschen wie in Pottenstein die Erinnerung an die »Magerscheune«, wo sich von 1942 bis 1945 ein Außenlager des berüchtigten Konzentrationslagers Flossenburg befunden hatte, in dem 746 Häftlinge Zwangsarbeiten für militärische Anlagen bis zu ihrem Erschöpfungstod leisten mussten – ein dunkler Fleck in der Geschichte dieses freundlichen Luftkurortes. Spuren, die erst in kommenden Generationen ihre Schrecken verlieren werden.

Bei der Erwähnung dieser Schrecken drängt sich mir noch ein ganz anderes Erinnerungsbild auf. Das Bild eines zerschundenen Maikäfers, den mir mein Vater bei einem unserer Ausflüge mit dem Hinweis auf die Grausamkeit der Natur zeigte. Ein Vogel hatte das noch lebende Insekt ausgehöhlt. Der Chitinpanzer hatte dem Schnabel widerstanden, die Weichteile jedoch hatte der gefiederte Räuber zum größten Teil herausgepickt. Wie oft steht mir dieses Bild vor Augen, wenn ich an die vielen Regierungen des schönen Argentinien denke, die sich scheinheilig auf eine Demokratie berufen, die sie von innen heraus mit List und Gewalt aushöhlen! Nur ihren äußeren Schein halten sie aufrecht und spielen sich als die Schirmherrn der Verfassung auf, während sie in Wirklichkeit alles daransetzen, um deren Sinn und Wesen zum Schaden des betrogenen Volkes ins Gegenteil zu verwandeln.

Der Hirschmann-Clan

Ich habe mehrmals die Familie Hirschmann erwähnt, der meine Großmutter väterlicherseits entstammte. Bei der Niederschrift dieser Zeilen habe ich das eindrucksvolle Foto der Familie vor mir, welches im Jahre 1909 in Nürnberg anlässlich der Goldenen Hochzeit dieser Urgroßeltern Hirschmann entstanden ist. Im Mittelpunkt des Bildes: Urgroßvater Seligmann mit weißem Backenbart, dem sogenannten »Kaiserbart«, und Fanny, geborene Ullmann. Es verleiht dem Höhepunkt der Entwicklung einer deutsch-jüdischen Familie fotografischen Ausdruck. Ihre Mitglieder, alle festlich gekleidet, in vier Reihen pyramidenförmig gruppiert, mit dem Jubelpaar inmitten ihrer drei Söhne, fünf Töchter und deren Ehepartner. Ich zähle insgesamt neunzehn Erwachsene, vom Fotografen – offenbar einem Künstler seines Fachs – geschickt aufgestellt. Sieben Kinder stehen auf einer Art Tribüne ganz hinten, die Jungen im Matrosenanzug, die Mädchen mit Schleifen im Haar. Unter ihnen auch Ännchen. Die drei Kleinsten sitzen im Vordergrund. Neunundzwanzig Schicksale. Zukunftssicher und selbstbewusst blicken sie in die Kamera, ohne zu ahnen, dass die Waffen für den geplanten Krieg schon geschmiedet waren und sich in Wien ein Vagabund namens Adolf Hitler herumtrieb, der eines Tages ihnen und ihresgleichen nach dem Leben trachten würde.

Dieser Urgroßvater Seligmann kam 1835 in Steppach zur Welt, einem Dorf, in dem sich 1438 eine Anzahl vertriebener Juden aus der Freien Reichsstadt Augsburg niedergelassen hatte. Von 1548 bis Ende des 19. Jahrhunderts stellten sie ein Viertel bis ein Drittel der dortigen Bevölkerung. Erst 1910 wanderten die letzten Gemeindemitglieder ab. Seligmann hatte sich als junger Mann in Ansbach niedergelassen, wo er seine Familie gründete. Auch dort gab es eine größere jüdische Gemeinde, deren wechselvolle Geschichte bis ins 14. Jahrhundert zurückreicht, die allerdings nicht kontinuierlich verläuft, da sie von periodischen Verfolgungswellen und markgräflichen »Ausschaffungsedikten« gezeichnet ist. Während des Dreißigjährigen Krieges kam es zur Neuansiedlung, und ab Mitte des 17. Jahrhunderts hiel-

Der Hirschmann-Clan: die Goldene Hochzeit der Urgroßeltern des Autors, Nürnberg 1909

ten sich auch die Ansbacher Markgrafen ihre »Hofjuden«, die sie mit dem Münz- und Steuerwesen beauftragten. Was ihnen, wie nicht anders zu erwarten war, den Hass der Bevölkerung einbrachte. Wer lässt sich schon gerne schröpfen? Die Synagoge wurde im Jahre 1746 eingeweiht und mehrfach renoviert, bis sie in der »Reichskristallnacht« geschändet und anschließend von Nachbarn als Lebensmittellager zweckentfremdet wurde. Man sieht also: die übliche Entwicklung, wie sie die meisten jüdischen Gemeinden Süddeutschlands verzeichnen. Ansiedlung, Verfolgung, Vertreibung, Wiederansiedlung und »Kristallnacht« mit darauffolgender »Endlösung«. Nachdem das Judenedikt aus dem Jahre 1813 den allerdings erst Ende des 19. Jahrhunderts vollendeten Prozess der bürgerlichen Gleichstellung der Juden Bayerns einleitete, begann für die seit dem Mittelalter der Willkür der Machthaber Ausgesetzten ein Zeitalter rechtlicher Sicherheit.

Doch bereits Jahrzehnte vor diesem Datum, als den Juden die Ausübung der meisten Berufe noch untersagt war, gelangte Seligmann zu Wohlstand. Er betätigte sich als Metzger und Gastwirt, damals als »Restaurateur« bezeichnet, und widmete sich dem Viehhandel. Dies brachte es mit sich, dass er sich mit der Zeit fast zwangsläufig auch dem Geldwechsel zuwandte. Da fast in jedem der vielen Kleinstaaten auf deutschem Boden eine andere Währung galt, entwickelte sich diese Tätigkeit zu einer für Handel und Wandel unerlässlichen Funktion. Sein geschäftlicher Erfolg erlaubte ihm nicht nur, sämtliche seiner Töchter mit einer ansehnlichen Mitgift auszustatten, sondern auch seine Söhne bei der Gründung ihrer Unternehmen finanziell zu unterstützen. Deutschland befand sich ja in einer Epoche wirtschaftlicher Euphorie. In Nürnberg gründete er mit Julius, seinem ältesten Sohn, die Privatbank Sel. Hirschmann & Söhne. Fritz und Bernhard, die beiden jüngeren Söhne, zogen nach Berlin, wo sie die Deutschen Kabelwerke AG ins Leben riefen, die sich im sich anbahnenden Zeitalter der Elektrizität und des Telefonwesens, ähnlich wie die AEG der Rathenaus, rasant entwickelte. Als kleines Kind bewunderte ich die schweren Mercedes, mit denen sie in Ranna gelegentlich auftauchten, umgeben vom Flair der großen Welt. Kurz nach Hitlers »Machtübernahme« wurde das Unternehmen »arisiert«. Das heißt auf gut Deutsch: es wurde zwangsenteignet.

Den meisten der in Berlin wohnenden Hirschmanns gelang noch die Auswanderung, freilich unter Aufgabe eines Großteils ihres Vermögens. Von den Schwestern hingegen konnte sich nur eine – meine Großmutter Sabine – ins Ausland retten. Ein Schatten ihrer selbst, schwer zuckerkrank, gelangte sie 1939 nach Argentinien, wo sie noch zwei Jahre lang bei uns wohnte. Ihre Agonie erlebte ich als Siebzehnjähriger aus nächster Nähe. Es war meine erste bewusste Begegnung mit dem Tod. Ich werde sie genauso wenig vergessen wie ihre Schilderung der »Kristallnacht«, wo sie am Appell der vor Kälte und wohl auch vor Angst zitternden alten Leute auf dem Güterbahnhof in Fürth teilnehmen musste. »Sie haben's gut«, flüsterte ihr eine Bekannte zu. »Ihre Kinder befinden sich im Ausland.« Einer ihrer Schwestern – Sophie – wurde die Gnade zuteil, rechtzeitig im eigenen Bett zu sterben. Die anderen drei kamen im Lager um. Man beachte die damals gebräuchlichen Redewendungen, die an George Orwells »Newspeak« erinnern und an die von Victor Klemperer untersuchte *Lingua Tertii Imperii*. In der Terminologie des Dritten Reichs stand die »Kristallnacht« für den staatlich organisierten Pogrom, »Sperrmark«, »Reichsfluchtsteuer« und »Arisierung« für Diebstahl und Raub. »Umgekommen« und »auf der Flucht erschossen« bedeuteten Ermordung, »Schutzhaft« die widerrechtliche Festnahme, »Lager« eine industriell betriebene Folter- und Mordinstitution. Und »rechtzeitig« oder »gnädig« starb man, wenn man dank eines natürlichen Todes der Verschickung ins Vernichtungslager entkam.

Meine Großmutter starb Tausende von Kilometer von ihrer angestammten Heimat entfernt zwar, aber jedenfalls im eigenen Bett an den Folgen ihrer Diabetes und nicht in der Gaskammer eines Vernichtungslagers. Was für die damaligen Verhältnisse einen Glücksfall darstellte.

Frankenthal in der Pfalz

Den gelegentlichen Bemerkungen meiner Mutter konnte ich entnehmen, dass sie im Grunde die Fürth-Nürnberger Mischpoche ein wenig verachtete. Ich glaube, sie dünkte sich auf einer etwas höheren Stufe stehend, weil sie aus der Rheinpfalz stammte. Aus Frankenthal, wo bei meinen ersten Besuchen noch die Trikolore der französischen Besatzungsmacht von den beiden Stadttoren, dem Speyerer- und dem Wormsertor, wehte.

Einmal im Jahr wurde ich für ein paar Wochen dorthin geschickt, wo die Großmama versuchte, mich zu verwöhnen. Die Erinnerung an den Geschmack ihrer Honigbrötchen erreicht mich beim Schreiben dieser Zeilen. Es muss ein ganz besonderer Honig, müssen ganz besondere Brötchen gewesen sein, oder vielleicht war es auch nur ein besonderes Gefühl, mit dem ich diese verzehrte. Weitere Erinnerungsfetzen? Der Spiritusgeruch der Flamme des kleinen Kochers, über dem die Großmama die Brennschere erhitzte, wenn sie ihre Frisur herrichtete, um auszugehen. Das rosafarbige Schnürkorsett, das auf ihrem Bett lag. Die Radfahrtouren in Begleitung ihrer jungen Hausgehilfin am Ufer des Kanals oder – ich weiß, es klingt seltsam, aber es war tatsächlich eine Gewohnheit der Frankenthaler – der Spaziergang in den Friedhofsanlagen. Der Besuch im Spielwarenladen, wo sie mir etwas kaufen wollte, irgendetwas Elektrisches, sie wusste nur nicht, was. Dabei gab sie sich wirklich große Mühe, das Richtige zu finden. Oder mein Hantieren mit den bunten Spielmarken aus Zelluloid, bei dem ich das Zusammenspiel verschiedener Farbkombinationen für mich entdeckte.

Wenige Eisenbahnminuten entfernt lag die für die Geschichte der Juden so bedeutende Stadt Worms, die ich einmal mit meiner Großmutter Therese besuchen durfte. Dort zeigte sie mir die »Raschi-Kapelle«, benannt nach dem berühmten Talmudgelehrten Rabi Schlomo ben Isak, der im 11. Jahrhundert in Troyes wirkte und in seiner Jugend zehn Jahre lang in Worms studiert hatte. Dort steht noch heute der steinerne, höchst unbequeme

»Raschi-Stuhl«, vor dem sie mich warnte. Wer sich auf ihn setze, erhalte eine gewaltige Ohrfeige von unsichtbarer Hand.

Die Großeltern Loeb schienen keinen allzu intensiven Gebrauch von ihrer Religion zu machen. Doch bei meinem Abschiedsbesuch, kurz vor unserer Auswanderung, ging die allein lebende Großmutter eines Schabbatmorgens mit mir in die dortige kleine Synagoge und bewirkte, dass man mich zur Thoravorlesung aufrief – eine letzte Ehrung ihrer Familie, deren Bedeutung ich erst viel später erkannte.

An meinen Großvater Gabriel kann ich mich nicht erinnern; er starb bereits im Jahre 1925 an Herzasthma. Der tröstliche Nachsatz »in seinem eigenen Bett« war damals noch nicht üblich. Der sollte sich erst ein gutes Jahrzehnt später bei den Juden Deutschlands einbürgern. Doch steht mir noch immer sein sepiafarbiges Foto vor Augen, das in der großmütterlichen Wohnung hing. Eine stattliche Figur in würdiger Haltung. Er war als Makler an der Mannheimer Getreidebörse tätig gewesen.

Wiederholt bekam ich zu hören, er habe eine größere Anzahl Exemplare des Jugendromans *Herz* des italienischen Schriftstellers De Amicis in den Schulen Frankenthals verteilen lassen. Die darin hervorgehobenen Tugenden hätten ihn so tief beeindruckt, dass er sie den Schulkindern übermitteln wollte: die Vaterlandsliebe, den Respekt vor der Autorität, den Opfergeist und die ergebene Hinnahme der Schicksalsschläge. Dass er trotz aller Fehler, die man ihm nachsagte – seine jähzornige Veranlagung hatte ihm einmal eine zeitweilige Suspendierung von der Börse eingebracht, wo er einen Kollegen beschimpft, vielleicht sogar tätlich angegriffen haben soll –, einige der in jenem damals so populären Jugendbuch geschilderten Eigenschaften besaß, ist durch die aufopfernde Hilfe belegt, die er seinen jüngeren Geschwistern angedeihen ließ, als 1876 sein Vater Simon relativ jung starb. Gabriel, gerade einmal sechzehn Jahre alt, versorgte alle sieben Waisen, die damals zwischen drei und fünfzehn Jahre alt waren. Dank seiner Fürsorge gelangten fast alle in die Vereinigten Staaten, wo sie ihre Familien gründeten.

Um diese »Verschickung« ins Land der Zukunft zu verstehen, muss man sich das Auswanderungsfieber vorstellen, das die Ärmsten der Armen Europas ab den dreißiger Jahren des 19. Jahrhunderts ergriffen hatte. Dass die Juden einen überdurchschnittlichen Anteil an der deutschen Emigrationswelle hatten, ist verständlich, wenn man an die Restriktionen denkt, denen sie unterworfen waren. Allein zwischen 1830 und 1855 verließen etwa 11 000 Juden Bayern, überwiegend mit dem Ziel Nordamerika.

Bewegend sind die Berichte über die vierzehn- bis sechzehnjährigen Kinderemigranten, denen die Mutter ihren letzten Dukaten (falls sie einen solchen besaß) in den Rocksaum einnähte, um sie dann unter Tränen in die Ferne zu entlassen, wohl wissend, dass der Abschied nach menschlicher Voraussicht einen solchen für immer darstellte. Einige wenige kamen zu Erfolg und Ehren: die Lehmans, die Levis, die Morgenthaus, die Frankfurters. Unter ihnen übrigens auch der Cousin meiner Großmutter Therese Abraham Kuhn, der 1867 zusammen mit Salomon Loeb das Bankhaus Kuhn, Loeb & Co. gegründet hat. Von den vielen Tausenden jedoch, die elend vor die Hunde gegangen waren, sprach niemand. Die Geschwister meines Großvaters entgingen diesem Schicksal; ihre Kinder verwandelten sich in echte Amerikaner des Mittelstands. Wie dies so üblich war, half der erste der Neuankömmlinge, kaum hatte er Fuß gefasst, den nachfolgenden Brüdern und Schwestern.

Die drei Geschwister meiner Mutter blieben ohne Nachkommen. Onkel Fritz, der jüngste ihrer Brüder, ließ sich bereits Ende der zwanziger Jahre in San Francisco nieder, Tante Trude und Onkel Willy folgten ihm gerade noch rechtzeitig, und meine Mutter wanderte mit der Familie nach Buenos Aires aus. Vereinsamt blieb Großmutter Therese in Frankenthal zurück. Ihre alten Bekannten waren größtenteils verschwunden, ihre Kinder nicht mehr erreichbar. Sie kümmerte sich um Putzi, ihr Hündchen, und verharrte in ständiger Erwartung der Luftpostbriefe ihrer Kinder. 1939, nur wenige Monate vor Kriegsausbruch, gelang es meinem

Vater, das argentinische Einreisevisum für die fast Siebzigjährige zu beschaffen. Als sie ihren Koffer packen sollte, zog sie es vor, den Gashahn zu öffnen. Putzi nahm sie mit sich in den Tod. Sie sei friedlich entschlafen, hieß es im Telegramm, das eine Nachbarin an meine Eltern sandte.

Erziehung zum geistigen Widerstand

Dass mir das Glück zuteilwurde, von Ostern 1934 bis zu unserer Auswanderung im April 1937 das Jüdische Landschulheim Herrlingen bei Ulm zu besuchen, verdanke ich nicht zuletzt der Großzügigkeit dieser Großmutter Therese. Mit ihrem monatlichen Zuschuss gelang es meinen Eltern, das erforderliche Schulgeld aufzubringen. Die Erfahrungen, die ich in diesen drei Jahren gesammelt habe, sind überwiegend positiver Art, auch wenn ich im ersten Halbjahr von Heimweh geplagt wurde. Das allerdings war vor allem auf den Umstand zurückzuführen, dass ich zunächst in einem in der Nähe liegenden Kinderheim untergebracht worden war und nur tagsüber am Schulbetrieb des im Oktober 1933 gegründeten Landschulheims teilnahm. In diesem Kinderheim nämlich herrschte der raue Ton einer resoluten Dame, die sich mit »Mütterle« anreden ließ und die ich in schlechter Erinnerung habe. Es war das erste Mal, dass ich mich in einer mir fremden Umgebung zurechtfinden musste. Wenn ich heute durch mein imaginäres Zeitteleskop in die Vergangenheit blicke, um meinen Vorläufer, diesen verschüchterten Elfjährigen, ins Auge zu fassen, so entdecke ich einen verträumten, liebesbedürftigen Jungen, dem es schwerfällt, Freundschaften zu schließen und dessen Sportlichkeit sehr zu wünschen übrig lässt. Gerne würde ich ihm etwas Aufmunterndes zurufen, etwas Tröstendes.
Anfang 1935 durfte ich ins Internat des Landschulheims übersiedeln. Diese zunächst als Reform-Realgymnasium, später als Oberrealschule gestaltete, von jüdisch-humanistischem Geist beseelte Anstalt nahm in den fünfeinhalb Jahren ihres Wirkens

Landschulheim Herrlingen: Bialikhaus

eine außergewöhnliche Stellung innerhalb des deutsch-jüdischen Erziehungswesens ein. In einer Zeit der Ungewissheit; in einem Land, in dem man sie ausgrenzte und ihnen die Existenzberechtigung absprach, wurde in Herrlingen von Herbst 1933 bis Ostern 1939 insgesamt einigen hundert jüdischen Kindern Selbstachtung übermittelt und somit zu einer positiven Lebenseinstellung verholfen.

Das Landschulheim wurde von Hugo Rosenthal geleitet, einem Reformpädagogen, der als knapp Fünfzigjähriger mit durchgeistigtem Gesicht, sehnigem Körper und wohllautender Baritonstimme in meinem Gedächtnis weiterlebt. Wir Schüler sahen bewundernd zu ihm auf. Es ging ihm darum, den aus den deutschen Schulen gejagten jüdischen Kindern ein im Judentum verwurzeltes Selbstbewusstsein zu vermitteln. Und sie – wie er sich ausdrückte – zum Mut zu erziehen. »Aufbau im Untergang« – diese Forderung des Pädagogen Dr. Ernst Simon, dem Leiter des größten hebräischen Lehrerseminars in Palästina, an das jüdische Erziehungswesen in Hitler-Deutschland, wurde von ihm im Rahmen des Landschulheims verwirklicht, wohl wissend, dass die ihm zur Verfügung stehende Zeit knapp bemessen war.

Um genau zu sein: bis zum 1. April 1939, dem sechsten Jahrestag des ersten Boykotts jüdischer Geschäfte, war sie bemessen. An diesem Tag wurde das Heim aufgelöst, und Rosenthal kehrte nach Palästina zurück, wo er sich Josef Jaschuwi nannte, der »Zurückgekehrte«. Nach einem kurzen Zwischenspiel im von Dr. Siegfried Lehmann gegründeten Kinderdorf Ben Schemen war er von 1940 bis zur Pensionierung 1956 im Kinderheim Ahawah in Kiriat Bialik, in der Nähe Haifas, tätig. Da ihm dort keine eigene Schule zur Verfügung stand, musste er eine gewisse Verstümmelung seines pädagogischen Konzepts hinnehmen. In den letzten Jahren seines Lebens widmete er sich dem Gartenbau und verfasste Märchen. Er starb 1980. Seitdem ich mich mit meiner Lebensgeschichte abgebe, überkommt mich ab und zu – meist kurz vor dem Einschlafen oder morgens, noch im Halbschlaf befangen – der Wunsch, ihm ein paar Fragen zu stellen, deren Beantwortung er mir schuldig geblieben ist. Wichtige Fragen, die mir am Herzen liegen. Ich kann sie nicht genau formulieren. Und auf eine Antwort aus dem Jenseits werde ich wohl lange warten müssen.

Oder auch nicht. Denn vielleicht ist diese Antwort im Bekenntnis enthalten, das er uns in seinen Schriften hinterlassen hat:
»Es ist der göttliche Funke, der die Seele der Erwachsenen emporhebt, um wie viel mehr erst die Seele des Kindes oder Jugendlichen, die noch unter dem Einfluss von Lehrern und Erziehern stehen. Ich habe immer an das Kind geglaubt – kann man überhaupt anders?

Das Kind braucht den Glauben an sich selbst, so wie es auch den Glauben an seinen Erzieher braucht. Das ist der Schlüssel zur Seele des Kindes. Und das ist die Weisheit der Erziehung. Alles andere ist nur noch Kommentar!«

In einem Artikel, den er im Juni 1933 in der *Jüdischen Rundschau* über die Aufgaben der Jüdischen Schule veröffentlichte, hatte er seine pädagogischen Ziele umrissen: »Die Synthese von Judentum und Allgemeinbildung, die sich in dem letzten Jahrhundert angebahnt hat, bedarf noch ihrer Krönung. Im Ghetto beschränkten wir uns auf jüdische Bildung; nach der Emanzipation schlug das Pendel nach der anderen Seite aus. Jetzt aber, wo eine neue Periode deutsch-jüdischen Lebens beginnt *(sic!)*, geht es darum, beides zu vereinen und in moderner Form unserer Jugend das unvergleichliche Erbe jüdischen Geistes ebenso zu vermitteln wie jüdische Gegenwartskunde und Zukunftswillen, zugleich aber sie mit weltlicher Bildung und mit der großen Kultur, in die unser Leben eingeschlossen ist, vertraut zu machen.«

Es war keine leichte Aufgabe, der er sich gegenübersah. Abgesehen von der feindlichen Außenwelt, deren behördlichen Auflagen ein jüdisches Landschulheim ausgesetzt war, und den Finanzierungsschwierigkeiten in einer Zeit, als man die Juden und ihre Institutionen schon eines Großteils ihrer Vermögen beraubt hatte, musste er mit den Problemen fertig werden, die eine zusammengewürfelte Schülerschaft mit sich brachte. Da nämlich die Kinder den unterschiedlichsten Gesellschaftsschichten entstammten und folglich auf sehr verschiedenen Bildungsstufen standen, war eine Erfassung in herkömmlichen Schulklassen schwierig. Einige kamen aus orthodoxen Landgemeinden, wo sie eine mangelhafte Schulbildung genossen hatten. Andere hingegen gehörten großstädtischen, betont assimilierten, oftmals politisch motivierten Akademikerkreisen an.

Hugo Rosenthal sah im Zionismus das Kernstück des modernen Judentums, verbunden mit den von den Propheten verkündeten Idealen sozialer Gerechtigkeit. Was in seinem Lehrprogramm deutlich zum Ausdruck kam, trotz des Widerstands, den ihm die traditionell gesinnten Kreise des deutschen Judentums anfänglich entgegenbrachten. Denn die zur vaterländischen Treue erzogenen Juden befürchteten – noch immer! – den Vorwurf der doppelten Loyalität. Die Orthodoxen wollten von einer Neubesiedlung der historischen Heimstätte nichts wissen, weil es Gott allein vorbehalten sei, den Tempel Zions bei Ankunft des Messias wieder aufzubauen. Und die Kommunisten bekämpften den in ihren Augen völkertrennenden Nationalismus aus der naiven Überzeugung heraus, der Antisemitismus würde in der klassenlosen Gesellschaft automatisch verschwinden.

Von derartigen Differenzen erfuhren wir wenig in unserem abgeschlossenen Dasein. Die meisten der Herrlinger Jungen und Mädchen zeigten sich aufnahmebereit, kameradschaftlich und relativ unbeschwert. Ich erinnere mich mehrerer musikalisch, zeichnerisch oder mathematisch Hochbegabter, von denen nicht wenige in den Lagern ermordet wurden. Oder eines Neffen Albert Einsteins, ein hochintelligentes, sehr kurzsichtiges Kerlchen aus dem nahegelegenen Ulm, das mich regelmäßig beim Schachspiel schlug. Oder des damals schon als tapfer bekannten Kameraden, der 1943 als Mitglied der geheimen Palmach-Stoßtruppe bei den Aktionen hinter den deutschen Linien mitwirkte und illegale Immigranten nach Palästina brachte. Auch die Lehrkräfte waren mit Enthusiasmus bei der Sache. Unter ihnen befanden sich etliche Studienräte, die auf eine längere Karriere an staatlichen Schulen zurückblicken konnten, sowie eine Anzahl junger Kräfte, die, drei- bis fünfundzwanzigjährig, gerade mit dem Studium fertig geworden waren. Profundes jüdisches Wissen brachten nur die wenigsten mit. Zu den Hindernissen, die von der Heimleitung überwunden werden mussten, gesellte sich die Unruhe, die von der permanenten Bewegung neu ankommender und ausscheidender Mitarbeiter und Schüler ausging. Denn alle trugen sich ja mit Auswanderungsplänen und wussten um die Ungewissheit ihrer Zukunft, freilich ohne das heraufziehende Verbrechen in seiner ganzen Tragweite zu erfassen. Und dies, obwohl die Väter einiger unserer Mitschüler bereits im Konzentrationslager gewesen waren und uns Hugo Rosenthal ab und zu kommentarlos die Radioübertragung einer Hitlerrede anhören ließ. Denn wir sollten, wenn auch halbwegs geschützt, nicht ganz im luftleeren Raum aufwachsen. Soweit ich es beurteilen kann, sahen wir Kinder, anders als manche der Eltern, in der bevorstehenden Emigration kein Unglück, sondern eher eine Herausforderung, ein spannendes Abenteuer, auf das wir uns freuten. Das galt natürlich ganz besonders für die von ihrem zionistischen Ideal beflügelten Kameraden, die sich auf die »Alijah« vorbereiteten, auf ihre Auswanderung ins geliebt-gelobte Land.

Dass das Palästina-Projekt damals in erster Linie auf dem schwankenden Fundament der Balfour Declaration vom 2. November 1917 beruhte, wurde uns Kindern nur vage erklärt: Kurz und vorsichtig war sie gehalten, diese Sympathieerklärung zu Gunsten der zionistischen Aspirationen:

»His Majesty's government view with favour the establishment in Palestine of a national home for the Jewish people, and will use their best endeavors to facilitate the achievement of this object, it being clearly understood that nothing shall be done which may prejudice the civil and religious rights of existing non-Jewish communities in Palestine, or the rights and political status enjoyed by Jews in any other country.«

Ich gebe diese kurz vor dem Einmarsch der englischen Truppen in Palästina abgegebene Erklärung an dieser Stelle in ihrem vollen Wortlaut wieder, weil sie als die erste offizielle Erwähnung einer nationalen jüdischen Heimstätte durch eine Großmacht einen Eckstein zionistischer Bestrebungen darstellt.

Als die Briten das vom Völkerbund übertragene Mandat über Palästina übernahmen, verfolgten sie natürlich vorrangig die Interessen des Imperiums im Nahen Osten und trennten das transjordanische Gebiet vom Rest Palästinas, um das Königreich Jordanien ins Leben zu rufen. Auch andere Landesgrenzen wurden willkürlich geschaffen, denen noch heute Konfliktstoff innewohnt. Mitte der dreißiger Jahre, also während meiner Herrlinger Zeit, lebten rund 350 000 Juden in Palästina: knapp 30 Prozent der Gesamtbevölkerung. Die wachsende Feindseligkeit gegenüber Juden durch die einheimischen und die aus den Nachbarstaaten einströmenden Araber und die damit verbundenen blutigen Anschläge wurden uns zwar nicht verschwiegen, doch wurde uns eine etwas zu simple Erklärung geboten. Ohne auf die nationalistischen Tendenzen der erwachenden arabischen Völker einzugehen, schrieb man sie nämlich den Machenschaften der Effendis zu, die das schlichte Volk aufhetzten, weil sie sich von den sozialistischen Ideen der Zionisten bedroht fühlten. Dabei ging es der jüdischen Siedlungsgesellschaft lediglich um den friedlichen Landkauf kleiner Parzellen. Die innere und äußere »Erneuerung« des jüdischen Volkes genoss absoluten Vorrang im Erziehungswerk Rosenthals.

Die ungewöhnlichen Umstände, unter denen dieses Werk im Hitlerreich durchgeführt werden musste, möchte ich als mildernd gelten lassen, wenn ich der Schwachstellen gedenke, die das Heim trotz aller Reformen und aller Pädagogik aufwies. Bei den Anforderungen an das Lehrpensum, das Verantwortungsbewusstsein und an unser Gemeinschaftsgefühl wurde die Messlatte recht hoch gelegt. Wir waren Kinder, doch erwartete man von uns die Reife Erwachsener. Rückblickend glaube ich, eine gewisse Verkrampftheit festzustellen, die sich zum Beispiel im verdrucksten Umgang mit den sexuellen Nöten von Pubertierenden äußerte. Oder in den Kollektivstrafen, die der ganzen Schülerschaft gelegentlich auferlegt wurden, um irgendeine Missetat eines Einzelnen zu sühnen – eine Art Sippenhaft: Überbleibsel einer Pädagogik, die man doch eigentlich als rückständig verurteilte.

Ich war ein höchst mittelmäßiger Schüler, der lediglich in einem Fach brillierte. Im Aufsatz gehörte ich immer zu den Klassenbesten. Geschichte – wobei besonderer Wert auf die Geschichte der Juden im Zusammenhang mit der Weltgeschichte gelegt wurde – bestand ich ebenfalls gut, aber bei Mathematik und in den Fremdsprachen, zu denen »Iwrith«, das moderne Hebräisch, gehörte, kam ich selten über eine Drei. Werkunterricht – Schreinerei, Buchbinderei, Gartenbau – : befriedigend. Den Kunstunterricht erteilte eine Lehrerin, die vom »Bauhaus« kam; vor allem der bei ihr erlernte Linolschnitt bereitete mir große Freude. Beim Sport bescheinigte mir das Zeugnis Drückebergerei. Auch hier wieder mit einer Ausnahme: Am morgendlichen Waldlauf nahm ich gerne teil. Bis zum heutigen Tag gilt dem deut-

schen Wald – trotz seiner Zeckenverseuchung – meine uneingeschränkte Liebe.

Den Musikunterricht erteilte uns Judith, die Frau Hugo Rosenthals. Sie war eine ausgebildete Konzertpianistin. Einer ihrer
Lehrer war Humperdinck gewesen, von dem sie, wie ich mich
entsinne, behauptete, man habe dem gestrengen Meister wahrlich nicht angesehen, dass die Märchenoper *Hänsel und Gretel*
von ihm stammte. Mit Hilfe der Schallplatten, die sie auf einem
der damals so populären aufziehbaren Koffergrammophone abspielte, machte sie uns mit den Schätzen der deutschen Musik
vertraut, angefangen bei Bach und Händel bis zu Hindemith,
dessen von den Nazis als »kulturbolschewistisches Machwerk«
verteufelte Kinderoper *Wir bauen eine neue Stadt* von uns aufgeführt wurde. Bezeichnend für die angestrebte Verschmelzung
von deutschem und jüdischem Kulturgut war, dass wir am Freitagabend-Gottesdienst die Hymne *Lechadodi*, mit der man die
Prinzessin Schabbat begrüßt, nach der Melodie von Händels
Grobschmiedvariationen sangen. Der Begriff einer »deutsch-
jüdischen Symbiose« allerdings hätte Rosenthal abgelehnt; eine
solche hatte sich spätestens 1933 als Illusion erwiesen.

✶

Für seine Tätigkeit durfte Rosenthal mit der Unterstützung Martin Bubers rechnen, der das Landschulheim mehrmals besuchte
und einen tiefen Eindruck bei uns Kindern hinterließ. Als er
mir zwölfjährigem Buben einmal die Hand gab, wusch ich mir
sie tatsächlich mehrere Stunden lang nicht. Er war damals fünf-
oder sechsundfünfzig Jahre alt und trug einen graumelierten,
gepflegten Bart, der sich noch nicht in den Prophetenbart seiner alten Tage verwandelt hatte. Manchmal hielt er Vorträge vor
uns Kindern in seiner bedächtigen Sprache, in der ein in meinen Ohren fremdartig klingender Akzent mitschwang. Nicht alles war mir verständlich. Ich erinnere mich an ein Referat über
die Geschichte der Stammväter, die er bibelkritisch behandelte.
Ein jeder der drei Patriarchen stelle die Verdichtung vieler Ge-

nerationen dar, in der sich die Entwicklung vom Nomadentum zur Sesshaftigkeit und vom Hackbau zum Ackerbau zeige. Der im Frühling 1934 durchgeführten »Buber-Tagung« – eine Konferenz, die vornehmlich der jüdischen Erwachsenenbildung gewidmet war – durften wir manchmal als Zaungäste beiwohnen. Ein Moment dieser Tagung ließ auch uns Kinder erahnen, dass wir einer geradezu historischen Zusammenkunft deutsch-jüdischer Gelehrter und Führer beiwohnten, einer der letzten, die fast vollzählig auf deutschem Boden stattfand. Die auswärtigen Gäste nahmen an unserem gemeinsam eingenommenen Schabbat-Mittagsmahl teil. Um das Tischgebet vorzutragen, musste Hugo Rosenthal traditionsgemäß die Erlaubnis der Tischgesellschaft einholen. Normalerweise lautet die Formel: »Mit Genehmigung der Anwesenden«. Befindet sich der Vater des Vortragenden unter diesen, wird ein »und meines Vaters und Lehrers« angefügt. In Gegenwart von Gelehrten ist der Vorbeter angehalten, auch diese um ihre Zustimmung zu ersuchen. Diese erheben sich dann zum Zeichen der Annahme der ihnen zugedachten Ehre. Als Rosenthal nun zu diesem Passus kam, standen zu unserer Überraschung gleich mehrere der anwesenden Männer auf. Mit den philosophischen Schriften Bubers wurden wir natürlich noch nicht vertraut gemacht, doch die Buber-Rosenzweig Übersetzung der *Fünf Bücher der Weisung*, der »zu verdeutschen unternommenen Schrift«, wie die von Buber gewählte Bezeichnung lautete, war unser ständiger Begleiter und prägte die Stimmung der Gottesdienste:

Wir »buberten«, indem wir die gewichtigen Wortschöpfungen und die in der Satzstellung zum Ausdruck kommende Bibelsprache nachahmten. Viele der im *Buch der Preisungen* – so der Titel seiner Psalmen-Verdeutschung – enthaltenen Verse lesen sich wie Gedichte.
Unvergesslich ist mir der von dem jungen Lehrer Kurt Bergel eingeübte Sprechchor, an dem ich teilnahm, um den bekannten Psalm 126 vorzutragen:

65

Wann ER kehren lässt die Heimkehrerschaft Zions,
werden wie Träumende wir./
Lachens voll ist dann unser Mund,
unsere Zunge Jubels.

Lasse, DU, uns Wiederkehr kehren
wie den Bachbetten im Südgau!/
Die nun säen in Tränen,
im Jubel werden sie ernten./

Einer ganz anderen Stimmlage begegnen wir in Bubers Chassidischen Erzählungen, die wir damals gerne lasen und von denen mich einige noch heute in ihren Bann schlagen. Eine Geschichte ist mir besonders ans Herz gewachsen; in ihr leuchtet der Geist einer tiefen Menschlichkeit. Rabbi Mosche Leib erzählt in ihr vom Gespräch zweier Bauern. Die beiden saßen in einer Schenke und tranken. Schließlich fragte einer von ihnen seinen Nachbarn: »Sag du, liebst du mich oder liebst du mich nicht?« Jener antwortete: »Ich liebe dich sehr.« Aber der erste sprach wieder: »Du sagst: Ich liebe dich und weißt doch nicht, was mir fehlt. Liebtest du mich in Wahrheit, so würdest du es wissen.« »Ich aber verstand«, endet Rabbi Mosche Leib, »das ist die Liebe zu den Menschen, ihr Bedürfnis zu spüren und ihr Leid zu tragen.«

Martin Buber ließ sich im Jahre 1938 in Jerusalem nieder, wo er bis 1951 an der Universität Anthropologie und Soziologie lehrte. Bis zu seinem Tod 1965 setzte er sich für die Verständigung zwischen Juden und Arabern ein. Schon 1925 hatte er den Friedensbund »Brit Schalom« unterstützt, den die Professoren der Hebräischen Universität in Jerusalem gegründet hatten. 1929 hatte er in einer in Berlin gehaltenen Rede in prophetischer Voraussicht seine diesbezügliche Überzeugung zum Ausdruck gebracht: »Wir haben in Palästina nicht mit den Arabern, sondern neben ihnen gelebt«, verkündete er damals. »Das Nebeneinander

66

Reisepass von
Marianne Schopflocher
und ihren Kindern mit
Judenstempel und
»amtlich berichteten«
Vornamen

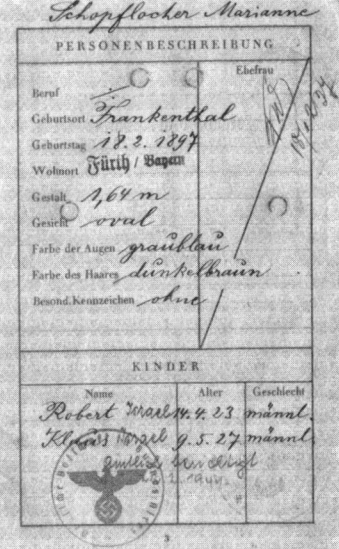

zweier Völker auf dem gleichen Territorium muss aber, wenn es sich nicht zum Miteinander entfaltet, zum Gegeneinander ausarten. So droht es auch hier zu geschehen. Zum bloßen ›Neben‹ führt kein Pfad zurück. Aber zum ›Mit‹ kann, so groß sich auch die Hindernisse aufgetürmt haben, immer noch vorgedrungen werden. Ich weiß nicht, wie lange noch. Ich weiß nur, dass wir, wenn wir dahin nicht gelangen, nicht zu unserem Ziel gelangen können. Zum dritten Mal werden wir an dem Land erprobt.«

Allerdings: Zu einem Dialog gehören immer zwei, die beide nicht nur reden, sondern auch dem andern zuhören müssen. Hass und Fanatismus sind gewiss weder die geeigneten Werkzeuge, um die Mauern zwischen den einander so fremden Welten zu durchbrechen, noch weisen sie den Weg aus dem Teufelskreis der Gewalt, der Israelis wie Palästinensern so viel Leid zufügt.

Es ist immer fragwürdig, lange zurückliegende Erklärungen aus ihrem geschichtlichen Zusammenhang zu reißen. Doch drängt es mich, der Buber'schen Mahnung die resignierte – später revidierte – Ansicht entgegenzuhalten, die bereits zehn Jahre zuvor David Ben Gurion, der spätere erste Premierminister Israels, von sich gab: »Nicht jeder erkennt, dass dieses Problem keine Lösung hat. (…) Wir wollen das Land für uns. Die Araber wollen das Land für sich.«

Auf drei Dingen ruht die Welt

Eine kleine Auswahl unserer damaligen Lektüre möge den im Heim herrschenden Geist belegen. Da gab es zunächst einmal die Bücher aus dem jüdischen Milieu: Edmond Flegs *Moses* und *Ein kleiner Prophet*, Max Brods *Reubeni*, Lion Feuchtwangers *Jüdischen Krieg*, Schmarja Levins *Kindheit im Exil* und *Jugend in Aufruhr*. Und den *Weg ohne Ende*, der – obwohl sicher nicht auf höchstem literarischen Niveau stehend – unser Interesse erweckte, weil sein Verfasser Gerson Stern der Vater unseres Schulkameraden Joel war.

Selbstverständlich wurden uns auch die klassischen Autoren deutscher Zunge nahegebracht. So standen etwa die Theaterstücke von Lessing und Schiller auf dem Programm und wurden mit verteilten Rollen gelesen. Natürlich kannte jeder Mörikes *Schöne Lau*, lebten wir doch nur wenige Kilometer vom Blautopf Blaubeurens entfernt. So erreichte uns Kinder dieses letzte Aufflackern einer dem Untergang geweihten Kultur. Es wird oft übersehen, dass die Juden Deutschlands in den unheilschwangeren Jahren zwischen dem Judenboykott und der »Kristallnacht« eine kulturelle Scheinblüte hervorbrachten, die der letzten Blütenlast eines kranken Baumes glich, mit der sich dessen Absterben ankündigt. Während im ganzen Land die »entartete Kunst«, die »volksvergiftende Asphaltliteratur« und der »Kulturbolschewismus« verfolgt wurden, zeigten sich die jüdische Verlagstätigkeit, das Konzertwesen und die jüdische Presse, trotz aller Einschränkungen, erstaunlich aktiv. Und die jüdischen Kulturvereinigungen boten Vorstellungen bedeutender, natürlich nicht-arischer Künstler.

Den pädagogischen Vorstellungen Rosenthals gemäß, die auf die Förderung des Gemeinschaftsgeistes abzielten, waren wir in Gruppen unterteilt, die an den großen Tischen im Speisesaal die Mahlzeiten einnahmen, gemeinsam mit je einem »Mitarbeiter« (so wurden unsere Lehrer und Lehrerinnen genannt). Jeder der Gruppen hatte spezifische Aufgaben zu erfüllen, teils alternativ, wie etwa Tisch-und Küchendienst, teils permanent, wie die Pflege der Wandzeitung oder die Herausgabe der auf dem Hektographen vervielfältigten Heimzeitung. Auch ihre Freizeit gestalteten die Gruppen gemeinsam. Auf der von Bialik eingeführten »Onegg«-Feierstunde am Samstagnachmittag lasen wir uns oft gegenseitig Bücher vor. Erzählungen Tolstois, Rilkes *Geschichten vom Lieben Gott* und *Die Weise von Liebe und Tod*, die Gedichte Erich Kästners und Mascha Kalékos, Heines *Der Rabbi von Bacharach*, die *Sternstunden der Menschheit* und *Amok* von Stefan Zweig.

Natürlich wurde nicht nur unser Wissen gefördert, sondern auch auf körperliche Ertüchtigung, handwerkliche Ausbildung und Naturverbundenheit Wert gelegt. Die Rousseau'sche Forderung »Zurück zur Natur« gehörte nun einmal zum Arsenal der Jugendbewegung, wozu bei den Juden noch das Konzept der »Berufsumschichtung« kam. Ein Begriff, unter dem man die Bemühung verstand, die den Juden aufgezwungene Gesellschaftsstruktur auf den Kopf – besser gesagt: auf die Füße – zu stellen, um die tragende Schicht der Arbeiter, Landwirte und Handwerker zu verbreitern und den Anteil der Kaufleute und Intellektuellen zu verringern. Fuß-, Hand- und Völkerball, Schwimmen (bis man uns Juden untersagte, die den Ariern vorbehaltenen Gewässer der Blau zu trüben), Geländespiele, Skisport und Wanderungen dienten der Körperertüchtigung. Der Unterricht in den Werkstätten zielte auf die »Berufsumschichtung« ab, obwohl er natürlich keine handwerkliche Lehre ersetzen konnte.

Das Alltagsleben war vom Gefühl der Zusammengehörigkeit bestimmt und von den Bemühungen um ein weltoffenes Judentum, in dem wir uns heimisch fühlen sollten. Diesem begegneten wir ständig, sei es im Unterricht, bei der Gestaltung des wöchentlichen Gottesdienstes, den wir mit unserem Gesang belebten, oder beim Mittagessen, wo wir den Segen über das Brot sprachen und diesen mit »Amen« bekräftigten, einen Sinnspruch aus den talmudischen *Sprüchen der Väter* zu hören bekamen und uns anschließend, eine Kette bildend, an den Händen fassten, um uns gegenseitig »Betei awon« (guten Appetit) zu wünschen. Die jüdischen Speisegesetze wurden eingehalten, indem weder Fleisch noch dessen Derivate auf den Tisch kamen, was durch das deutsche Schächtverbot ohnehin auf Schwierigkeiten gestoßen wäre. Der jüdische Kalender mit seinen Fest- und Feiertagen bestimmte den Rhythmus unseres Heimlebens. Sinnentleerte Bräuche und mechanisch heruntergeleierte Gebete erhielten neuen Inhalt, wobei die Predigten Hugo Rosenthals am Samstagvormittags-Gottesdienst mit dem Kommentar des aus der Thora verlesenen Wochenabschnitts eine wichtige Rolle spielten. Dabei bediente er sich oft der Sokratischen Methode eines Frage- und Antwortspiels. Ein Beispiel, das mir in der Erinnerung haften blieb: Als er mit uns die im dritten Buch Moses, Kapitel 19, enthaltenen Mahnungen besprach, richtete er die Frage an uns, wen jeder von uns wohl am liebsten habe. Vater und Mutter, meinten viele, den Ehepartner oder einen Freund, eine Freundin.

Hugo Rosenthal lächelte still vor sich hin, wie dies seine Angewohnheit war. Endlich ergriff er das Wort und öffnete uns die Augen: Wir selbst, unsere eigene Person sei es, die jeder von uns am meisten liebe. Und so half er uns, die Forderung Gottes richtig zu verstehen, die in der Buber'schen Fassung lautet: »Liebe deinen Genossen dir gleich«, bekannter unter dem volkstümlichen Zitat: »Liebe deinen Nächsten wie dich selbst!« Ein schwer zu erfüllendes Gebot! Wer von uns könnte behaupten, dass er sich aus ganzem Herzen um seine Erfüllung bemüht?

Betrat man, von der Eingangstreppe des Haupthauses kommend, den Flur, fand man sich einer großen Reproduktion von Michelangelos *Die Erschaffung Adams* gegenüber. In einiger Entfernung davon hing in hebräischer Schönschrift eine Sentenz aus den *Sprüchen der Väter*. Ich kann sie noch immer auswendig: »Auf drei Dingen ruht die Welt: das Gesetz, der Gottesdienst und die Werke der Nächstenliebe.«

Am 28. März 1938 wurde das Landschulheim mit der Entlassung der letzten 23 Schüler geschlossen. Dass es sich so lange halten konnte, legt die Vermutung nahe, es müsse unter dem anonymen Schutz aufrechter Beamter gestanden haben – einiger jener tapferen Männer und Frauen, die trotz der damit verbundenen Gefahren in der Zeit der Massenhysterie der Stimme ihres Gewissens gehorchten.

Im Laufe der vergangenen Jahre begegnete ich etwa zwei Dutzend Ex-Herrlingern in Israel, England, Deutschland und Argentinien. Soviel mir bekannt ist, tat sich keiner davon als besonders eifriger Synagogengänger hervor. Aber praktisch alle betätigten sie sich in irgendeiner Weise karitativ, sei es, indem sie Gemeindekindergärten, Hilfsorganisationen oder öffentliche Bibliotheken finanziell und durch ihren persönlichen Einsatz unterstützten, sei es, indem sie an Friedensbewegungen in Israel teilnahmen oder im Europäischen Parlament politisch tätig waren. Ein Beweis, dass die Saat Rosenthals Früchte trug, auch wenn diese manchmal wesentlich anders aussahen, als er es sich vorgestellt hatte.

Im Jahr 1936, wenige Monate vor der Auswanderung meines Vaters, der der Familie vorausfuhr, beging ich in Herrlingen meine Bar-Mitzwah. Bei dieser Einsegnungszeremonie, die mit der Vorlesung des Wochenabschnitts aus der Thora verbunden ist, verpflichtete ich mich zur Übernahme meiner Aufgaben der Gemeinschaft gegenüber. Zufällig ergab es sich, dass ich den Abschnitt mit der Offenbarung am Berg Sinai und somit die Zehn Gebote vortragen musste, das Herzstück der Bücher Moses. Wie üblich, wurde ich mit allerhand Geschenken bedacht, mit silbernen Drehbleistiften, vielen Büchern, einem Koffer und – von meinen Eltern – mit einem Fahrrad. Erst viel später verstand ich, was für ein finanzielles Opfer sie erbracht haben mussten, um mir diesen Wunsch erfüllen zu können.

Als ich im Jahr darauf vor dem Abschied aus Herrlingen stand, empfahl mir mein Vater in einem seiner Briefe, ich möge mit offenen Augen noch ein letztes Mal das Heimgelände durchstreifen, um mir diese Stätte meiner Kindheit im Gedächtnis zu bewahren. Das heute, fast ein Dreivierteljahrhundert danach abgeschlossene Kapitel legt Zeugnis davon ab, dass ich den väterlichen Rat befolgt habe.

Abschied aus Deutschland

Das Visum Argentiniens lag bereit. Pass und Unbedenklichkeitserklärung waren ausgestellt, die Gesundheitsatteste und Impfscheine beigebracht, die Reichsfluchtsteuer entrichtet. Der Behälter mit den Möbeln und dem Hausrat befand sich, zollamtlich plombiert, auf dem Weg zum Hafen. Das war damals noch möglich; Wertsachen allerdings hatte man abzuliefern, doch wurden jedem von uns zehn Reichsmark Taschengeld bewilligt. Anfang April 1937 fuhr meine Mutter mit uns Buben nach Hamburg, wo uns der argentinische Auxiliar-Konsul den überlebenswichtigen Stempel in den Pass drückte und jedem der Kinder netterweise einen Apfel zuwarf. Der Beamte hieß Luis de Trápaga. Der Zufall ergab, dass ich vierzig Jahre später die Wohnung seines Sohnes in Buenos Aires kaufte.

Onkel Willy und Tante Ännchen kamen aus Berlin angereist, um sich von uns zu verabschieden. Im Alsterpavillon gab es Kuchen mit Kakao für uns. Onkel Willy trug mir auf, meinen Vater daran zu erinnern, jedem seiner Briefe eine amerikanische Rasierklinge beizulegen. Offenbar waren die in Deutschland bereits zur Mangelware geworden. Eine letzte Zollrevision: Meine Mutter musste ihre Handtasche öffnen; der Beamte zog den darin befindlichen Abschiedsbrief meiner Großmutter Therese heraus – eine Stichprobe, die nichts Belastendes ergab.

So verließen wir das Land meiner Kindheit, einer »neuen Heimat« entgegen, noch ohne uns vorstellen zu können, dass wir uns mit der Zeit in mindestens in zweien derselben zurechtzufinden hatten – in einer alten und in einer neuen –, was bekanntlich weniger ist, viel weniger als eine einzige Heimstätte. Fragmentarische, kaleidoskopartig gebrochene Gefühle, aus deren Verstrickung sich einige meiner Schicksalsgenossen zu befreien suchen, indem sie ein Weltbürgertum für sich in Anspruch nehmen, dem nicht so recht zu trauen ist. Meine Einbürgerung als »Argentino naturalizado« erfolgte im Jahre 1952; die Wiedereinbürgerung in die Bundesrepublik Deutschland dreiundzwanzig Jahre später.

In einem 1998 verfassten Essay über meine Kindheit schrieb ich: »Verwundert stelle ich fest, dass das Kindheitsland, aus dem ich verstoßen wurde, in den tiefen Schichten meines Seins weiter lebt und wirkt, trotz der unfassbaren Verbrechen, die in ihm stattgefunden haben. Das Land und seine Sprache. So lange ich atmen kann, lässt der Frühling sein blaues Band wieder flattern durch die Lüfte; war es, als hätt' der Himmel die Erde still geküsst, und ist die Treue doch kein leerer Wahn.«

Heute, gute zehn Jahre später, sehe ich mich genötigt, diese um ein paar Nuancen zu pathetisch geratene Betrachtung zu ergänzen. Dabei liegt es mir fern, meine innere Bindung an das Land meiner Geburt zu verleugnen. Mehr noch: Je älter ich werde, umso inniger fühle ich mich der deutschen Sprache verbunden mit allen Assoziationen, die sich dahinter verbergen. Doch muss ich auch die vielen Erfahrungen und Anregungen berücksichtigen, die ich Argentinien verdanke und deren Wirkung ich mich nicht entziehen kann. Mein Leben in Südamerika umfasst – zeitmäßig, wenn auch vielleicht nicht schicksalsbestimmend – immerhin fünf Sechstel meiner Existenz. Doch was sollen diese Rechenkünste? Mathematik war nie meine Stärke.

Der Lebensbericht eines vom Hitler-Regime verfolgten Juden ist fast immer vom Land seiner Geburt und vom Datum seiner Auswanderung geprägt. Er ist unterschiedlich gefärbt, je nachdem, ob sich der Erzähler oder die Erzählerin mit den nächsten Angehörigen noch vor der Kristall-Pogromnacht 1938 ins Exil retten konnte und folglich vom Tragen des Judensterns, der Beschlagnahmung von Fahrrädern und Radios, der Einpferchung in »Judenhäuser« und dem Verbot, die Parkanlagen zu betreten, verschont geblieben ist; ob er/sie vor versammelter Schulklasse vom Lehrer als minderwertiger Jude angeprangert worden war, vogelfrei im Untergrund versteckt leben musste, in ständiger Angst vor der Entdeckung, oder gar dem Grauen eines Vernichtungslagers ausgesetzt war. Ein Erlebnis kann genügen, um ein menschliches Verhältnis auf Lebzeit zu vergiften. So geschehen mit meiner Schwägerin Ilse de L. Während sich ihr Vater im Konzentrationslager befand, lebte sie mit ihrer Mutter und ihren Geschwistern in einer Wohnung im Berliner Scheunenviertel. Es muss 1934/35 gewesen sein, als die Fünfjährige vom Balkon aus eine Rotte von Braunhemden entdeckte, die einen alten Juden packten und seinen Bart mit einer Kerze in Brand steckten. Der

74

Mann fiel zu Boden; das Kind dachte, er sei vor Schreck gestorben. Nie konnte sie diese Szene aus ihrem Gedächtnis löschen; die Einladung der Stadt an ihre ehemaligen Bürger lehnte sie ab, obwohl ihr der Verstand sagte, dass sich die Zeiten inzwischen geändert hatten.

Ich hingegen wurde nicht mit einem Kindertransport in die Fremde geschickt. Weder meine Eltern noch mein kleiner Bruder wurden ermordet. Ich musste keine Zwangsarbeit verrichten, kam in kein Konzentrationslager, wurde nicht ausgehungert, keinen »medizinischen Experimenten« unterworfen, lebte nicht im Schatten der Gaskammer und des Krematoriums. Das Kollektivbewusstsein lässt mich trotzdem nicht los; die in gar manchen schlaflosen Nächten gestellte Frage, hinter der ein irrationales Schuldbewusstsein lauert: »Warum er und nicht ich?« Und das Reiter-über-den-Bodensee-Gefühl: »Wie wenig hätte gefehlt!«

Denn für mich sind es keine namen- und gesichtslosen sechs Millionen, die der Shoah zum Opfer fielen, sondern es ist mein Herrlinger Freund Günter Geismar, der erst in einer Munitionsfabrik arbeiten musste und dann der »Endlösung« zum Opfer fiel. Es ist mein Lehrer Justus, ermordet mit Frau und Kind. Es ist der jüngere Bruder meines Fürther Freundes Helmut, mit dem ich Briefmarken tauschte und der als Siebzehnjähriger in Buchenwald erschossen wurde. Es sind Tante Jeanette, Tante Emma und Tante Frieda, die alten Schwestern meiner Großmutter, die mich von Kindesbeinen an in der Villa in Ranna verwöhnten; sie wurden in einem der Vernichtungslager Polens umgebracht. Es sind die Tanten meiner Frau – Erika, Helene und Henny –, die, von der Gestapo in ihrem holländischen Versteck aufgespürt, wie gemeine Verbrecher abgeführt wurden. »Vergast«, wie der niederträchtige Ausdruck heißt, der an Insektenvertilgung erinnern soll.

Später erfuhr ich vom Schicksal einiger meiner Herrlinger Kameraden.

Etliche befanden sich unter den 5000 Jugendlichen, die mit der Jugendalijah ins damalige Palästina gelangten. Die meisten sahen ihre Eltern nie wieder. So meine damals fünfzehnjährige Freundin Käthe Alexander. Das Haar ihres Vaters ergraute schlagartig in der Nacht vor ihrer Abreise, die den Abschied für immer bedeutete. Immerhin trafen diese Kinder in »Erez Israel« auf brüderlich offene Arme. Aber in Sicherheit waren sie keineswegs. Gaby, der ältere Sohn Hugo Rosenthals, ein vielversprechender junger Bildhauer, fiel, als sein Truppentransporter torpediert wurde. Joel Stern, mathematisch hoch begabt, starb durch die Kugeln von Terroristen, als er ein arabisches Kind retten wollte, das in eine Schießerei zwischen zwei Feuer geraten war. Zwei Beispiele von vielen.

Andere gehörten zu den knapp 10 000 Kindern aus Deutschland, Österreich und der Tschechoslowakei, die mit einem der Kindertransporte nach England gelangten. Diese einmalige humanitäre Geste, aber auch die damit verbundenen Leiden der Kinder sind in etlichen Filmen und Erinnerungsbüchern festgehalten. Hier nur ein paar Anhaltspunkte. Wenige Tage nach der Reichspogromnacht wurde die britische Mandatsmacht ersucht, jungen Juden aus Deutschland zumindest einen vorübergehenden Aufenthalt in Palästina zu genehmigen. Der Vorschlag wurde vom Kabinett mit Rücksicht auf den arabischen Widerstand abgelehnt, doch erklärte sich die Regierung bereit, in England selbst eine unbegrenzte Zahl von Flüchtlingskindern aufzunehmen. Da man aber eine Belastung des Arbeitsmarktes befürchtete, wurde ihren Eltern die Einreise verweigert und das Höchstalter der Kinder auf siebzehn Jahre festgelegt. Die englische Bevölkerung spendete für diese Aktion, an der sich vor allem jüdische, aber auch nicht-jüdische Organisationen beteiligten, innerhalb kurzer Zeit 200 000 Pfund, sodass am 1. Dezember 1938 der erste Kindertransport Berlin in Richtung London verlassen konnte. Bei Ausbruch des Weltkrieges fanden diese Transporte ein jähes Ende.

Für die oftmals sehr kleinen Kinder bedeutete die Reise nach England die Rettung, gleichzeitig aber auch die traumatische Trennung vom Elternhaus. Sie durften keine Spielsachen oder Bücher in ihren Köfferchen mitnehmen und führten meist nur ein einziges Foto ihrer Eltern mit sich. Nach ihrer Ankunft saßen sie dann auf den langen Holzbänken am Bahnhof mit einer Nummer und einem Namensschild um den Hals und warteten darauf, von irgendwelchen Pflegeeltern aufgelesen zu werden. Aber schon nach wenigen Wochen überstieg die Anzahl der Flüchtlingskinder die vorhandenen Pflegeplätze. Auch wurde in der gebotenen Eile die für die Auswahl dieser Plätze erforderliche Sorgfalt nicht selten vernachlässigt. Manche der Kinder wurden als kostenloses Dienstpersonal ausgenutzt, andere wurden in Flüchtlingslager gesteckt. Dazu kam das seelische Leid der Kleinen, die oftmals glaubten, ihre Familie habe sie verstoßen. Viele der Fälle gingen gut aus. Doch kam es auch zu Tragödien. Kinder gab es, die von brutalen Pflegeeltern verprügelt wurden. Einmal wurde ein kleiner Junge von seinem Pflegevater sogar bei der Polizei als Spion angezeigt, weil er aus lauter Heimweh einen deutschen Radiosender abgehört hatte. Gar mancher wurde nach Kriegsausbruch wieder abgegeben. Dazu kam, dass der Briefverkehr nach Deutschland unterbrochen war und die Kinder somit über das Schicksal ihrer Eltern im Unklaren blieben. »Neun Zehntel der Kinder sahen ihre Eltern nie wieder«, schreibt mein Freund Alfred Fleischhacker. Und weiter: »Vor mir taucht das Bild auf, das ich im Augenblick des Abschieds von meinen Eltern in Erinnerung habe. Sie winkten mir noch einmal zu. Es sollte ihr letzter Gruß an mich sein. Drei Jahre später erstickten sie in den Gaskammern von Auschwitz.«

Abschließend zu diesem Thema noch der Auszug eines Briefes meines Herrlinger Schulkameraden Ernst Fraenkel, der ebenfalls einem dieser Transporte sein Leben verdankt: »Ein Stempel im Einreisedokument der Kinder besagte: *Permission to land granted provided no employment paid or unpaid is undertaken while in the United Kingdom.* Diese Bedingung wurde später durch den Krieg und den dadurch verursachten Arbeitermangel aufgehoben. Die Jüdische Gemeinschaft übernahm die Garantie, dass die Kinder nicht der Staatskasse zur Last fallen würden.

Die Quäker halfen, Kinder unterzubringen, aber im Großen und Ganzen waren es die jüdischen Organisationen, die sich um die Unterbringung kümmerten.

Zwei meiner Brüder und ich« – so die Erinnerung meines Kameraden – »kamen mit Kindertransporten ins Land. Ich musste nach Manchester auf Grund einer Scholarship, das ein Gymnasium anbot. Die jüdischen Organisationen konnten mit Recht stolz auf ihre Kindertransport-Initiative sein. Die Rettungsaktion war ein Erfolg, und die englische Regierung hat sich in dieser Hinsicht besser benommen als die meisten anderen Regierungen jener Zeit. Aber es ergaben sich natürlich auch Probleme; vielleicht haben sich die jüdischen Komitees, die das Ganze organisiert hatten, nicht genügend um die Kinder gekümmert, nachdem sie erst einmal in Familien untergekommen waren.

Nach Dünkirchen wurden die meisten der männlichen Emigranten, die älter als 16 Jahre waren, interniert. Viele auf der Isle of Man unter einigermaßen anständigen Bedingungen. Einige hingegen wurden ganz willkürlich ausgesucht – zum Beispiel unsere gemeinsamen Freunde Haschla und Alfred –, um nach Australien oder nach Kanada verschickt zu werden, zum Teil unter sehr schlechten Bedingungen. Eines der Transportschiffe wurde sogar torpediert, was zu großen Menschenverlusten führte.

Anna Essinger organisierte in ihrem Heim ›New Herrlingen‹ ein Empfangsbüro für ankommende Kinder, die bei ihrer Ankunft noch nicht wussten, wohin sie kommen sollten. Am Sonntag kamen dann Familien, die im Prinzip bereit waren, eines der Kinder zu nehmen. Das suchten sie sich aus. Dabei ging es mehr oder weniger zu wie auf einem Viehmarkt.«

Ein Jahr vor Kriegsausbruch erklärte sich Argentinien halbherzig bereit, eintausend der gefährdeten jüdischen Kinder aufzunehmen. Das Projekt wurde so lange unerledigt von einem Amt zum andern geschoben, bis die Schließung der Grenzen Deutschlands am 31. Oktober 1941 die Initiative endgültig zu Fall brachte.

Meeresstille und glückliche Fahrt

Wir hatten eine mehr als dreiwöchentliche Seereise auf der *Monte Pascoal* der deutschen Reederei HSDG vor uns. Welches Kind hätte nicht begeistert das elegante, 150 Meter lange Schiff bestiegen, das uns ein interessantes Bordleben versprach, exotischen Ländern entgegen?

Eine unendlich weite Welt tat sich mir auf. Fremdartig, geheimnisvoll. Doch durchforste ich mein Gedächtnis vergeblich, um mich an Einzelheiten der auf den Stadtausflügen gewonnenen Eindrücke zu erinnern. Nur unzusammenhängende Gedächtnisfetzen kommen mir in den Sinn. Etwa die beeindruckende Fahrt durch den Tijuca-Urwald am Rand Rio de Janeiros. Oder, vorher, die grauen Kriegsschiffe, die wir von Weitem erblickten, als wir die spanische Küste entlang fuhren.

Wir gingen in Lissabon an Land, wo ich zum ersten Mal im meinem Leben Palmen sah. Auf den Kanarischen Inseln, in La Palmas, beobachteten wir von der Reling aus das Gewühl der Händler, die uns »Touristen« (als solche durften wir uns auf der Reise noch fühlen) ihre Kinkerlitzchen andrehen wollten. Fast echte Perlenketten zum Beispiel. Reich dürften diese Händler an unserer Reisegruppe nicht geworden sein, wer führte schon Geld mit sich? Die vom bärtigen Neptun höchstpersönlich vorgenommene Äquatortaufe. Rio de Janeiro mit der überwältigenden Hafeneinfahrt, dem tiefblauen Meer und ebenso blauen Himmel, dem Zuckerhut, dem Christus auf dem Corcovado, der dunkelhäutigen Bevölkerung. Santos, der Kaffeehafen, in tropischer Schwüle. Montevideo, wo wir unseren Vater, der zu unserem Empfang angereist kam – eine freudige Überraschung! –, nach einjähriger Trennung wiedersahen. Und endlich Buenos Aires, wo uns ein Leben in Sicherheit mit vielen neuen Eindrücken erwartete.

Julius Sundheimer, genannt »Justus«, der uns in Herrlingen Mathematik, Physik und Erdkunde beibrachte, erzählte uns einmal vom Erlebnis, das er auf einer seiner Wanderungen gehabt hatte.

Es muss lange vor dem Krieg gewesen sein, an dem er teilgenommen hatte, wie die Medaille (Eichenlaub und zwei gekreuzte
Schwerter) bewies, die ihm 1934 oder 1935 per Post zugesandt
wurde, als späte Auszeichnung für vier Jahre Frontdienst. Was
ihn aber nicht vor dem Schicksal bewahrte, wenige Jahre danach
mit Frau und kleinem Kind deportiert und ermordet zu werden.
Als er sich damals – so seine Erzählung – bei einem alten Müt-
terchen nach dem etwa drei Kilometer entfernten Nachbardorf
erkundigte, dessen spitzer Kirchturm hinter einem Hügel her-
vorragte, musste er erfahren, dass die Alte noch nie in ihrem Leben dorthin gelangt war. Eine Anekdote, mit der uns Justus die
rasante Entwicklung des Verkehrs der vergangenen Jahrzehnte
vor Augen führen wollte. Jetzt erlebte ich diese Entwicklung,
wenn auch nicht ganz freiwillig, am eigenen Leib.
Uns standen zwei gegenüberliegende Kabinen zur Verfügung.
Eine teilte meine Mutter mit meinem Bruder; die andere war für
mich und Paul bestimmt, einen Schulkameraden aus der Herr-
linger-Zeit. Ein in Buenos Aires lebender Verwandter hatte sich
bereit erklärt, ihn aufzunehmen. Später wird noch von seinem
Schicksal die Rede sein. Auch er war einer der vielen von keiner
Statistik erfassten Opfer der Nazis, obwohl sein Weg nicht nach
Auschwitz oder Maydanek führte. Doch wer interessiert sich
schon für die aus ihrer Lebensbahn geworfenen Überlebenden?
Aus Gründen der Diskretion kann ich die konkreten Fälle aus
meinem nächsten Bekannten- und Verwandtenkreis nur andeu-
ten. Den des inzwischen gestorbenen Bettnässers, der als Kind
mit angesehen hatte, wie seine Mutter auf den Lastwagen getrieben wurde, der sie zur Gaskammer brachte. Meine traumatisierte
Verwandte, die ihr Leben lang kein öffentliches Verkehrsmittel
benutzen konnte, weil sie als Dreizehnjährige in einen Viehwag-
gon gepfercht und ins Lager verfrachtet worden war, wo man
ihre Eltern ermordete. Die Herrlinger Mitschülerin, die in ihrer
seelischen Not in ein buddhistisches Kloster eintrat. Oder Mäx-
chen, der jüngste der Hirschmann-Vettern meines Vaters, den
es nach Oruro in Bolivien verschlagen hatte, ins Andenland, das

anerkennenswerterweise rund 5000 Juden aufgenommen hatte, von denen die meisten wenige Jahre später weiterwanderten, weil sie sich nicht einleben konnten.

Die Flüchtlingsschiffe

Unter diskriminierenden Einschränkungen hatten wir jüdischen Passagiere kaum zu leiden. Wer das Bedürfnis empfand, konnte dem Gottesdienst im eigens dafür bestimmten Raum beiwohnen; wir durften sämtliche Bordeinrichtungen benutzen, wohnten den Kabarettvorführungen bei und nahmen unsere von Tafelmusik begleiteten Mahlzeiten gemeinsam mit allen anderen Reisenden ein. An unserem Tisch saß auch der Schiffsarzt, mit dem ich mich unbefangen unterhielt, wie ich das von Herrlingen her gewohnt war. Bis mir meine Mutter mehr Zurückhaltung nahelegte. Sie hingegen empfand keine Hemmungen, einem der Marineoffiziere, die die Besatzung des Panzerkreuzers *Graf Spee* ablösen sollten, Bridge beizubringen. Ob es seiner Karriere geschadet hat, dass er die Kenntnisse dieses Kartenspiels einer Nichtarierin verdankte, ist mir genauso wenig bekannt wie sein Schicksal, als das auf Kaperfahrt befindliche Schlachtschiff am 17. Dezember 1939 in der Rio-de-la-Plata-Mündung versenkt wurde. In Vigo verließen er und seine Kameraden die *Monte Pascoal*, auf der sich nun die republikanischen Exilanten einschifften, die sich auf der Flucht vor dem »Caudillo« Francisco Franco befanden.

Auf dieser Fahrt beging ich meinen vierzehnten Geburtstag. Sang- und klanglos, wie nicht anders zu erwarten war. Damals sah ich in meinen Eltern ältere, sehr erwachsene Herrschaften. Und bin nun erstaunt, wenn mir ihr damaliges Alter zu Bewusstsein kommt: Meine Mutter war gerade vierzig, mein Vater siebenvierzig. Bedeutend jünger, als es heute meine Söhne sind! Sosehr ich meine Berechnung überprüfe: Das Ergebnis bleibt dasselbe.

Ich kann mich nur einer einzigen Schikane erinnern, welche wir über uns ergehen lassen mussten: Das Schwimmbassin durften wir nicht gleichzeitig mit den »Ariern« benutzen. Nur am Abend wurde uns eine kurze Badezeit bewilligt. Man könnte diese Verfügung ironisieren und von der humoristischen Seite betrachten. Viele der von ihr Betroffenen taten dies auch. Aber gerade das ist ja das Unheimliche: Alle nahmen wir diese uns auferlegte Demütigung als die natürlichste Sache der Welt hin. Was beweist, wie schnell sich Unterdrückte an den Zustand ihrer Unterdrückung gewöhnen und sich deren Regeln unterwerfen. Dr. Alfred Dang, der Direktor der antifaschistischen Pestalozzi-Schule von Buenos Aires, sah sich einmal zu seiner Bestürzung der schüchternen Frage ausgesetzt, die ein gerade aus Deutschland eingetroffenes jüdisches Emigrantenkind an ihn richtete. Der Junge wollte wissen, ob es sich auf die Bank neben seinen »arischen« Mitschüler setzen dürfe. Und ein alter Nennonkel meines Vaters erkundigte sich verwundert, wie es mir als Jude eigentlich gelungen sei, in eine staatliche Landwirtschaftsschule aufgenommen zu werden. Als unser Schiff die deutschen Hoheitsgewässer hinter sich gelassen hatte, atmeten die jüdischen Emigranten erleichtert auf und beglückwünschten sich einander, weil sie dem Hitlerterror entronnen waren. Vermutlich haben sich bei einer solchen Gelegenheit auch die knapp zwei Jahre später ausreisenden Passagiere zugeprostet, nicht ahnend, dass sie sich auf einer Irrfahrt befanden, auf einem jener Gespensterschiffe, die einen Hafen nach dem andern anlaufen würden, in der vergeblichen Bemühung, sich seiner dem Tod geweihten Menschenfracht zu entledigen. Als Fünfzehnjähriger erlebte ich eine Szene dieser Tragödie aus nächster Nähe. Damals zog es mich zum Schauplatz, über den die Zeitungen berichtet hatten. Das Leben in den zum Hafen führenden Straßen nahm seinen normalen Verlauf. Bis ich plötzlich das vor Anker liegende Schiff vor mir sah. War es die *Conte Grande*, die *Cabo de Horno*? Ich weiß es nicht mehr. Den mich damals begleitenden Schulfreund kann ich nicht mehr fragen, er starb vor drei Jahren. Es war drückend heiß, und ich glaubte, die in der Luft liegende Verzweiflung der Passagiere zu spüren, die, von Marinesoldaten mit aufgepflanztem Bajonett bewacht, Gefahr liefen, nach Deutschland zurückgeschickt zu werden. Die Passagiere an Deck – Männer, Frauen, kleine Kinder; man munkelte von Selbstmordversuchen ganzer Familien – versuchten, sich mit den am Pier versammelten Freunden und Verwandten zu verständigen. Teuer hatten sie die ungültigen Einreisepapiere von den betrügerischen Konsuln Südamerikas erworben und gutgläubig den geforderten Betrag für eine eventuelle Rückreise hinterlegt, ohne das System zu durchschauen, das die Gestapo und Goebbels' Propagandaapparat gemeinsam mit den lokalen Antisemiten ausgeheckt hatten. Heute wissen wir: Es war ein abgekartetes Spiel, dem sie zum Opfer gefallen sind. Judenhass, Kommunistenphobie, Habsucht, die Furcht vor der Konkurrenz der Neuankömmlinge auf dem Arbeitsmarkt, vor allem aber die Gleichgültigkeit der Welt wirkten dabei zusammen. Goebbels war es gelungen, den Beweis zu erbringen, dass die Juden nicht nur im Deutschen Reich, sondern überall unerwünscht waren. Dr. Chaim Weizmann, der künftige erste Präsident Israels, fasste damals die Tragödie jener »Unerwünschten und Ausgestoßenen« in einem Satz zusammen, in dem er die Länder dieser Welt in zwei Kategorien unterteilte. Die einen wollen ihre Juden loswerden, die anderen wollen sie nicht aufnehmen. Das niederschmetternde Resultat der Flüchtlingskonferenz im idyllisch am Genfer See gelegenen Evian-les-Bains im Juli 1938 rechtfertigte diesen Kommentar. Dort waren auf Anregung von Präsident Roosevelt die Vertreter von 32 demokratischen Regierungen zusammengekommen, um zu beraten, wie sie den bedrohten Juden helfen könnten. Alle hatten wortreich dargelegt, warum sie den Verfolgten zu ihrem größten Bedauern kein Asyl gewähren könnten. Die einzige Ausnahme bildete der Tyrann der Dominikanischen Republik R. L. Trujillo, der sich erbot, 10 000 Juden aufzunehmen. Kurz darauf erhöhte er seine Offerte sogar auf 100 000: eine Rassenpolitik mit umgekehrten Vorzeichen. Denn ihm war daran gelegen, durch die Aufnahme der Juden (finanziert natürlich mit den Dollars der jüdischen Hilfsorganisationen) die einheimische Mischlingsbevölkerung »aufzuweißen«. Ein sarkastischer Treppenwitz der Geschichte! Es wurden keine Hunderttausend, auch keine Zehntausend. Etwa 700 Siedler ließen sich im Norden der Insel nieder, wo sie tatsächlich zu ihrer Erschließung beitrugen. Heute findet man dort keine Juden mehr. Die meisten zogen nach dem Krieg in die USA. Ob und wie weit sie ihre genetischen Spuren in der Bevölkerung hinterlassen haben, entzieht sich meiner Kenntnis.

In der Emigration

Bis 1935 war eine Einwanderung nach Argentinien verhältnismäßig unkompliziert. Besonders für diejenigen Immigranten, die sich den Luxus leisten konnten, als Touristen erster Klasse zu reisen. Offenbar gingen die Behörden davon aus, dass sich unter diesen weder Bolschewisten noch Anarchisten befanden, vor denen sie panische Angst hatten. Aber je mehr sich die Lage der Juden im Dritten Reich zuspitzte, umso zahlreicher wurden die Hindernisse, die sich die Regierungen nahezu sämtlicher Länder der freien Welt einfallen ließen, um ihnen die Einreise zu erschweren. Argentinien bildete da keine Ausnahme.
In Deutschland wurden die Juden systematisch ihrer Existenzgrundlage beraubt, wobei der Pogrom vom 9. November 1938, euphemistisch als »Kristallnacht« bezeichnet, einen Markstein auf dem Weg zur ihrer endgültigen Entrechtung bildete. Gleichzeitig stellte er einen Test dar, um die Reaktion des Auslands auf derartige Ausschreitungen zu erkunden – ein Test, der für die Nazis befriedigend verlief. Wer nach diesem Datum das Land noch verlassen konnte, tat dies meist mit nicht viel mehr als mit der Kleidung auf dem Leib und zehn Mark in der Tasche. Noch dramatischer gestaltete sich die Flucht der Juden aus den übrigen deutschsprachigen Ländern. Hatte es in Deutschland immerhin fünf bis sechs Jahre gedauert, bis sich die antijüdische

Gesetzgebung zur vollen Wirksamkeit entfaltete, sodass sich fast die Hälfte der Verfolgten retten konnte, begann in Österreich die Jagd auf die Juden unmittelbar nach dem erfolgten »Anschluss«. Von den rund 80 000 Juden, die bis zum Herbst 1935 Deutschland verlassen hatten, gelangten nur gut 3000 nach Südamerika. Erst ab 1936 stieg die Anzahl der Auswanderungswilligen drastisch. Ungeachtet der von Monat zu Monat wachsenden Beschränkungen des Einwanderungsstroms nahm Argentinien im Vergleich zu seiner Bevölkerungszahl mehr jüdische Flüchtlinge auf als alle anderen Länder (mit Ausnahme Palästinas), einschließlich der USA. Das war weniger seiner Aufnahmebereitschaft zu verdanken als der Bestechlichkeit der Beamten, der illegalen Einwanderung und einiger ihrem Gewissen gehorchenden Priestern, die den Verfolgten Taufscheine ausstellten, die sie als Katholiken auswiesen. Unter diesen möchte ich den Apostolischen Legaten Mgr. Roncalli hervorheben, den späteren Papst Johannes XXIII. Er rettete auf diese Weise mehr als zwanzigtausend ungarischen Juden das Leben, während sich die für die Immigration zuständigen Ministerien in Buenos Aires immer neue Bestimmungen gegen die unerwünschte jüdische Einwanderung ausdachten. Erst siebenundsechzig Jahre später wurde auf Veranlassung des Präsidenten Néstor Kirchner in einem symbolischen Akt das Geheimzirkular Nr. 11 des damaligen Außenministers José María Cantilo vom 12. Juli 1938 (also noch vor Beendigung der Evian-Konferenz verfasst!) annulliert. In ihm wurden die argentinischen Konsulate angewiesen, »allen Personen ein Visum zu verweigern – auch ein Touristen- oder Transitvisum –, von denen anzunehmen ist, dass sie ihr Herkunftsland verlassen haben oder verlassen wollen, weil sie als unerwünschte Personen angesehen werden«. Dankbar erinnere ich mich auch der demokratisch gesinnten Argentinier, die – im Gegensatz zur achsenfreundlichen »Neutralität« der meisten Regierungsmitglieder – den Verfolgten im Rahmen ihrer Möglichkeiten beistanden. Die mutige Stellungnahme des *Argentinischen Tageblatts* und der *La Prensa* verdienen besondere Erwähnung, nicht weniger als die Tätigkeit des

1937 ins Leben gerufenen »Comité contra el Racismo y el Antisemitismo«, dem namhafte Politiker und Schriftsteller angehörten wie der spätere Präsident Arturo Frondizi und der große Erzähler Jorge Luis Borges. Waren es fünfunddreißig-, vierzig- oder gar fünfundvierzigtausend deutschsprachige Juden, die in den Jahren der Hitler-Diktatur aus Deutschland, Österreich und der Tschechoslowakei nach Argentinien gelangten? Niemand weiß es genau. Auf die offiziellen Statistiken ist kein Verlass, und die Zahl der illegalen Einwanderer, die aus den Nachbarländern einschlichen, dürfte mehrere Tausend betragen haben. Ohne anerkannte Ausweispapiere überquerten sie den Rio de la Plata oder den Rio Uruguay, wurden im Urwald über grüne Grenzen geschleust oder erreichten Argentinien auf den Gebirgspfaden der Anden. Ab und zu pflegte die Regierung eine Amnestie zu erlassen, um den aus Bolivien, Peru oder Paraguay ins Land gekommenen Illegalen den Erwerb ordentlicher Papiere zu ermöglichen. Was dann auch den staatenlosen Juden zugutekam. Wie oft müssen wir jener gehetzten Menschenkinder gedenken, wenn uns heute im Fernsehen die Tragödie der afrikanischen Flüchtlinge vor Augen geführt wird, die verzweifelt an die verrammelten Pforten des reichen Europas pochen, um dem vielfach sicheren Tod zu entgehen, der sie in ihrer Heimat erwartet! Die nach Argentinien gelangten Exilanten empfing ein Umfeld, das sich weniger krass vom gewohnten Milieu unterschied als das, welches etwa die nach Shanghai oder Bolivien Geflüchteten erwartete. Besonders erfreulich war für die Neuankömmlinge, dass in Buenos Aires kein hysterisches Führergebrüll aus dem Radio schallte, sondern Tangomusik und die Übertragungen der Fußballspiele. Dass keine Hakenkreuzfahnen auf den Straßen flatterten, sondern die blau-weiß-blaue Flagge Argentiniens. Dass keine Hitlerbilder die Ämter zierten, sondern ein Öldruck des Nationalhelden San Martín, des Befreiers vom spanischen Joch. Dass sich niemand Margarine aufs Brot schmieren musste, sondern ehrliche Butter. Dass man sich zur Abreagierung des schleichenden Unbehagens keine politischen Witze zuflüsterte, sondern jeden Morgen das freiheitlich gesinnte *Argentinische Tageblatt* mit den beißenden Antinazi-Karikaturen von Clément Moreau lesen konnte.

Allerdings blieb vielen Ankömmlingen ein harter Anfang nicht erspart. Auch wenn der »Hilfsverein Deutschsprechender Juden« alles unternahm, um den aus der Bahn geworfenen Menschen beizustehen, indem er Arbeitsstellen vermittelte und gelegentlich erste finanzielle Hilfe leistete, musste man sich als Bau- oder Fabrikarbeiter, als Kellner oder Verkäufer verdingen, die Frauen als Hausangestellte oder als Nähmädchen.

Während wendige junge Menschen relativ schnell ihren Weg fanden, fiel den Älteren die Verwandlung vom Emigranten zum Immigranten nicht immer leicht. Besonders schwer taten sich die Akademiker. Anwälte mussten sich als Buchhaltergehilfen oder Versicherungsagenten über Wasser halten. Die Geschäftstüchtigeren versuchten sich als Importvertreter, Häusermakler oder Kleinindustrielle. Manche Ärzte und Zahnärzte übten ihre Praxis illegal aus oder verdienten sich, nach Aneignung der erforderlichen Sprachkenntnisse, ihr Brot als »Arztbesucher«, die für pharmazeutische Unternehmen tätig waren, um deren Produkte bekannt zu machen. Es sei denn, sie entschlossen sich, aufs Land zu ziehen, wo ihnen die Ausübung des Berufs bis auf Widerruf gestattet war, vorausgesetzt, es gab in einem genau festgelegten Umkreis keinen argentinischen Kollegen. Ich kenne nur wenige ausländische Ärzte, die es nach einem anstrengenden Studium zu ihrem argentinischen Diplom brachten.

Die wenigen Kapitalisten unter den Einwanderern gründeten Gerbereien, Webereien, Großbäckereien, Fabriken zur Herstellung von Anstrichfarben, von Medikamenten oder von Konfektionswaren, womit sie zum wirtschaftlichen Aufschwung des Landes beitrugen.

Aus den Gesprächen der Erwachsenen erfuhr ich von den zwar ohne Geld, aber mit beruflicher Ausbildung ins Land Gelangten, denen der Hilfsverein mit einem kleinen Darlehen zum Start verhalf. Sie erwiesen sich ihrer neuen Heimat nützlich, indem sie durch die Gründung kleiner Familienbetriebe eine Unzahl neuer Arbeitsplätze schufen. Kunststoff verarbeitende Betriebe entstanden, die sich zunächst mit ein paar kleinen Maschinen begnügten; Werkstätten, in denen Gürtel und Ledertaschen, Strickwaren, Damenbekleidung, Puppen oder Schneidestähle für Drehmaschinen hergestellt wurden. Einige Emigranten hatten sich vor der Auswanderung Kenntnisse in der Herstellung feiner Pralinen angeeignet, wie man sie damals in einer solchen Qualität in Argentinien noch nicht kannte. Und ein Metzger aus Hessen befasste sich mit der Herstellung von Wurstwaren nach deutscher Rezeptur.

Freilich: Über die weniger vom Glück Begünstigten – über die kleinen Handwerker, die Brotausträger, Handlanger, schlecht bezahlten Angestellten, die teilweise bis an ihr Lebensende von der Hand in den Mund leben mussten und die, was man häufig vergisst, auch in Deutschland unter den Juden zahlreich vertreten gewesen waren – gibt es nichts Spektakuläres zu berichten. Höchstens, dass ab den fünfziger Jahren die »Wiedergutmachung« (eine recht unglücklich gewählte Bezeichnung) aus Deutschland den Älteren unter ihnen eine bescheidene Rente bescherte und dass andere im Hogar Adolfo Hirsch, dem Altersheim des Hilfsvereins, einen würdigen Lebensabend verbrachten.

Aus der Neuen Welt

Wir hatten besonderes Glück, denn mein Vater fand bei der Importfirma, die einst die Gebrüder Schopflocher GmbH in Argentinien vertreten hatte, schnell eine feste Anstellung. Der erste Eindruck, den uns Buenos Aires bot, war von den großzügig angelegten Anlagen und Avenidas geprägt, vom lärmenden Großstadtverkehr im Zentrum, der von Polizisten gelenkt wurde, die an den wichtigsten Straßenkreuzungen auf Kanzeln standen. Von den vielen Kleinbussen, den wendigen »Colectivos«. Von den quietschenden Straßenbahnen, den modernen Hochhäu-

Straßenbild von Buenos Aires, 1937, im Jahr der Ankunft des Autors

sern, Kinosälen, Theatern, Restaurants, Pizzerias und gut sortierten Geschäften. Von der verwirrend großen Anzahl von Radiosendern, die man ohne Entrichtung einer Rundfunkgebühr empfing; des Staatssenders, der seinen Hörern jeden Samstagnachmittag eine Oper bot. Von den Zeitschriften (einige davon pornografischen Inhalts, wie wir Kinder schnell herausfanden) und den Tageszeitungen, deren Nachrichten am Nachmittag schon überholt waren, was das Erscheinen der Abendzeitungen rechtfertigte.

Im Kontrast zur Hektik im Stadtzentrum: das beschauliche Leben in den Residenzvierteln mit ihren prunkvollen, vorzugsweise im französischen Stil erbauten Villen und in den Wohnvierteln der bürgerlichen Mittelklasse, wo sich hinter den Einfamilienhäusern kleine Gärten verbargen, in denen Tero-Tero-Vögel mit gestutzten Flügeln herumstolzierten. Die hielt man sich anstelle eines Wachhundes – der schrillen Schreie wegen, die sie von sich geben, sobald sich ihnen ein Fremder nähert. Wo auf den

Der Zeppelin über Buenos Aires, 1939

Straßen mit ihrem schattenspendenden Baumbestand die Pan-
flöte des Scherenschleifers erklang, der durchdringende Ruf des
Lumpensammlers, dem man seine leeren Flaschen für ein paar
Centavos überließ, des Verkäufers von Stangeneis. Zur Weih-
nachtszeit wurde eine Herde Truthähne durch die Straßen getrieben, damit sich die Hausfrauen ihren noch lebenden Fest-
braten aussuchen konnten. Kühe, begleitet von ihren Kälbchen,
versorgten eine anspruchsvolle Kundschaft mit frischer, garantiert unverpantschter Milch, denn die Hausfrauen ließen sie sich
auf offener Straße in ihre Töpfe melken. Während des Karne-
vals fanden auf der Hauptgeschäftsstraße unseres Stadtviertels
namens Belgrano, wo viele Emigranten ihren Wohnsitz nahmen,
Faschingszüge statt, bei denen wir uns gegenseitig mit Konfetti
bewarfen und mit parfümiertem Wasser bespritzten.
Meine Eltern bewegten sich zeit ihres Lebens im gesellschaftlichen Kreis jener dünnen Schicht eines gutbürgerlichen Mittelstands, in dem Deutsch gesprochen wurde, in dem man Bücher
las, Konzerte besuchte. Und in dem in Anwesenheit von Kindern
von Geldsorgen oder von Sex nie die Rede war.

Buenos Aires heute

Am Wochenende besuchten wir den Zoologischen Garten, wohnten einer der Opern bei (beliebt waren vor allem Verdi, Puccini und Bizets *Carmen*), die zu spottbilligen Eintrittspreisen in einem Freilichttheater aufgeführt wurden, gingen ins Kino oder vergnügten uns mit unseren Freunden auf dem von der jüdischen Kulturgesellschaft betriebenen »Weekendplatz« am Ufer des Rio de la Plata, in dessen damals noch nicht verseuchten Fluten wir uns erfrischten. Die Badeanzüge mussten auch bei männlichen Wesen nicht nur den Oberkörper bedecken, sondern waren darüber hinaus mit einer Art Röckchen versehen, um zu vermeiden, dass die sich in der nassen Hose abzeichnenden Konturen des Geschlechtsteils den Anstand verletzten. So wollte es eine polizeiliche Verordnung.

Eines Sonntags tauchte dort ein auf einer Südamerikareise befindlicher hakenkreuzgeschmückter Zeppelin auf, der in geringer Flughöhe seine Propagandaschleife zog. Die Briefumschläge der von ihm beförderten Post befinden sich heute in den Markensammlungen als begehrte »Ganzsachen«, wie es bei den Philatelisten heißt. Dabei erstaunt es mich rückblickend, wie gedankenlos auch wir die Briefmarken des Dritten Reiches mit den Nazi-Propagandasprüchen, Hakenkreuzen und Hitlerporträts in unsere Alben klebten. Verständlicher ist mir der Onkel, der die Postzeichen Palästinas und, nach der Staatsgründung, Israels sammelte, oder mein Vater, der sich in seinen alten Tagen auf jüdische Themen spezialisierte und dabei die unglaublichsten historischen Entdeckungen machte.

Manchmal stellte uns Onkel Adolf sein Wochenendhaus im Tigre-Delta zur Verfügung. Das auf einer Insel gelegene Holzhaus in der einzigartigen Flusslandschaft vor den Toren der Stadt, in der Motorboote den Passagierverkehr gewährleisten, bot uns die Möglichkeit zum Fischen und Schwimmen.

Apropos Fischen. Rufe ich mir heute jene idyllischen Bilder ins Gedächtnis, so kommt mir eine kurze Skizze Stefan Zweigs in den Sinn. In ihr schildert er die Fischer an der Seine, die im Revolutionsjahr 1789 apathisch am Flussufer hockten und seelenruhig ihrer Angeltätigkeit nachgingen, während ein paar Häuserblocks entfernt die Bastille gestürmt wurde. Auch wir »angelten« im übertragenen Sinn, wenn auch doch nicht ganz so unbekümmert, vor uns hin. 1937 bis 1939: Der Weltkrieg stand vor der Tür. Welchen Gefahren wir selbst im nominell neutralen, am äußersten Rand der Landkarte gelegenen Argentinien ausgesetzt waren, das erfuhren wir erst Jahrzehnte später. Die vielfältigen Bedrohungen, die von einem Intrigengeflecht von Spionage und Gegenspionage, Bestechung, Erpressung und Machtgier ausgingen, blieben uns damals genauso verborgen wie die Absicht von Hitlers Geopolitikern, nach der Unterwerfung Europas vom Brückenkopf Argentinien aus in Südamerika Fuß zu fassen. Ich muss später auf diese Bedrohung zurückkommen, denn ob ich will oder nicht: Dieses Thema bildet den Generalbass, der meine Erzählung begleitet.

Mehr als einmal sah es aus, als würde der Krieg nun endlich ausbrechen, immer wieder retteten die Westmächte den Frieden in letzter Minute durch ihre Nachgiebigkeit. Bis schließlich am 1. September 1939 das in der ganzen Stadt vernehmbare Sirenengeheul der Tageszeitung *La Prensa* den Einmarsch Deutschlands in Polen und somit den Beginn des Krieges signalisierte, der fünfzig bis sechzig Millionen Menschenleben fordern sollte. Uns Kindern fehlte natürlich der Blick und das Verständnis für das politische Geschehen in Argentinien. Aber auch unsere Eltern und ihr Kreis durchschauten die Hintergründe, die Tragweite dieser Entwicklung und die damit verbundenen Gefahren kaum deutlicher als einst die Pariser Angler die geschichtsträchtigen Ereignisse in ihrer unmittelbaren Nähe. Fast unbemerkt fand in der bisher ganz auf Ackerbau und Viehzucht ausgerichteten Volkswirtschaft Argentiniens ein Prozess der Industrialisierung statt. Die kriegsbedingten Importschwierigkeiten taten das Ihrige. Im Jahre 1943 überstieg der Ertrag der Industrie erstmalig den der Landwirtschaft, was die allmähliche Abwanderung der Landbevölkerung und somit die Stärkung des städtischen Proletariats zur Folge hatte. Diese demografische Verlagerung blieb nicht ohne politische Konsequenzen. Der damalige Oberst Juan Domingo Perón war womöglich der erste Politiker, der Mitte der vierziger Jahre diese Erscheinung klar erkannte und zu seinem Vorteil nutzte, indem er als neuen Machtfaktor eine ihm hörige Gewerkschaft instrumentalisierte, die ihm 1946 zur Präsidentschaft verhelfen sollte.

In den ersten Jahren ihres neuen Lebensabschnitts betrachteten die Ankömmlinge das politische Geschehen ihrer neuen Heimat wie durch eine Mattscheibe, die nur konturenhafte Szenen erkennen ließ. Mir ging es natürlich nicht anders, zumal ich, wie wir sehen werden, in der Pestalozzi-Schule noch ganz dem Einfluss des deutschen Sozialismus ausgesetzt war und allen Emigranten die Ereignisse Europas wichtiger schienen als das Parteigezänke vor unseren Augen. Zudem ist es wahrlich nicht einfach, Außenstehenden, wie wir es waren, die in manchem geradezu surreal anmutende Politik Argentiniens verständlich zu machen. Natürlich spielen auch hierzulande ökonomische Umstände und ihre sozialen Auswirkungen eine Rolle. Aber darüber hinaus bestimmen irrationale Faktoren das politische Leben. Dazu gehört die verwirrende Tatsache, dass sich noch heute nahezu alle politischen Parteien, selbst wenn sie sich noch so demokratisch gebärden, auf den seit fast vierzig Jahren toten faschistoiden Diktator Perón berufen, dessen Populismus das liebenswerte, einst so reiche Land in den Abgrund führte. Da sich der General im Laufe seiner wechselhaften Karriere sowohl sozialistischer wie auch nationalistischer Schlagworte bediente, macht er es allen Fraktionen leicht, ihn für sich in Anspruch zu nehmen, zumal er sich ja nicht mehr wehren kann. Evita, seine prunksüchtige zweite Frau, wird in die Nähe des ebenfalls historisch-politisch retuschierten Che Guevara gerückt und zur linken Schutzheiligen der Armen stilisiert, obwohl sie sich vom Generalísimo Francisco Franco das Großkreuz Isabellas der Katholischen umhängen ließ. Immerhin – ich will ihr Gerechtigkeit angedeihen lassen – verschaffte sie den Frauen das Wahlrecht, das die argentinische Macho-Gesellschaft ihnen bis dahin verweigert hatte.

Als besonders tragisch für die Entwicklung des Landes empfinde ich, dass Perón die historische Gelegenheit verpasst hat, dem oft schamlos ausgenutzten Proletariat durch vernünftige Sozialreformen zu seinem Recht zu verhelfen, ohne sich wie ein Bürgerschreck aufzuführen. Die Staatskasse war gefüllt; Argentinien war die Kornkammer und der Fleischlieferant der hungernden Welt. Diese Chance wurde versäumt; die Staatsgelder wurden verschleudert, die Bevölkerung gegeneinander aufgehetzt und die Opposition mundtot gemacht. Bis zum heutigen Tag leidet das Land an den Nachwirkungen der damaligen Ereignisse.

Dazu kommt, dass der verlogene Patriotismus, mit dem bereits die Schulkinder gefüttert werden, die Wählerschaft für die Demagogie der tonangebenden Politiker empfänglich macht. Typisch ist ein Vorfall, der uns Immigranten damals sehr beschäftigte. Eine vor kurzem eingewanderte Schülerin antwortete auf die Routinefrage ihrer Lehrerin, ob sie Argentinien liebe, mit deutscher Ehrlichkeit, sie respektiere das Land, das sie und ihre Eltern aufgenommen hatte, und hoffe, es eines Tages auch noch lieben zu lernen. Diese programmwidrige Auskunft löste bei der Pädagogin höchste Entrüstung aus. Dass sich eine hysterische Lehrerin von einer unerwarteten Antwort unbefriedigt zeigt, ließe sich als bedauerlicher Einzelfall abtun, hätte nicht die Schulleitung das Kind daraufhin wegen mangelndem Patriotismus von der Schule verwiesen.

Wie es um den argentinischen Patriotismus in Wahrheit bestellt ist, geht aus der Welle der Einbürgerungsgesuche hervor, die seit den siebziger Jahren die europäischen Konsulate Argentiniens überschwemmt. Angesichts der permanenten politischen und wirtschaftlichen Krisen besinnen sich viele gebürtige Argentinier ihres spanischen, italienischen oder deutschen Großvaters und beantragen die Pässe der Herkunftsländer ihrer Vorfahren. Ungeachtet des auf dem amerikanischen Kontinent üblichen »jus solis«, das die Staatsangehörigkeit vom Wohnsitz ableitet, berufen sich Tausende von ihnen auf das in Europa geltende »jus sanguinis«. Seitdem laufen sie mit schlechtem Gewissen und zwei Pässen herum und tragen sich mit Auswanderungsgedanken – eine Situation, die etwa in den USA undenkbar wäre.

Doch den Akzent verliert man nie

Die Emigration bewirkte zunächst keine großen Veränderungen in meinem täglichen Leben. Auf der Straße wurde zwar eine mir noch nicht vertraute Sprache gesprochen, aber zuhause und im Freundeskreis unterhielt man sich weiterhin auf Deutsch, was ich bis zum heutigen Tag meistens tue, wenn ich mit meiner Frau spreche, nicht so aber, wenn ich mich mit Kindern oder Enkeln verständigen will, obwohl auch sie mit Deutsch umgehen können. Ich las die gleichen Bücher wie vordem, bastelte Kopfhörer-Radios und musste in der Schule – allerdings neben den auf Spanisch gelehrten Fächern – deutsche Gedichte und Geschichte lernen.

Das Klima bereitete uns keine Schwierigkeiten, auch wenn es etwas feuchter und wärmer war als in Deutschland. Auch an den damals noch herrschenden Linksverkehr auf den Straßen gewöhnten wir uns schnell. Wir lernten einige typisch argentinische Speisen kennen: den »asado«, eine auf dem Rost gebratene Zusammenstellung von Lenden- und Rippenstücken, Bratwürsten und Innereien; das »dulce de leche«, diese extrem süße, karamellisierte Milchpaste; das Eintopfgericht »Puchero«, zubereitet aus Suppenfleisch, Kartoffeln, Maiskolben, Kürbis, Kichererbsen, Bataten, Weißkohl und anderen, dem Einfallsreichtum der Köchin überlassenen Ingredienzen. Als Nachtisch eine für den europäischen Gaumen ungewohnte Kombination aus Quittenmarmelade und Käse.

Schnell eigneten wir uns die argentinischen Schimpfworte und Flüche an. Ebenso schnell gingen wir dazu über, die in Buenos Aires schon bei Kindern üblichen langen Hosen zu tragen. Wer in den aus Deutschland mitgebrachten Knie- oder Pumphosen zum Unterricht erschien, wurde verlacht. Alle Grundschüler hatten sich in weißen Staubkitteln in der Schule einzufinden – eine demokratische, bereits im 19. Jahrhundert eingeführte Tracht, um den Unterschied zwischen Arm und Reich wenigstens bei der Kleidung aufzuheben.

Ansonsten ging es damals noch recht steif zu. Sich öffentlich ohne Schlips zu zeigen, wurde schon bei Schulkindern als Verstoß gegen die guten Sitten gewertet. Als Onkel Adolf einmal mit mir in einem Provinzkaff in ein Restaurant einkehren wollte, verwehrte man uns den Zutritt, weil wir in Hemdsärmeln angetreten waren. Wir befanden uns auf der Durchreise nach Rio Negro. Es war stinkheiß, wir waren verschwitzt, aber ohne Krawatte und Jacke kein Mittagessen!

Einmal verirrte sich ein kleiner Heuschreckenschwarm in die Stadt. In Minutenschnelle fraß er alle Bäume kahl und hinterließ verwüstete Gärten. Ein Naturereignis, das wir bis dahin nur aus den biblischen Erzählungen kannten. Dass uns die Insekten in dem für sie unergiebigen Häusermeer heimsuchten, hing vermutlich mit der Windrichtung zusammen. Hätte mir damals jemand prophezeit, ich würde mich eines Tages an der Bekämpfung dieser Plage beteiligen, so hätte ich ihm ganz bestimmt keinen Glauben geschenkt.

Kurz vor der Bekanntschaft mit den Heuschrecken bezogen wir eine geräumige Wohnung in einem alten Mietshaus, in der unsere inzwischen eingetroffenen Möbel Platz fanden. Wir Kinder genossen den regelmäßigen Unterricht in der zweisprachigen Pestalozzi-Schule. Darüber hinaus erhielten mein Bruder und ich Privatunterricht in Spanisch. Meinen deutschen Akzent haben wir beide bis zum heutigen Tag behalten. Als Trost dient mir, dass ich mich dabei in bester Gesellschaft befinde. Mehrere im Ausland geborene Schriftsteller und Schriftstellerinnen meiner Generation haben mit ihren in Spanisch geschriebenen Büchern großen Anklang gefunden, obwohl man ihnen ihre italienische, rumänische oder brasilianische Abstammung anmerkt, sobald sie den Mund auftun. Und schließlich heißt es ja auch vom deutschen Romantiker Adelbert Chamisso, er habe seinen französischen Akzent nie verloren. Erkennt ein Fremder meinen deutschen Ursprung, so lautet seine erste Frage im Allgemeinen: »Kamen Sie vor oder nach dem Krieg ins Land?« Für mich hört sich das an, als wolle er von mir wissen: »Sind Sie Jude oder Nazi?« Manchmal weiß ich nicht, mit welchem der beiden es der Frager lieber zu tun hätte.

Als wir in Argentinien landeten, bestand hier bereits eine vitale jüdische Gemeinschaft. Allein in Buenos Aires und Umgebung gab es über fünfzig größere und kleinere Synagogen osteuropäischen oder sephardischen Ursprungs: Die jüdischen Schulen waren gut besucht. Es existierte ein anspruchsvolles jiddisches Theater, drei Sport- und Kulturvereine, zwei bedeutende jiddische Tageszeitungen, von denen eine die nationale, also die zionistische Richtung verfolgte, während die andere das progressive, linke Gedankengut vertrat. Diverse wöchentlich oder monatlich erscheinende Zeitschriften jüdischen Inhalts erschienen in Spanisch. Doch diese Welt blieb uns Emigranten aus dem deutschen Sprachgebiet vorderhand weitgehend fremd. Wohl spürten wir die uns entgegengebrachten Sympathien; unsere Hilfskomitees durften auch mit der Unterstützung dieser Organisationen rechnen, aber es dauerte Jahre, bis die Kluft zwischen West- und Ostjudentum überbrückt wurde. Beide Fraktionen hatten geschichtlich bedingte Vorurteile zu überwinden, und manchmal gewannen wir den Eindruck, man sehe in den deutschen Juden nicht viel anderes als verhinderte Nazis.

So ist es zu verstehen, dass mich meine Eltern zwei Mal pro Woche in die YMCA schickten (wie die CVJM in Argentinien heißt), um Sport zu treiben und mit der argentinischen Jugend in näheren Kontakt zu kommen. Es war mir klar, dass es hier um nichts Ideologisches ging, sondern nur um Basket- und Baseball, um Schwimmen und Schachspiel. Dass mich meine Eltern ausgerechnet bei der »Young Mens Christian Association« anmeldeten, ohne auf die Idee zu kommen, mich und meinen Bruder auf eine der bestehenden jüdischen Organisationen zu schicken, wo natürlich Spanisch längst die Umgangssprache darstellte – in den Sportverein Macabi zum Beispiel, den Ruderclub Hacoaj oder in die Kulturvereinigung Hebráica (die Albert Einstein bei seinem Besuch im Jahre 1925 zum Ehrenmitglied ernannt hatte) –, hing unter anderem mit dem Vorurteil zusammen, das die liberalen deutschen Juden den Ostjuden damals noch entgegenbrachten. Auch ich änderte die mir anerzogene Haltung erst, als ich dank meiner beruflichen Tätigkeit in den jüdischen landwirtschaftlichen Siedlungen diese mir bis dahin unbekannte Welt kennenlernte. Das aber sollte erst Jahre später geschehen.

Sämtliche jüdischen Organisationen werden von der »AMIA« – »Asociación Mutual Israelita Argentina« – erfasst, einer Dachorganisation, der unter anderem auch die Verwaltung der jüdischen Friedhöfe, die Wohlfahrt, ein Schiedsgericht und das Schächtwesen untersteht. Am 18. Juli 1994 sollte sie zu trauriger Berühmtheit gelangen, als bei einem von Agenten der Hisbollah und Irans mit lokaler Unterstützung verübtem Anschlag auf das

Gemeindegebäude fünfundachtzig Menschen ihr Leben verloren und über dreihundert verletzt wurden. Da Argentinien keine Statistiken über die Religionsangehörigkeit seiner Bevölkerung führt, lässt sich der jüdische Bevölkerungsanteil nur durch indirekte Methoden extrapolieren, zum Beispiel, indem man die Anzahl der Bestattungen auf den jüdischen Friedhöfen mit denen der nicht-jüdischen Bevölkerung vergleicht. Eine Schwierigkeit ergibt sich aus der Frage, wer eigentlich als Jude einzustufen ist. Die Rassentheoretiker machen es sich leicht, auch wenn ihre Lehren keiner wissenschaftlichen Prüfung standhalten. Für die orthodoxen Juden hingegen gelten die eng umrissenen Bestimmungen der Religionsgesetze. Pragmatiker erkennen jeden als Juden an, der sich als solcher empfindet. Was, wie man zugeben muss, keine allzu verlässliche Grundlage für die Statistik darstellt. Anfang der vierziger Jahre soll die jüdische Gemeinschaft in Argentinien noch rund 400 000 Seelen betragen haben. Gemäß einer Untersuchung des *Joint* lebten im Jahr 2005 etwa 300 000 Juden in Argentinien, während andere Stellen heute höchstens 200 000 angeben. Jeweils vier von zehn waren schon 2005 mit nicht-jüdischen Partnern verheiratet. Dies entspricht in etwa den Verhältnissen in England oder Frankreich, während in den USA der Prozentsatz der »Mischehen« höher liegt.

Der Hilfsverein und Choele-Choel

Die deutsche Gemeinschaft Argentiniens zeigte sich der Naziideologie gegenüber schon vor 1933 recht anfällig. Die Oberschicht – Importeure, Industrielle, Vertreter der deutschen Konzerne – hatte sich nie mit der Weimarer Regierung angefreundet, sondern hing größtenteils noch immer wilhelminischem Gedankengut an. Als 1929 die Weltwirtschaftskrise auch das exportorientierte Argentinien erreichte, entstand auch unter dem deutschstämmigen Kleinbürgertum eine Welle der Arbeitslosigkeit.

Bedingungen, die seit eh und je messianisch angehauchte Diktaturen begünstigten. Die Ortsgruppe der NSDAP und, unmittelbar nach der Machtübernahme, auch die Botschaft des Dritten Reichs unterstützten die Nazifizierung der Auslandsdeutschen nach Kräften.

Die schätzungsweise drei- bis vierhundert politisch weitgehend uninteressierten deutsch-jüdischen Familien waren bis dahin integrierter Bestandteil der deutschen Kolonie gewesen. Nun kamen plötzlich alte Vorurteile zum Vorschein, die bewirkten, dass diese Deutschen, die sich ihres Judentums kaum bewusst gewesen waren und oft nicht-jüdische Ehepartner geheiratet hatten, von vielen der nicht-jüdischen Auslandsdeutschen ausgegrenzt wurden. Diese entließen »nicht-arische« Angestellte aus ihren Firmen. Der Hitlergruß und das Horst-Wessel-Lied drängten die Unerwünschten aus den deutschen Organisationen, an deren Gründung sie mitgewirkt und denen sie jahrelang angehört hatten – den Schulen, Krankenhäusern, Sport-, Kultur- und Wohltätigkeitsvereinen. In Buenos Aires widerstanden nur zwei Schulen und der 1882 von deutschen Sozialisten gegründete Verein »Vorwärts« der Gleichschaltung.

Dieser Schock rüttelte das Solidaritätsbewusstsein der Deutschen jüdischer Konfession auf. Die erste und weitaus bedeutendste deutsch-jüdische Organisation, die auf Grund der neuen Situation in Argentinien entstand, war der »Hilfsverein Deutschsprechender Juden«. Er ist noch heute unter dem Namen »Asociación Filantrópica Israelita« (AFI) aktiv.

Am 26. April 1933 – also kaum drei Wochen nach dem Judenboykott in Deutschland – wurde er von 175 Gründungsmitgliedern ins Leben gerufen. Womöglich bin ich bei der Beurteilung dieses Vereins gewissermaßen erblich belastet. Denn Adolfo Hirsch, der Vetter meines Vaters, einer der Initiatoren, stand ihm bis zu seinem viel zu frühen Tod vor. Mein Vater übernahm nicht lange nach seiner Ankunft den Posten des Schriftführers. Ich lernte also ganz aus der Nähe die Hingabe kennen, mit der eine kleine Gruppe von Geschäftsleuten, die der jüdischen Sozialarbeit bis-

Adolfo Hirsch

lang fremd gegenübergestanden hatten und die keinerlei Erfahrung auf diesem Gebiet besaßen, ihre Zeit, ihr Organisationstalent und ihr Geld uneigennützig zur Verfügung stellten. Jeder Dritte der während der Schicksalsjahre 1933 und 1943 ins Land gekommenen jüdischen Deutschen und Österreicher verdankt seine Eingliederung in die neue Heimat, teils in größerem, teils in geringerem Maß der Einsatzbereitschaft dieser Männer und Frauen.

Ich durfte Onkel Adolf mehrmals auf seinen Reisen in den Süden des Landes begleiten. Er war ein klein gewachsener Mann mit breiter Stirn, knarrender Stimme und schlagfertigem, trockenem Humor. Ständig erreichte ihn die von ihm spöttisch als »Wunderbriefe« bezeichnete Post aus Deutschland: die Bittschreiben irgendwelcher weitläufiger Bekannten, die stets mit dem Satz begannen: »Sie werden sich wundern, dass ich Ihnen heute schreibe.« Er wunderte sich nicht, sondern half, wo immer er konnte. Tante Otti, seine protestantische Frau, akzeptierte die Zeit und Geld verschlingende Tätigkeit ihres Mannes genauso wie sein Kettenrauchen.

Im Anfangsstadium der Improvisation kümmerten sich die Vorstandsmitglieder persönlich um die Stellenvermittlung für Neuankömmlinge. Sie standen den Menschen bei, die entweder als »Nichtarier« ihren Posten bei den deutschen Unternehmen oder die Unterstützung der deutschen Wohlfahrt verloren hatten. Mit dem Anschwellen des Einwanderungsstroms erweiterte sich das Aufgabenfeld des Vereins rapide. Unterstützt von lokalen und internationalen jüdischen Hilfswerken, vor allem von den beiden »großen Brüdern« »Joint« (»American Jewish Joint Distribution Committee«, New York) und Hicem (dem Zusammenschluss dreier europäischer Hilfsorganisationen), wandte man sich den neuen Gebieten zu. Zum Stellungsnachweis, der Ausgabe von Ess- und Schlafkarten und der Berufsberatung gesellte sich nun die Unterbringung der Neuankömmlinge in Pensionen, die Verköstigung an Mittagstischen, die Einrichtung spanischer Sprachkurse sowie eine dem Frauenverein unterstehende Kleiderkammer für die Allerbedürftigsten. Von 1935 bis 1940 stand ein Wohnheim zur Verfügung, und 1938 wurde ein Kinderheim eröffnet. Das erhielt im Jahr darauf ein von Ricardo und Mimi Hirsch gestiftetes Gebäude, das Platz für bis zu 120 Tages- und 50 Nacht-Kinder bot. Als es einer beschränkten Anzahl rechtzeitig Ausgewanderter gelang, ihre Eltern nachkommen zu lassen, zeigte sich die Notwendigkeit eines Seniorenheims, das 1940 in einem Vorort von Buenos Aires gegründet wurde. Es trägt heute den Namen Adolfo Hirschs und steht inzwischen auch Nicht-Juden offen. Ein vorbildliches Pflegeheim ist angegliedert.

Besonders wichtig, wenn auch von der breiten Öffentlichkeit kaum wahrgenommen, waren die Verhandlungen mit den Einwanderungsbehörden. Sie legten den Juden gern Steine in den Weg, die – wenn überhaupt – nur unter großem Aufwand beseitigt werden konnten. Mehr als einmal erlebte ich die deprimierte Stimmung im Kreis der engsten Mitarbeiter des Hilfsvereins, wenn sie eine Niederlage im Kampf gegen die oft bösartige Bürokratie einstecken mussten. So zum Beispiel, als man sich darum bemühte, die auf den berüchtigten Schiffen *Montevideo*

Maru, Cabo de Buena Esperanza oder *Cabo de Horno* festgehaltenen Passagiere auszulösen, um sie von der Rücksendung nach Deutschland und somit vor dem Tod zu bewahren. »Nur Eingeweihte können ermessen, welche Erinnerungen an sorgenvolles Mühen und Bangen die Namen dieser Dampfer in uns wachrufen«, heißt es lakonisch in den Berichten der AFI.

Sorgenvolles Mühen auch, um die Visa – die sogenannten »llamadas« – für die Eltern und Geschwister der Neueinwanderer zu erhalten. Die entsprechenden Gesuche konnten erst nach einer Sperrfrist von zwei Jahren eingereicht werden – eine alte, längst sinnlos gewordene Bestimmung, die aber von den Behörden genauestens eingehalten wurde. Wie viele dramatische Fälle kamen in unserem Haus zur Sprache! Auch meine Großmutter Sabine und Tante Lina, die Mutter Adolfo Hirschs, standen auf der Warteliste. Der Krieg rückte näher, die Regierung des Dritten Reichs erfand ständig neue Repressalien gegen die Verfemten. Aber die argentinische Bürokratie nahm sich Zeit. Zwei Jahre nach der Landung des Antragstellers, keinen Tag früher!

Nicht immer fiel es den Späteinwanderern leicht, das Abhängigkeitsverhältnis zu ihren Kindern zu akzeptieren. Die alten Männer fanden nur in Ausnahmefällen eine Arbeit. Um sich die Zeit zu vertreiben, kamen sie auf einer öffentlichen Anlage zusammen. An der »Klagemauer«, wie sie unter den Emigranten spaßeshalber genannt wurde. Dort wurde dann den besseren Zeiten nachgetrauert, die immer besser wurden, je länger man ihnen nachtrauerte. Viele Frauen hingegen, selbst fortgeschrittenen Alters, fanden eine Verdienstmöglichkeit, sei es als Köchinnen oder Haushälterinnen, als Schneiderinnen oder als Babysitterinnen. Eine Dame war auf die Idee verfallen, Tanzstunden zu erteilen. Foxtrott, Tango, Walzer für die Jugend gehobener Kreise, die offenbar selbst 1940 noch nichts dazu gelernt hatte! Die Teilnahme, zu der mich meine Mutter bei einem meiner Ferienbesuche überredet hatte, beschränkte sich auf eine einzige Stunde. Die hat mir genügt. Nie lernte ich richtig tanzen.

Nicht nur um das materielle Fortkommen kümmerte sich die AFI. Sie organisierte in den ersten Jahren ihres Bestehens, als der deutsch-jüdischen Gemeinschaft noch keine eigene Synagoge zur Verfügung stand, Gottesdienste zu den hohen Feiertagen und beteiligte sich 1937 an der Gründung der »Jüdischen Kultur-Gemeinschaft« (JKG). Darüber hinaus funktionierte in ihren Büroräumen eine Leihbibliothek, deren Bestand im Laufe weniger Jahre bis auf rund 5000 Bücher anwuchs. Mein Vater leitete sie ehrenamtlich. Ich weiß noch heute nicht, wie er es immer wieder fertigbrachte, Neuerscheinungen aus der Schweiz, aus Holland und Schweden an Land zu ziehen.

Während im Lande Goethes und Schillers Bücher auf den Scheiterhaufen geworfen wurden, stillte ein jüdischer Hilfsverein in Argentinien den geistigen Hunger der Entwurzelten, indem er ihnen die Werke der im Hitler-Reich verfemten Schriftsteller zugänglich machte. Zwei von ihnen – Stefan Zweig und Emil Ludwig – lasen im September 1936 in diesem Kreis aus ihren Werken. Das Foto Emil Ludwigs, den Kopf verzweifelt in den Armen vergraben, ging um die ganze Welt. Diese Veranstaltungen hatten allerdings nichts mit dem Hilfsverein zu tun, auch wenn sich das eingefundene Publikum weitgehend aus dessen Mitgliedern zusammensetzte. Die besuchten auch regelmäßig die Aufführungen des »Freien Deutschen Theaters«. Unter der Leitung von Paul Walter Jakob bot es ein vielseitiges Programm, das von Goethe bis Schnitzler reichte, von Bernhard Shaw bis zu Arthur Miller. Deutschlands Machthaber zensierten Schillers *Don Carlos* und verboten Bertolt Brecht. Derweil kamen in Buenos Aires zwischen 1940 und 1946 nicht weniger als 150 Theaterstücke in 550 professionellen Aufführungen auf die Bühne. Eine erstaunliche Leistung, wenn man bedenkt, dass das zahlenmäßig begrenzte deutschsprachige Publikum nur wenige Darbietungen eines jeden Stücks gestattete! Nicht zuletzt der Leihbibliothek des Hilfsvereins und dem »Freien Deutschen Theater« verdanke ich meine Weiterbildung in der Sprachfremde.

Adolfo Hirschs Lieblingsprojekt war das von ihm ins Leben gerufene und finanzierte »Fomento Agrícola«, eine Lehrfarm in Choele-Choel, in Nordpatagonien, wo die dem Naziterror entkommenen Jugendlichen zu Obstbauern ausgebildet wurden. Die Baron-Hirsch-Siedlungsgesellschaft hatte Landwirtschafts-Einreisevisa für sie besorgt, verbunden mit der behördlichen Auflage, dass die solchermaßen Begünstigten ins Landesinnere zu ziehen hatten. Schon auf der ersten Reise in den Süden, zu der mich der Onkel mitnahm, bot sich mir die Gelegenheit, dieses Lehrgut in Augenschein zu nehmen. Etwa hundert Jugendliche waren es im Laufe der Zeit geworden; ein Kommen und Gehen. Ohne den Rückhalt ihrer Familien waren sie nach und nach angelangt, begünstigt von den Einwanderungsbestimmungen, die Erleichterungen für Landarbeiter vorsahen, auch wenn der Gesetzgeber dabei nicht gerade an minderjährige Großstadtpflanzen mosaischer Religion gedacht haben dürfte, sondern an die Versorgung der Großgrundbesitzer mit billigen Arbeitskräften aus Italien und Spanien. Der »Hilfsverein deutschsprachiger Juden« hatte auf einem Grundstück von etwa 56 Hektar ein Lehrgut eingerichtet. Auf der vom Rio-Negro-Fluss umspülten Insel vor Choele-Choel war es entstanden. Ein blutgetränkter Boden. Denn dort hatte sich einst das strategisch bedeutendste Lager der kriegerischen Indianerstämme befunden. Noch heute findet man dort Pfeilspitzen im Gestrüpp. Im Jahre 1833 hatten die Soldaten der Regierung aus Buenos Aires ein Blutbad unter den auf der Insel beheimateten »Puelches« angerichtet. Jahrzehnte danach rief von dort aus der Kazike Calfu-curá mit rot gefärbtem Gesicht an der Spitze seiner Truppen zum Rachefeldzug auf, nachdem er zuvor den Schaft seines Speers in Ochsenblut getaucht hatte. Und von der gleichen Stelle aus hatte der General und künftige Präsident der Republik Julio A. Roca 1879 seine berühmte Depesche nach Buenos Aires gesandt: »Wir überreichen dem Vaterland fünfmal hunderttausend Quadratkilometer als Geburtstagsgabe.« Womit er den erfolgreichen Abschluss seines Wüstenfeldzugs ankündigte und seine Anwärterschaft auf das Präsidentenamt festigte.

Trotz aller Bemühungen brachten es nur wenige der Eleven zu sesshaften Obstbauern, doch alle verdankten dem »Fomento« ihr Leben.

Suche

Ich ging regelmäßig zur Schule, genoss die Sicherheit eines harmonischen Elternhauses, besaß einen Vater, der jeden Monat ein Gehalt mit nach Hause brachte, das zwar keine großen Sprünge erlaubte, uns jedoch ein relativ sorgenfreies Leben gestattete. Doch diese äußere Normalität kann nicht darüber hinwegtäuschen, dass ich – vierzehn-, fünfzehnjährig – desorientiert war, auf der Suche nach innerem Halt und Inhalt. Nur wer sich den seelischen Bruch vor Augen führt, den selbst eine scheinbar reibungslose Auswanderung mit sich bringt, wird die Zickzack-Linie begreifen können, die mein Lebensweg beschrieb. Dabei hatte ich allerdings das Glück, in diesen Jahren der Suche immer wieder auf Menschen zu stoßen, die mir weiterhalfen. Ihnen gilt mein Dank.

Was mich damals beschäftigte, dürften auch die Erwachsenen gefühlt haben, denen allerdings andere psychische Kraftreserven zur Verfügung standen als mir, dem Pubertierenden. Doch auch sie waren in gewisser Hinsicht auf der Suche. Demzufolge wird es verständlich, dass sie, kaum hatten sie die drückendsten materiellen Sorgen einigermaßen hinter sich, darangingen, sich ihre geistigen Zentren aufzubauen. So ist die 1937 gegründete »JKG« (Jüdische Kultur-Gemeinschaft, heute »ACIBA«) dem Einsatz der Neueinwanderer zu verdanken, unter ihnen dessen langjährigem Vorsitzenden Juan Zweig, dem Bruder des Schriftstellers Arnold Zweig. Er, wegen seiner Ähnlichkeit mit dem Mahatma hinter seinem Rücken »Gandhi« genannt, umschrieb die Aufgaben der Neugründung folgendermaßen: »Ihr Leitmotiv war, Ersatz für das verlorene kulturelle und gesellschaftliche Milieu der alten Heimat im neuen Lande zu schaffen und allen jenen, die durch geistige Isolierung von seelischer Verkümmerung bedroht waren, ein kulturelles und jüdisches Zentrum zu geben, in dem sie nach des Tages Arbeit Ablenkung von ihren Sorgen und neue Hoffnungen auf eine bessere Zukunft für sich und ihre Kinder finden sollten.«

Schnell wuchs die Zahl der Mitglieder auf fast 1500 an. Ihnen wurden Kulturabende, Konzerte und Vorträge geboten. Es gab eine Bruder- und eine Schwesternschaft zur gegenseitigen Hilfe. Zu den Feiertagen wurden Gottesdienste nach deutsch-jüdischem Ritus veranstaltet. Auf dem »Weekendplatz« am Ufer des Rio de la Plata verbrachte auch ich manche Sonntage in Gesellschaft anderer Jugendlicher. Es wurden jüdischer Religionsunterricht und Spanischkurse angeboten sowie Seminare, um in die Landes- und Geistesgeschichte Argentiniens einzuführen.

Hinter diesen Neugründungen stand das Bedürfnis der jüdischen Emigranten deutscher Zunge, sich in einer ihnen vertrauten Gemeinschaft zusammenzuschließen, um sich gegenseitig zu stützen. Im Laufe der Jahre verschoben sich die Akzente naturgemäß. Traditionell kulturelle Interessen traten in den Hintergrund; Deutsch verschwand nach und nach als Umgangssprache. Die Nachkommen der deutsch-österreich-tschechoslowakischen Gründergeneration befinden sich längst in der Minderheit, und die heutigen Mitglieder erwärmen sich eher für Bingo- und Tanzveranstaltungen als für Kultur.

Aber noch heute lässt sich selbst bei diesen Enkeln ein gewisser Zusammenhalt nachweisen, bestimmt von einem Schicksal, das uns prägte. Kaum eine längere Unterhaltung bei einem geselligen Zusammensein, ohne dass irgendwie und irgendwann die Erinnerungen an die vor mehr als einem halben Jahrhundert erfolgte Auswanderung zur Sprache kommen. Die Pestalozzi-Schule, der Hilfsverein, die Ferienkolonien für die Stadtkinder, die Baron-Hirsch-Siedlungen – irgendeines der unser Leben damals bestimmenden Themen klingt immer an. Keine nostalgischen Heimatgefühle. Keine alte und neue Heimat mehr. Eher eine organisch gewachsene Synthese, mit der sich trotz kleiner Risse leben lässt.

Während meiner sporadischen Besuche in Buenos Aires nahm ich an den Arbeitsgemeinschaften teil, die von Jugendführern wie Dr. Günther Ballin (später Inhaber eines Lehrstuhls für Germanistik an der Universität von Buenos Aires) oder Dr. Günther Friedländer – beide mit Rabbinerausbildung – veranstaltet wurden. Letzterer gab, zusammen mit Hardi Swarensky, die neu gegründete *Semana Israelita* heraus, die jahrelang in Deutsch, später zweisprachig erschien. Übrigens verdiente ich mir dort wenige Jahre später meine ersten Sporen als Journalist. Zunächst waren es etliche Gedichte, Jugendsünden, die längst vom Winde verweht sind. Danach erschienen noch mehrere meiner Interviews, die ich von Córdoba aus einsandte, wo ich meinem Studium nachging. Dass auch diese Beiträge nicht mehr auffindbar sind, tut mir ein wenig leid.

Natürlich kümmerten sich die deutschsprachigen Juden nicht nur um ihr materielles Fortkommen und ihre Weiterbildung, sondern auch um ihre religiösen Bedürfnisse. Trotz der vielen bereits bestehenden Synagogen verschiedener Richtungen entbehrten die meisten einen Tempel, der ihren Gewohnheiten entsprach. Daher wurden 1939 die liberal-konservativen Synagogengemeinden Benei Tikvá und NCI-Emanu-El gegründet. Fünf Jahre später kam in einem Vorort die Gemeinde Lamrot Hakol (zu Deutsch ein stolzes »Trotz alledem«) hinzu. In all diesen Institutionen fanden nicht nur Gottesdienste statt, wobei die Predigten die ersten Jahre über noch in Deutsch gehalten wurden, sondern man leistete auch Jugend- und Sozialarbeit. Meine Eltern gehörten zu den Gründungsmitgliedern der Benei Tikvá, meine Mutter sang dort auch im Chor mit. Ein halbes Jahrhundert später sollte unser Sohn Mario in den Vorstand gewählt werden, seine beiden Kinder wurden dort eingesegnet und der jeweils dort amtierende Rabbiner geleitete sowohl meine Eltern wie auch später unsere früh verstorbene Schwiegertochter mit ihren Gebeten auf dem Weg zur letzten Ruhestätte und tröstete die Hinterbliebenen.

Das geistige Gepäck

Es ist bemerkenswert, wie das von den Flüchtlingen mitgebrachte geistige Gepäck dem kulturellen Niveau des Landes neuen Elan verlieh. Ausgerechnet die von den argentinischen Machthabern höchst unwillig aufgenommenen Juden, Sozialisten und Kommunisten aus Deutschland, die Republikaner aus Spanien und die Antifaschisten aus Italien trugen zu seiner Bereicherung bei. Unter den Exilanten aus Spanien etwa, zu denen, um nur zwei der Prominentesten zu erwähnen, Persönlichkeiten wie Manuel de Falla und José Ortega y Gasset gehörten, befanden sich auch einige Verleger, denen es zu verdanken ist, dass sich Argentinien, neben Mexiko, zum damals wichtigsten Verlagszentrum der Spanisch sprechenden Welt entwickelte. Von den von Mussolini ins Exil getriebenen Intellektuellen sind besonders hervorzuheben: Beppo Levi, einer der bedeutendsten Mathematiker seiner Zeit; der Philosoph Rodolfo Mondolfo und die Biologin Eugenia Sacerdote de Lustig. Diese führte die Labortechnik der Kulturen lebender Zellen »in vitro« und die Salk-Impfung in Argentinien ein. Was den Diktator General Onganía im Jahre 1966 nicht davon abhielt, sie im Rahmen einer Razzia zusammen mit allen anderen Wissenschaftlern von der Universität zu jagen. Im Jahre 2004 wurde sie zur Ehrenbürgerin der Stadt Buenos Aires ernannt.

Unter den jüdischen Emigranten aus dem deutschen Sprachraum gab es eine Anzahl talentierter Musiker. Da ihre Kunst nicht sprachgebunden ist, gelang es vielen von ihnen, angemessene Tätigkeitsfelder zu finden. Während meiner Studentenzeit verkehrte ich mit dem Dirigenten Teodoro Fuchs, der Córdobas Symphonieorchester gegründet hatte und zehn Jahre lang leitete, bevor er das Nationale Jugendorchester ins Leben rief. Die Künstler, die aus unserer Gemeinschaft hervorgingen, konnten sich zwar nicht mit den Talenten messen, die sich in den USA einen Namen machten. Aber auch unsere Liste kann sich sehen lassen: der Dirigent Roberto Kinsky, die Komponisten Werner Wagner und Miguel Gielen, der Gründer des »Collegium Musicum« Guillermo Graetzer, das Quartett Weil, die Pianisten Thilly und John Montés, der Musikwissenschaftler Erwin Leuchter, die Sopranistin Hilde Mattauch, der Bratschist Tomás Tichauer, der Violinist Ljerko Spiller, der Dirigent leichter Musik Dajos Béla, der Schöpfer der Begleitmusik für rund 40 Filme Victor Schlichter. Dazu kamen Renate Schottelius, die sich um den modernen Tanz verdient machte, sowie die Regisseure Otto Erhardt und Martin Eisler.

Mehrere Emigranten gründeten Kunstgalerien, die sich vieler damals noch unbekannter argentinischer Maler und Bildhauer annahmen. Tana Sachs wurde durch ihre künstlerischen Wandteppiche bekannt, Pablo Hannemann, Martin Blaszko und Miguel van Esso (der Sohn eines meiner Herrlinger Schulfreunde) durch ihre Skulpturen, Grete Stern durch ihre bahnbrechenden Fotografien. Und es waren die aus Deutschland, Österreich und Ungarn vertriebenen jüdischen Psychologen, die hierzulande trotz anfänglicher Sprachbarrieren der Psychoanalyse zum Durchbruch verhalfen.

Dagegen stand diese Sprachbarriere der Veröffentlichung von Büchern in Deutsch im Weg. Dennoch gab es einige bescheidene Ansätze in dieser Richtung. So kam die erste kleine Auflage von Stefan Zweigs *Schachnovelle* und ein wenig beachtetes Buch von Paul Zech in Buenos Aires heraus. Erwähnung verdient in diesem Zusammenhang James Friedmann, der in seinem Verlag Editorial Cosmopolita einige Romane und Memoiren hier gestrandeter Schriftsteller deutscher Sprache veröffentlichte. Die etwa zwanzig Ende der dreißiger und Anfang der vierziger Jahre erschienenen Werke zeichnen sich eher durch ihren dokumentarischen als durch ihren literarischen Wert aus. Keines dürfte eine Auflagezahl von 2500, höchstens 3000 überschritten haben. Später spezialisierte sich Friedmann auf die lukrativere Herausgabe technischer Hand- und Taschenbücher, natürlich in Spa-

nisch. Ich richtete ihm eine der Landwirtschaft und Viehzucht
gewidmete Abteilung ein, in der mehrere populärwissenschaftliche Bücher erschienen, von denen meine (heute längst veraltete) Anleitung über die Hühnerzucht eine erfreulich hohe Auf-
lagenziffer erreichte. Nach seinem Tod im Jahr 1971 erlosch die
Tätigkeit des Verlags. Während einer kurz bemessenen Blüte-
zeit existierten in Buenos Aires außerdem acht bis zehn deutsche
Buchläden, die neue und antiquarische Bücher anboten.
Die Kinderbücher des Sigmar-Verlags, gegründet von Sigfrido
Quatt, einem Emigranten aus Leipzig, finden inzwischen in ganz
Lateinamerika Verbreitung. Die Entstehung seines Unterneh-
mens verdankte er einem Zufall: Er hatte nämlich einen größeren
Posten Kinderbücher des Fürther Pestalozzi-Verlags erfolgreich
verkauft, was ihm als Türöffner für seine Neugründung diente.

Es ist übrigens bezeichnend, dass der Kreis der aus dem deutschen Sprachraum stammenden Juden zwar einige viel gelesene
Journalisten hervorbrachte, aber keine einzige politische Figur. Ein Henry Kissinger oder ein Arnold Alois Schwarzeneg-
ger wären nicht nur in Argentinien, sondern in ganz Südamerika undenkbar. Schon bei seinem ersten Besuch der Vereinigten
Staaten fiel meinem Vater auf, wie rapide der Amerikanisie-
rungsprozess bei seinen Freunden eingesetzt hatte. Kaum hatten
sie die Freiheitsstatue im Hafen von New York hinter sich, nahmen sie Sprache, Gewohnheiten und Denkungsweise der USA
an. Seine Fürther Freunde bestanden so lange darauf, sich mit
ihm auf Englisch zu unterhalten, bis er den Einfall hatte, ihnen
auf Spanisch zu antworten. Dass ihre Kinder am Krieg teilgenommen hatten, empfanden sie als genauso selbstverständlich
wie deren amerikanische Essgewohnheiten. Zwar findet man
heute in den meisten argentinischen Parteien Nachkommen der
aus Osteuropa eingewanderten Juden als Abgeordnete und gelegentlich als Minister oder Provinzgouverneure, doch bei den
aus dem deutschen Kulturraum stammenden Emigranten sind
es meist erst die Angehörigen der zweiten Generation, die sich

als echte Argentinier empfinden, die sich für Fußball, Lokalpolitik und Asado erwärmen können und die Musik Piazzolas und Ginasteras schätzen. Die Gebildeten unter ihnen zitieren Borges, Mujica Láinez und sogar das Gaucho-Poem *Martin Fierro* von José Hernández' akzentfrei. Und leiden unter den hausgemachten Problemen, die das schöne Argentinien heimsuchen. Nicht selten kehren sie dem Land den Rücken wie Tausende junger Argentinier aller Schichten der Bevölkerung – der Not gehorchend und keineswegs dem eigenen Willen. Im Ausland sehnen sie sich dann nach den Fleischtöpfen Argentiniens zurück – nach ihrem Vaterland, das sich vom Einwanderer- in ein Auswandererland verwandelt hat. Allein von 2001 bis Mitte 2009 verließen über 800 000 Argentinier ihre Heimat. Von ihnen zogen etwa 230 000 nach Spanien, 145 000 nach den Vereinigten Staaten, 60 000 nach Chile und 45 000 nach Israel. Der Rest verteilt sich auf viele andere Länder, von Kanada bis Neuseeland, von Italien bis nach Australien.

Die Pestalozzi-Schule

Das *Argentinische Tageblatt* mit seinem bereits in der ersten Ausgabe vom 29. April 1889 (!) verkündeten Leitsatz »… mit echtem Freisinn und unerschütterlicher Überzeugungstreue alle Deutsch-sprechenden im Lande auf den Weg des Fortschritts und der Freiheitsliebe zu führen«, avancierte dank seines Direktors Dr. Ernesto F. Alemann, seiner Familie und seiner Mitstreiter zu einem geistigen Bollwerk der Menschlichkeit und Demokratie in einer unmenschlichen und undemokratischen Zeit. Womit es sich wohltuend von der ebenfalls in Deutsch erscheinenden *La Plata-Zeitung* unterschied, die sich ganz in den Dienst des Dritten Reichs gestellt hatte. Da Dr. Alemann Schweizer Abstammung war, konnten ihm die Kreaturen des Hitlerregimes die Staatsangehörigkeit nicht aberkennen, wie es die Machthaber mit ihren deutschen Gegnern von Thomas Mann bis zu Albert

Das erste Gebäude
der Pestalozzi-Schule
1936/37

Einstein zu handhaben pflegten. Sie mussten sich damit begnügen, ihm den in Heidelberg erworbenen Doktortitel abzuerken-
nen – eine für die Universität beschämende Geste, die er hingegen als eine Auszeichnung empfand, zu der ihm alle Freunde
gratulierten. Sie zeigte die Wirksamkeit seiner mutigen Haltung.
Der deutsche Botschafter versuchte mehrfach, die Regierung Argentiniens unter Druck zu setzen, um das Blatt zu verbieten. Außerdem war es den unter den Nazis üblichen Gangstermetho-
den ausgesetzt: Attentate auf die Redakteure, Brandstiftung und
Überfälle auf das Gebäude sowie der Anzeige-Boykott der deutschen Kolonie und ein permanenter Verleumdungsfeldzug gehörten zu diesem Arsenal. Auch noch später, unter den Regierungen der sich autokratisch gebärdenden Präsidenten Perón,
Menem und des Ehepaars Kirchner, zeigte das *Tageblatt* Mut und
Charakterstärke. Für uns Emigranten stellte es eine moralische
Stütze dar, die nicht unterschätzt werden darf.
Als fast alle deutschen Schulen Argentiniens gleichgeschaltet
wurden, wodurch sich die Kinder der dem Geist der argentini-

schen Demokratie widersprechenden Nazi-Ideologie ausgesetzt sahen, wurde der Ruf nach einer neuen Schule laut. Sie sollte den Jugendlichen das wahre Kulturgut des »anderen« Deutschlands übermitteln, »unabhängig von deutschen Gesandten und anderen Vertretern der Barbarei«. Es ist vor allem der Initiative Dr. Alemanns zu verdanken, dass am 1. März 1934 die Gründungsversammlung der Pestalozzi-Gesellschaft stattfinden konnte, die bereits einen Monat später mit einem finanziellen Zuschuss Alfredo Hirschs, des Generaldirektors der Getreidefirma Bunge & Born, in einem geräumigen Haus im Stadtteil Belgrano den Schulbetrieb aufnahm. Zu den Gratulanten gehörten unter anderem Thomas und Heinrich Mann, Albert Einstein, Lion Feuchtwanger, Stefan Zweig, Emil Ludwig und Sigmund Freud. Dass das Schulgebäude mehrmals mit Teerbomben beworfen wurde, gehörte nun einmal zu den Methoden der Gegner des Pestalozzi-Geistes. Drei Jahre nach der Gründung, wenige Tage nach unserer Ankunft in Buenos Aires, wurden mein Bruder und ich dort eingeschult. Einer unserer Söhne und fünf Enkelkinder verdanken ihre Ausbildung dieser Schule, die heute von über 800 Schülerinnen und Schülern besucht wird. Indem ich den Ereignissen um dreißig Jahre vorgreife, sei an dieser Stelle bemerkt, dass sie 1963 eine Sekundarschule einweihen konnte, wobei sie von der Bundesrepublik nicht nur finanziell, sondern auch durch die Entsendung deutscher Lehrkräfte unterstützt wurde – eine Praxis, die in der Gegenwart anhält. Für den überwiegenden Teil der Schüler, die heute die »Pestalozzi« besuchen, ist Spanisch die Muttersprache, ihre Eltern entstammen nur noch selten dem deutschen Kulturkreis.

Der deutsche Mitarbeiterstab setzte sich damals aus engagierten Kräften zusammen, die aus politischen Gründen ins Exil gegangen waren. Ihre argentinischen Kollegen waren jung; voller Hingabe befassten sie sich damit, uns »Gringos« in die spanische Sprache und in die Landesgeschichte einzuführen. Wir sollten schließlich die Abschlussprüfung bestehen und in die staatliche Mittelschule überwechseln.

Erstaunlicherweise gehörte ich, dessen schulische Leistungen in Deutschland sehr zu wünschen übrig gelassen hatten, zu den Klassenbesten. Mehreren meiner Mitschülern ging es genauso. Ob unsere besseren Noten den geringeren Ansprüchen des argentinischen Schulwesens zu verdanken waren oder dem freieren Umfeld, das uns vom seelischen Druck in Deutschland erlöste, kann ich nicht sagen. Mit dem »Druck« meine ich übrigens nicht nur die antisemitische Diskriminierung in der früheren Heimat, sondern ganz allgemein den dort herrschenden Geist einer autoritären Disziplin.

Die Schule wurde von Dr. Alfred Dang geleitet, einem Gymnasiallehrer, der sich in Deutschland auch als Journalist für sozialistische Zeitungen betätigt hatte. Nun hatte er in Argentinien ein neues Arbeitsfeld gefunden. In seiner burschikosen Art titulierte er uns Kinder als »Fischgesichter« und »Knollengewächse«; ihm lag die »Befreiung des Kindes zur Selbstverwirklichung« am Herzen.

Ich erinnere mich an seine Reaktion auf die Antwort eines Mitschülers, den er einmal nach den Gründen für die Aufrüstung Deutschlands fragte. Die Auskunft »Weil Deutschland von seinen Feinden eingekreist wird« entlockten dem Schulmann die seufzend vorgebrachte Feststellung, wir »Knollengewächse« seien »eine wahre Fundgrube für die Argumente der Nazipropaganda«.

Als typisches Beispiel unserer seelischen Befreiung mag die als »Hygiene-Unterricht« bezeichnete sexuelle Aufklärung dienen, die er uns Buben erteilte. Die Mädchen erhielten sie von einer Lehrerin. Derartiges wäre selbst im reformpädagogisch geleiteten Landschulheim Herrlingen undenkbar gewesen. Meine Mutter zeigte sich entrüstet. Die »Stäbchen im Blut«, wie sie die im Sperma enthaltenen Chromosome schamhaft nannte, würden mich doch bestimmt noch gar nicht interessieren, meinte sie. Was mich zur sie beruhigenden Antwort veranlasste: »Nein, Mami, nicht das geringste Interesse.« Als hätte ich nicht schon längst im Brockhaus nachgeschlagen und noch nie mit meinen Freunden über das Thema gesprochen. Schon in Deutschland hatte sie es mit ihren Warnungen vor der »Selbstbefriedigung« – oder hat sie tatsächlich »Selbstbefleckung« gesagt, wie ich mir einbildete – fertiggebracht, dass mich das schlechte Gewissen verfolgte. Dieses Laster führe zum Wahnsinn und brächte Schande über die ganze Familie. Die mütterliche Drohung wurde von der dringenden Empfehlung meines Vaters begleitet, mich vor Beendigung meines achtzehnten Lebensjahrs jeder sexuellen Betätigung zu enthalten. Dr. Dang befreite mich und viele meiner Kameraden von unseren Gewissensqualen mit dem Rat, wir sollten keinem Mann glauben, der von sich behaupte, er habe nie in seinem Leben onaniert – und möge er einen noch so langen Bart tragen.

Die Schülerschaft der »Pestalozzi« entstammte zum einen dem Kreis der deutschen Sozialisten um den »Vorwärts«-Verein, zum andern dem Schweizer Milieu um die Familie Alemann. Dass aber anfänglich und während vieler Jahre hindurch die jüdischen Emigrantenkinder den Hauptanteil der Schülerschaft stellten, war durch die geschichtlichen Ereignisse bedingt.
Das Unterrichtsprogramm, umrissen als ein »Lernen mit Kopf, Herz und Hand«, war durchaus reformpädagogisch geprägt. Doch im Gegensatz zur jüdisch-zionistischen Färbung, welche die Welt des Landschulheims in Herrlingen bestimmte, fußte die Pestalozzi-Schule auf der Tradition der sozialistischen Erziehungsbewegung im Deutschland der Vorhitlerzeit. An diese geistige Öffnung musste ich mich erst gewöhnen, was mir ziemlich schnell gelang, da ich mich in einem Alter befand, in dem Geist und Charakter noch relativ formbar sind. Rückblickend erscheint es mir bemerkenswert, dass sich eine der deutschen Arbeiterbewegung verbundene Richtung durchsetzte, obwohl nicht nur Dr. Alemann und die restlichen Vorstandsmitglieder, sondern auch die Eltern der meisten Schüler eher zur bürgerlichen Mitte tendierten.
Mein Klassenlehrer war Dr. August Siemsen, der als Reichstags-

abgeordneter dem linken Flügel der SPD angehört hatte. Er unterrichtete Deutsch und Geschichte, wobei er Wert darauf legte, uns zu einer selbstständigen Denkungsart anzuregen. Viel schulde ich diesem aufrechten Mann, dessen hannoverische Aussprache mir noch heute in den Ohren klingt. Während sich die argentinische Lehrerschaft weisungsgemäß damit abgab, uns in die Lokalgeschichte der neuen Heimat einzuführen, schärfte er unseren Blick für die politischen Zusammenhänge der Weltgeschichte und holte viele historische Figuren von ihrem Denkmalsockel.

Die Gedichtsammlung *Deutsche Gedichte von Goethe bis Brecht*, die er für seine Schüler zusammenstellte, zeugt von seinem politischen Credo, durch das er mein vom Herrlinger Landschulheim etwas einseitig geprägtes Gesichtsfeld erweiterte. Im Vorwort dieser Anthologie kommen seine Absichten zum Ausdruck: »Mit vollem Bewusstsein ist die Schwere des Arbeiterdaseins und das Grausen des Krieges nicht übergangen. In unserer Zeit der verhüllenden und fälschenden Phrasen dürfen wir Kindern nicht entscheidende Tatsachen des heutigen Lebens verbergen. Gewiss soll die Schule nach Möglichkeit ein Stück heiteres Kinderland sein. Aber sie darf es nicht nur sein. Sie muss durch Vermittlung der Erkenntnis der Wirklichkeit auch aufs Leben vorbereiten. Und da kann sie an der sozialen Frage in ihrer zentralen Bedeutung und am Krieg in seiner zerstörenden Furchtbarkeit nicht vorbeigehen. Aber Kinder wollen und sollen nicht unter zu starkem seelischen Druck bleiben. So folgt dem Negativen unmittelbar das Positive, dem Bedrückenden der sieghafte Wille zur menschlichen Zukunft.« Die Klassiker waren zum Beispiel durch Schillers *Die Bürgschaft* und Goethes *Das Göttliche* vertreten, von Heine fanden *Erinnerungen an Krähwinkels Schreckenstage* und *Die Weber* Aufnahme, von Fontane *John Maynard* und *Die Balinesenfrauen auf Lombok*, von Hoffmann von Fallersleben die Satire *Wie ist die Zeitung so interessant*, von Ludwig Giesebrecht *Der Lotse*, von Erich Kästner sein *Monolog des Blinden*. Und natürlich fehlten weder Brechts *Ballade von dem Soldaten* noch, ganz zum Schluss, die *Brüder zur Sonne*, hier als Volkslied bezeichnet.

Dieses Programm wurde durch die Illustrationen Clément Moreaus ergänzt. Der war ein Schüler von Käthe Kollwitz, kam aus dem kommunistischen Lager und war unter seinem bürgerlichen Namen Carl Meffert mein Zeichenlehrer, der mich in die Aquarellmalerei einführte. Ob seine Lithographie eines Arbeiters mit hochgereckter zur Faust geballten Hand, die er Goethes *Prometheus* als Illustration beifügte, die Zustimmung des alten Geheimrats gefunden hätte, ist zu bezweifeln.

Ich durfte Dr. Siemsen, mit dessen Sohn Pieter ich befreundet war, auch in seiner Wohnung besuchen. Er war der Inspirator der politisch linken Vereinigung »Das Andere Deutschland« (DAD), die sich der Pflege der deutschen Kultur im Ausland verschrieben hatte. Nie gelang es ihr, einen auch nur halbwegs bedeutenden Anhängerkreis um sich zu vereinen. Mehrere Jahre hindurch – bis zu meiner Entdeckung der Welt der Baron-Hirsch-Siedlungen – stand ich unter dem Einfluss des von der DAD vertretenen sozialistischen Gedankenguts. Ich veröffentliche verschiedentlich Artikel in der Zeitschrift der Vereinigung, *Das andere Deutschland,* die ganz im politischen Ton dieses Kreises gehalten waren. Eine Freundin, die mit derartigen Themen beruflich zu tun hat, stieß unlängst in einem deutschen Archiv auf etliche Nummern jener Zeitschrift. Stolz bin ich nicht auf meine jugendlichen Ergüsse.

Kurz nach Schulabschluss fand ich Anschluss an das argentinische Schulsystem, das mich zum Weiterstudium befähigte. In meinem Fall also zum Studium der Landwirtschaft, dem allerdings ein Jahr Praktikum auf einer Obstfarm im Süden des Landes vorausging.

In Nordpatagonien

Nach den gemachten Erfahrungen ist es verständlich, dass mein Vater seine Söhne mit einem praktischen Beruf ins Leben gehen lassen wollte. Mein Bruder wurde zunächst auf eine renommierte technische Schule geschickt und studierte danach Chemie an der Universität. Mich bestimmten meine Eltern zum Landwirt, denn mein Vater sah die Zukunft Argentiniens im Ackerbau und in der Viehzucht. Wobei er leider zwei Bedingungen übersehen hat: Erstens sollte der zukünftige Agronom Begeisterung und Neigungen für diesen Beruf mitbringen, und zweitens das nötige Geld, um einen landwirtschaftlichen Betrieb zu erwerben. Keine dieser Voraussetzungen traf auf mich zu.

Ich hätte lieber mein normales Abitur gemacht, um später entweder Psychologie oder wenigstens Rundfunktechnik studieren zu können. Meine Mutter belächelte dieses Schwanken zwischen zwei Extremen, ohne zu begreifen, dass solche Unsicherheit bei Pubertierenden normal ist. Schließlich überwanden die Eltern meinen schüchternen Widerstand gegen die mir so wesensfremde Karriere. Als ich unlängst einem zehnjährigen Enkel von der ungewollten Berufswahl erzählte, fragte er mich fassungslos, warum ich mir das denn hätte gefallen lassen. Wer die Romane Theodor Fontanes oder Thomas Manns kennt, in denen die Gesellschaft der damaligen Epoche geschildert wird, versteht vielleicht meinen Gehorsam. Selbst als ich im Jahr darauf das dem Landwirtschaftsministerium unterstellte Internat bezog, wo ich einen vierjährigen Lehrgang durchlief, kam es mir nicht in den Sinn, mich gegen eine Ausbildung aufzulehnen, die nicht das Geringste mit meinen Anlagen zu tun hatte. Dass ich trotzdem, wie man sehen wird, meinen Nutzen aus der ungeliebten Karriere zog, verdanke ich meinem inneren Kompass, der immer wieder in Richtung Literatur wies. Dieses im Verborgenen wirkende Instrument bildet, neben dem kollektiven Geschichtsgedächtnis, eines der Leitmotive meiner Lebensgeschichte. Selbst die erworbenen landwirtschaftlichen Kenntnisse setzte ich ja in Literatur um, wenn auch nur in Form von Sachbüchern. Und meine ersten Erzählungen spielten im Milieu der jüdischen Siedlungen Argentiniens, deren Welt ich während der vierziger Jahre in den von mir als Agronom verwalteten Siedlungen kennengelernt hatte.

Nach Abschluss der Grundausbildung in der Pestalozzi-Schule wurde ich, noch nicht sechzehnjährig, für ein Jahr als Eleve auf das Obstgut geschickt, das Onkel Adolf für seinen damals noch in Ausbildung befindlichen Sohn erworben hatte. Die Farm wurde von einem tüchtigen, schwäbischen Ehepaar in Schuss gehalten.
Es war kein gutes Jahr für mich. Bisher hatte ich mich in einem reform-humanistischen, irgendwie klassisch geprägten Milieu bewegt – im Landschulheim Herrlingen mit zionistischer und später in der Pestalozzi-Schule mit sozialistischer Richtung. Plötzlich sah ich mich einer Welt ausgesetzt, in der ganz andere Regeln galten, als ich sie gewohnt war. Der tüchtige Schwabe, bestimmt ein liebenswerter Mann, kleidete seine Minderwertigkeitsgefühle mir gegenüber in Spott: Ich war für ihn der »Hochgebildete«, was natürlich abfällig gemeint war. Und auch alle übrigen mich umgebenden Menschen sahen – wenn auch im Allgemei-

nen gutmütig – auf den aus dem Nest gefallenen Buben herab, der abends Bücher las und der nichts von der Welt verstand, in die es ihn verschlagen hatte. Dieses hilflose Anderssein, dem ich nicht gewachsen war, sollte mir in den Jahren darauf noch viel zusetzen. Die Unvereinbarkeit meiner Gewohnheiten mit denen der argentinischen Umwelt gehört nun einmal zu meinen auswanderungsbedingten Grunderfahrungen. Subjektive Erfahrungen, gewiss. Erwähne ich sie heute, vernehme ich das mich beschämende Stimmchen, das mich zur Objektivität mahnt, indem es mir das Schicksal vor Augen führt, das meine in Deutschland hängen gebliebenen Kameraden und Verwandten erleiden mussten. Und nicht nur diese. Aber stellt die Beschäftigung mit seiner Lebensgeschichte nicht auch ein Wühlen durch die verschiedenen Schichten der selbstbetrachteten Existenz dar, bei der ständig aufzupassen ist, dass man diese halb verschütteten Adern der Erinnerung und des Vergessens nicht durcheinanderbringt?

Aber zurück ins Obstbaugebiet des Rio-Negro-Tals, sechsundzwanzig Eisenbahnstunden – 1200 Kilometer! – südlich von Buenos Aires. Zurück ins Jahr 1939, in eine Zeit, in der es noch keine direkten Telefonverbindungen gab, von einem regelmäßigen Flugverkehr ganz zu schweigen. Das Gebiet hatte noch nicht einmal den Status einer Provinz erlangt, sondern war, wie damals alle Bezirke bis hinunter nach Feuerland, ein von der Zentralregierung in Buenos Aires verwaltetes Nationalterritorium. Somit beschränkte sich das politische Leben auf die Gemeindeverwaltung der dortigen Dörfer und Städte.
Um den Besiedlungsprozess des Rio-Negro-Tals verständlich zu machen, muss ich etwas ausholen und beim »Wüstenfeldzug« anfangen, von dem im Zusammenhang mit dem Lehrgut des Hilfsvereins in Choele-Choel bereits die Rede war. Ende der siebziger Jahre des 19. Jahrhunderts schaffte der Sieg über die Indianerstämme die Bedingungen, um den praktisch menschenleeren Süden Argentiniens zu besiedeln, was die Regierung in

Buenos Aires zu einer Einwanderungspolitik der offenen Türen veranlasste. Sie verpflichtete italienische Wasserbau-Ingenieure, die für die drei Flüsse der Gegend – Limay, Neuquén und Rio Negro – ein Staudamm-System entwickelten. Dadurch gelang es, der häufigen Überschwemmungen Herr zu werden und die regenarme Gegend mit einem Kanalnetz zur rationellen Bewässerung zu überziehen.

Um die Jahrhundertwende erreichte die von englischen Aktionären finanzierte Eisenbahnlinie die Gegend, in der damals vor allem Kartoffeln und Luzerne angebaut wurden. Das vom Bewässerungssystem erfasste Land wurde in Parzellen von durchschnittlich zehn Hektar unter den meist aus Italien stammenden Einwanderern aufgeteilt. Diese zahlten ihre aufgenommenen Hypotheken in Jahresquoten ab. Auch ein paar Spanier, Deutsche, Dänen und Polen gelangten in die Gegend. Eine Siedlung russischer Juden entstand. Juan Rosauer, ein Sohn österreichischer Einwanderer, gründete die Baumschule »Los Alamos«, die im Laufe der Jahre durch die Lieferung Hunderttausender von Setzlingen zur Entwicklung des Obstbaus beitrug. Zusammen mit einer von der Bahngesellschaft betriebenen Versuchsanstalt sorgte Rosauer für die Verbreitung berühmter Obstsorten wie der Williamsbirne, des Red-Delicious-Apfels und diverser Sorten von Steinobst. Da die Erntezeit der argentinischen Früchte jener auf der nördlichen Halbkugel entgegengesetzt ist, wurden schnell wachsende Mengen nach Europa exportiert.

Auch am Export war die Eisenbahngesellschaft beteiligt, indem sie die ersten Kühlhäuser einrichtete, in denen das angelieferte Obst sortiert, gereinigt, poliert und verpackt wurde, um anschließend in speziell belüfteten Waggons zum Ausfuhrhafen befördert zu werden. Selbst die Obstkisten entstammten lokaler Produktion. Sie wurden aus den Brettern angefertigt, welche die als Windschutz rings um alle Parzellen gesetzten Pappeln hergaben, wenn sie gefällt und durch junge Bäume ersetzt wurden. Weintrauben wurden zu hochwertigem Rotwein und zu Sekt gekeltert, das Fallobst zu Dörrobst verarbeitet, zu Cidre, Obstsaft und Marmeladen. Nebenbei und meist unter der Hand wurde Grappa gebrannt – ein glasklarer, unschuldig daherkommender Traubenschnaps, der selbst den abgebrühtesten Steuerfahndern die Tränen in die Augen trieb und ihnen somit die Sicht auf die fiskalischen Sünden der Schwarzbrenner vernebelte. Aber auch ohne die auf diese Weise eingebüßten Steuer-Pesos reichte das Geld, um Schulen, ein regionales Krankenhaus und Wege zu bauen – mit Schotter bedeckte Autostraßen, bei denen man aufpassen musste, dass die abspringenden Steinchen nicht die Windschutzscheiben der Lastwagen einschlugen, auf denen das Obst ins Dorf transportiert wurde.

Ende der dreißiger Jahre gelangten mit Unterstützung des »Hilfsvereins« auch ein paar deutsch-jüdische Emigranten ins Rio-Negro-Gebiet. Arbeitsame Menschen, die es fertigbrachten, sich eine neue Existenz in der damals noch friedlichen Gegend aufzubauen. Ein Schulfreund meines Vaters aus der Fürther Gymnasialzeit richtete eine Autoagentur mit angeschlossener Tankstelle ein; ein anderer Bekannter eine Dörrobstanlage. Ein dritter führte in einem der dortigen Städtchen einen Schreibwarenladen. Die Kinder dieser Einwanderer kamen voran, gründeten Marmeladenfabriken, ein kleines Hotel, eine Eisenwarenhandlung, eine Produktionsstätte von Maschinen, die im Obstbau eingesetzt wurden.

Bis diese vermeintlich heile Welt doch von der Politik vereinnahmt wurde. Es begann damit, dass sich General Perón, der große Rattenfänger, des Schlachtrufs »los ferrocarriles son nuestros« bediente, »die Eisenbahnen sind unser«. Die Konzessionen für die von den Engländern errichteten Eisenbahnen wurden vorzeitig mit großem propagandistischem Aufwand gekündigt. Die damals schon nahezu schrottreifen Bahnen wurden verstaatlicht und verkamen schnell. Der Staat ist in unseren Breitengraden ein miserabler Verwalter. Der sich in Windeseile aufblähende Beamtenapparat des verstaatlichten Unternehmens verwandelte sich in eine dem Steuerzahler zur Last fallende Versorgungsanstalt für regierungstreue Parteigänger.

Wenige Jahrzehnte später schlug die Regierung einen von den Wirtschafts-Gurus pompös als neoliberal bezeichneten Kurs ein. Die Wechselkurse wurden manipuliert und die Schutzzölle brüsk abgebaut, was auf längere Sicht viele Unternehmen ruinierte. Eine Zeit lang war das aus Chile und selbst aus Neuseeland eingeführte Obst auf den Märkten von Buenos Aires billiger zu haben als das einheimische. An Export war nicht mehr zu denken. Die Äpfel und Birnen der hiesigen Produzenten verfaulten an den Bäumen, die vom Obstbau abhängigen Industrien gingen zugrunde. Eine fatale Entwicklung, die allerdings Ende der dreißiger, Anfang der vierziger Jahre noch nicht voraussehbar gewesen war.

Viele der Landarbeiter Patagoniens stammten aus Chile. Es waren einfache, meist des Lesens und Schreibens unkundige Mapuche-Indios, die mit ihrem bescheidenen Leben zufrieden schienen. Weder die Behörden diesseits und jenseits der Anden hatten sich je um die Anhebung ihres Bildungs- und Lebensstandards gekümmert. Solches überließ man der Missionsarbeit und den Schulen der Salesianer Don Boscos. Noch im 19. Jahrhundert wurden die chilenischen Gebiete südlich des Bio-Bio-Flusses, die man bombastisch und unpräzise als »Königreich Araukanien« bezeichnete, weitgehend von den frei herumziehenden Indiostämmen bewohnt. Sie standen politischen Grenzen verständnislos gegenüber. Diese hatten die spanischen Kolonialherren gezogen, um die einzelnen Verwaltungszonen des Kontinents festzulegen. Innerhalb dieser künstlichen Grenzen, die wohl noch auf lange Zeit hinaus das Entstehen der »Vereinigten Staaten Südamerikas« verhindern werden und den Machenschaften lokaler »Caudillos« Vorschub leisten, entstanden zu Beginn des 19. Jahrhunderts die Republiken Lateinamerikas. Ihre Bevölkerung unterschied sich – mit Ausnahme Brasiliens, das seine Existenz einem päpstlichen Federstrich bei der spanisch-portugiesischen Weltaufteilungs-Konferenz zu Tordesillas 1494 verdankt – weder in Sprache, Religion noch im ethnischem Ursprung nennenswert voneinander. Es ist deprimierend zu beobachten, wie es den autoritären Regierungen der einzelnen Länder immer wieder gelingt, ihre Völker trotz dieses gemeinsamen Ursprungs gegeneinander aufzuhetzen, um von den Folgen der eigenen Misswirtschaft abzulenken. Eine ganze Anzahl lokaler Kriege dezimierte auf diese Weise im Lauf der Jahre die Bevölkerungen Paraguays, Boliviens, Chiles, Perus und des argentinischen Chacos.

Während meinen in Deutschland verbliebenen Kameraden die »Endlösung« drohte, arbeitete ich also in Nordpatagonien auf einer Obstplantage, wo ich mir mein erstes Gehalt verdiente. Im Winter hatte ich die Bewässerungskanäle vom Unkraut zu befreien, beschäftigte mich mit dem Beschneiden der Obstbäume und führte die Spritzpistole, um dem Pilzbefall vorzubeugen und die Insekten zu bekämpfen. Im Herbst war die Obsternte einzubringen. Zu diesem Zweck stiegen wir, angetan mit einem vor den Bauch geschnallten Aluminiumtornister, auf hohen Leitern auf und ab und deponierten die gepflückten Äpfel, Birnen und Pfirsiche so behutsam wie möglich in 20-Kilo-Kisten. Von Frühlingsanfang bis kurz vor Beginn der Ernte mussten die einzelnen Parzellen nach einem genau abgestimmten Programm im Beckenverfahren bewässert werden; alle Anrainer sollten zu ihrem Recht kommen.
Mir oblag außerdem, die Schweine in ihrem Verschlag mit Mais, Essensresten und Abfallobst zu mästen. Es blieb mir auch nicht erspart, bei der Verarbeitung der Borstenviecher zu Würsten, Schinken und Speck mitzuwirken, kaum hatten sich die ersten Winterfröste eingestellt. Zusammen mit dem Sohn des zukünftigen Dörrobst-Fabrikanten bewohnte ich ein Zimmer in einem aus Luftziegeln erbauten, mit Wellblechen abgedeckten Haus. Elektrisches Licht gab es nicht; man bediente sich der auf dem Land üblichen Petroleum-Gaslampen. Das Fleisch wurde in einem käfigartigen Kühlkasten aufbewahrt, der, durch Fliegendraht vor dem Angriff der Schmeißfliegen geschützt, im Schatten eines Baumes hing. Für unsere persönliche Hygiene stand

uns eine Emaille-Waschschüssel zur Verfügung. Eine Einrichtung, wie ich sie später noch jahrelang in den Pensionen benutzen sollte, in denen ich als junger Verwaltungsbeamter der Baron-Hirsch-Siedlungen untergebracht war. Während der warmen Jahreszeit konnten wir unser Vollbad in einem der Bewässerungskanäle nehmen; im Winter blieb uns bei klirrendem Frost nur die Waschschüssel. Dieses Leben mag primitiv erscheinen; ich gab mich mit ihm zufrieden.

Das Trinkwasser in Rio Negro schmeckt leicht salzig. Das kommt vom Meer, das noch vor dreißig Millionen Jahren die patagonische Ebene bedeckte. Die versteinerten Ammoniten, auf die man ab und zu stößt, untermauern diese Theorie – Leitfossilien, an denen der Fachmann die Geschichte der einzelnen Erdschichten ablesen kann. An den Geschmack des Wassers hat sich der Besucher nach ein paar Wochen so gewöhnt, sodass er die chemisch aufbereitete Flüssigkeit, die den Wasserhähnen der Städte entströmt, als fad empfindet und ihr gerne ein paar Salzkörner beifügt. Wer seinen mit dem Rio-Negro-Wasser zubereiteten Mate trinkt, verfällt dem Zauber des Landstrichs und muss immer wieder zu ihm zurückkehren. So jedenfalls behaupteten es die alten Indianer. Bei mir hat sich dieser Spruch nicht bewahrheitet, anscheinend bin ich immun gegen die Sprüche der »Machis«, der indianischen Schamanen. Allerdings verfolgt mich noch immer die Erinnerung an die Schicksale einiger der Bewohner, mit denen ich da unten ein Jahr lang zusammenlebte.

Da war das Verwalterehepaar. Es lebte im Todesschatten des einzigen Sohnes. Ein rangierender Güterzug hatte ihn erfasst, als er in Bahía Blanca die Geleise überqueren wollte. Er war verblutet; seine Hilferufe erreichen nun die Eltern Nacht für Nacht aus unbestimmter Ferne. Genau zur Todesstunde, so erzählen sie mir, hätten sie drei heftige Schläge auf dem Dach aus dem Schlaf gerissen – der Ruf des sterbenden Jungen nach seinen Eltern.

Da war der aus der Bahn geworfene Exschüler des Lehrguts in Choele-Choel, der sich angewöhnt hatte, die Schwären an seinen Füßen mit Alkohol zu behandeln. Dem Rest der Flüssigkeit pflegte er Salz hinzuzufügen und das Zeug dann zu saufen. Er irrte von einem Gut zu anderen; nirgendwo hielt er es aus. Eines Tages erfuhren wir von seinem Tod. Eine nicht rechtzeitig behandelte Blutvergiftung. Zwei- oder dreiundzwanzig Jahre alt. Ein Armengrab. Den Eltern blieb die Todesnachricht ihres Kindes erspart. Treblinka oder Auschwitz, wer weiß.

Da war das Schicksal Mäxchens, des jüngsten der Hirschmann-Söhne aus Nürnberg. Hermann, sein älterer Bruder, auch er ein früherer Eleve des Lehrguts in Choele-Choel, arbeitete damals ebenfalls auf dem Gut Adolfo Hirschs. Eines Tages erhielt er den rührend infantilen Brief des gut zwanzigjährigen Bruders, der ihm mitteilte, er habe durch die Vermittlung eines bolivianischen Polizeikommissars mit seinen paar armseligen Kröten Anteile an einer Zinngrube erworben. Bald sei er nun Millionär und würde dann seinen Geschwistern helfen. Ein paar Monate später erreichte uns die Todesnachricht des gutgläubigen Jungen. Typhus.

Da war das Los meines Schulkameraden Paul, mit dem ich auf der Reise nach Buenos Aires die Kabine geteilt hatte. Der weitläufige Vetter seines Vaters, der ihn angefordert hatte, verstand sich nicht mit ihm. Was ihn veranlasste, den Jungen auf eine landwirtschaftliche Schule in der Provinz abzuschieben. Aus mir unbekannten Gründen verschlug es auch ihn, allerdings erst Jahre nach meinem Gastspiel, ins Rio-Negro-Gebiet, wo er bei diversen Obstbauern angestellt war, ohne je auf einen grünen Zweig zu kommen. In sich gekehrt, verschlossen, hin und her gestoßen, war er dem Leben hilflos ausgesetzt. Eines Tages erfuhr ich auf Umwegen von seinem Tod, die wahre Ursache konnte ich nie in Erfahrung bringen.

Derartige Schicksale in der nächsten Umgebung gingen mir nahe, aber die Ereignisse im fernen Europa beschäftigten mich nicht weniger, selbst wenn wir das ganze Ausmaß der Tragödie erst viel später erfassten. Der Radioempfang war schlecht da unten; die Tageszeitungen trafen mit tagelanger Verspätung ein. Dennoch erreichte uns, durch die Distanz leidlich gedämpft, das Echo des Weltgeschehens. Agenten der NSDAP suchten ihre deutschen Landsleute selbst in dieser abgelegenen Gegend auf, um sie auf die neue Lehre einzuschwören. Nicht immer hatten sie Erfolg. Unsere italienischen Nachbarn setzten ihr Vertrauen in die von Mussolini aufgebaute Kriegsmarine. Und die Juden bangten um das Schicksal ihrer in Deutschland, Polen oder Russland festgehaltenen Angehörigen. Mit gutem Grund, wie sich später herausstellen sollte.

Trotz der geschilderten Anpassungsschwierigkeiten im Rio-Negro-Tal stand mir der schmerzlichste Zusammenprall mit der argentinischen Wirklichkeit noch bevor. Ich weiß von vielen Kameraden, die in ihrer Kindheit und frühen Jugend einer idealistischen Reformpädagogik ausgesetzt gewesen waren und die, als sie sich den Härten des Alltags stellen mussten, unter ähnlichen Anpassungsschwierigkeiten litten wie ich. Trotzdem möchte ich die Lebenssicht, unter der ich aufwuchs, nicht missen – auch wenn ich einigen der damals empfangenen Impulse heute kritisch gegenüberstehe. Dass ich mir die Grundeinstellung von damals bewahrt habe, die wir – meine Frau und ich – auch unseren Kindern zu vermitteln suchten, bereute ich nie. Ich schreibe sie dem bereits erwähnten inneren Kompass zu, dessen Wirken mir erst heute recht bewusst wird.

✶

Beim Verfassen meiner Lebenserinnerungen erscheint es mir ratsam, mich im Geist von Zeit zu Zeit ins Dunkel des Parketts zurückzuziehen, um mich unter die Zuschauer zu mischen. Zugegeben: Es bedarf einiger Verrenkungen, um gleichzeitig auf der Bühne zu agieren und sich selber zuzusehen. Gehe ich solcherart auf Distanz und betrachte mein durch den Schleier der Jahre getrübtes Spiegelbild, erkenne ich einen naiven Siebzehnjährigen mit Akne: das recht weltfremde Produkt der Pädagogik, das unvorbereitet mit einer ziemlich rauen Wirklichkeit konfrontiert wird. Diese wird personifiziert von unbeschwerten

Burschen aus dem kleinbürgerlichen Milieu der argentinischen Provinz – Bauernsöhne, Kinder kleiner Staatsangestellter, die ihrem engen Umfeld entrinnen wollen. Um eine erfolgsträchtigere Laufbahn einschlagen zu können, fehlen ihnen die Mittel. Halb belustigt, halb befremdet beobachten sie diesen Jungen mit seiner ulkigen Aussprache, der – höchst ungewöhnlich in diesem Kreis – nicht weniger als drei Hemden besitzt und obendrein selbst im Sommer ein Unterhemd trägt. Der sie weder am Samstagabend in den Puff begleitet noch am Sonntag in die Kirche, sondern lieber über seinen Büchern hockt oder ein Konzert besucht. Der behauptet, etwas vom Obstbau zu verstehen, aber Hacke und Spaten nur ungeschickt handhabt. Der Schwierigkeiten beim Umgang mit dem Vieh hat, sich dafür aber in den theoretischen Fächern – in Botanik, Zoologie, Genetik, Physik, Chemie, Mechanik, Meteorologie und Trigonometrie – hervortut. Typisch jüdisch, meinen einige, denn es fehlt nicht an Mitschülern, die mit einem primitiven Judenhass aufgewachsen sind und sich als Hitler-Anhänger entpuppen.

Die Wohlwollenden – das sind die weitaus meisten – erkennen seinen guten Willen an, mit dem er versucht, sich als guter Kamerad zu erweisen. Aber, so denken sie insgeheim, ganz würde ihm das wohl nie gelingen. Denn er ist nun einmal anders. Wer in diesem Milieu interessiert sich schon für Romane, Konzerte, Opern und für Haeckels Biogenetisches Grundgesetz?

Der Eintritt in die »Escuela Nacional de Agricultura y Ganadería de la Nación« löste keinen geringen Schock in mir aus. Mein Vater, in solchen Dingen unerfahren, hatte sich mit der Wahl dieses in ganz Südamerika angesehenen Instituts bestimmt alle Mühe gegeben. Unter meinen Kommilitonen befanden sich mehrere Paraguayer, Peruaner und Ekuadorianer. Aber verkehrter hätte es mein guter Vater wirklich nicht anstellen können. Was, um Gottes willen, hatte ich dort verloren? Ich konnte nicht voraussehen, dass mir das ungeliebte Studium den Schlüssel lieferte, der mir wenige Jahre später eine neue, mich bereichernde Welt öffnen sollte.

Der Leiter der Anstalt war ein in Ehren ergrauter Agraringenieur, der sich in jüngeren Jahren einen Ruf als Pflanzengenetiker erworben hatte. Er entstammte einer der ersten Familien der Provinz Corrientes und war erzkonservativ eingestellt. Die Professoren um ihn herum, meist älteren Jahrgangs, zeichneten sich weder durch Originalität noch durch pädagogische Neigung aus. Eher lustlos erfüllten sie ihre Pflicht als Staatsbeamte. Im Laufe meiner beruflichen Tätigkeit hatte ich später mehrmals mit einigen von ihnen zu tun. Zu ihren Ehren sei gesagt, dass ich sie als integere Menschen schätzen lernte, die – soweit mir bekannt ist – der um sich greifenden landesweiten Korruption widerstanden.

Vormittags genossen wir praktischen Unterricht, indem wir in den verschiedenen Abteilungen der Anstalt arbeiteten. Das umfassende Programm reichte vom Getreideanbau bis zur Hühner- und Bienenzucht, von der Käsefabrikation bis zur Rinder- und Schweinehaltung, von der Gärtnerei bis zum Gemüsebau, von der Obstkultur bis zur Herstellung von Konserven. Eine Zeit lang suchte ich im Morgengrauen den Kuhstall auf, um mich im Melken zu üben. Per Hand, denn die modernen Melkanlagen waren noch nicht verbreitet. Eine gesunde Übung zur Stärkung der Hand- und Armmuskulatur. Zu einem tüchtigen Melkknecht brachte ich es nie. Die Nachmittage waren dem theoretischen Unterricht vorbehalten. Einmal im Jahr besuchten wir eine der großen Viehausstellungen des Landes, um den ausländischen Preisrichtern bei der Beurteilung des zu prämierenden Zuchtviehs zuzusehen.

Wir waren in kasernenmäßig angelegten Schlafsälen à zwanzig Schüler untergebracht. Dahinter lag der Duschraum. Jedem stand ein Bett und ein mit Vorhängeschloss versehener Schrank zur Verfügung. Meine Mitschüler stammten aus allen Gegenden der Republik: Aus den Siedlungen der Waliser, deren Gründer sich 1865 in Chubut niedergelassen hatten, wo sie ein Bollwerk gegen die kriegerischen Indianerstämme Patagoniens bildeten. Aus den Weingebieten am Fuß der Anden, wo unser bester Gitarrenspieler zuhause war, der uns von den Erdbeben erzählte, die dort zum Alltagsleben gehören. Aus dem subtropischen, noch wenig erschlossenen Chaco, hoch oben im Norden. Aus den deutschen und Schweizer Siedlungen in Misiones. Aus den Dörfern in den Tälern der Provinz Córdoba, deren Bewohner auch in der zweiten und dritten Generation dem Dialekt und den Gewohnheiten anhingen, die ihre Vorväter mitgebracht hatten, als sie das Elend Italiens hinter sich ließen. Sie waren für ihre Salamiwürste und ihren Wein bekannt, der leicht nach Himbeeren schmeckte. Aus Salta mit seiner jahrhundertealten Tradition, die weiter zurückreicht als die von Buenos Aires. Aus den in der Pampa verstreuten Ortschaften, entstanden aus den Forts, die bis kurz vor dem Ende des 19. Jahrhunderts die Indianerstämme in Schach halten mussten, die sich gegen die Eindringlinge auflehnten, die von sich behaupteten, sie seien nun die Herren über ihr Leben, ihren Besitz, ja sogar über ihre Seelen.

Langsam gewöhnten wir uns aneinander. Ich erwarb mir einige gute Freunde unter diesen Jungen, obwohl es mir nie ganz gelang, den hauchfeinen Trennungsfilm zu durchbrechen, den ich einer Herkunft verdanke, die sich so sehr von der ihrigen unterschied.

Leicht hatte ich es also nicht im Internat, wo ich, einer von zwei oder drei Judenjungen unter fast hundert Studenten, dem in bestimmten Bevölkerungskreisen tief verankerten Antisemitismus ausgesetzt war. Dessen argentinische Variante, vielleicht eine Spätfolge der spanischen Inquisition, wurde vom Rassenwahn der damaligen Gegenwart aktiviert. Sie drückte sich zum Beispiel in gelegentlichen Glossen und Witzen aus, die einige unserer Professoren von sich gaben. Oder in der oft geäußerten Überzeugung, die Juden verehrten einen Schweinskopf in ihren Synagogen. Nicht einmal durch Besichtigungen an Ort und Stelle ließ sich dieser Aberglaube ganz ausrotten. Bei der Vorführung eines Werbefilms bediente sich damals sogar der lokale Vertreter eines namhaften US-Herstellers landwirtschaftlicher

Maschinen antisemitischer Motive, als er zur Auflockerung der Vorführung einen Trickfilm mit antisemitischen Karikaturen dazwischenschaltete, die mich an die des *Stürmers* erinnerten.

Der wachsende Einfluss der Nazipropaganda machte sich selbst hier bemerkbar. Die *Protokolle der Weisen von Zion*, dieses berüchtigte, von der zaristischen Geheimpolizei gefälschte Elaborat, die unter dem Pseudonym Hugo Wast erscheinenden antisemitischen Bestseller-Romane, dessen literarisch verbrämte Weltverschwörungsfantasien von vielen für bare Münze genommen wurden, und die Übersetzung von Henry Fords antisemitischer Schrift *The International Jew* fanden ihre Leser unter den Studenten und vermutlich auch bei einigen Professoren.

Zwei- oder dreimal sah ich mich gezwungen, von meinen Fäusten Gebrauch zu machen, was sich als das beste Gegenargument erwies, obwohl auch ich nicht ungeschoren aus diesen Keilereien hervorging. Es scheint ein Naturgesetz zu sein, dass sich die in der Mehrheit befindenden Starken gegenüber den schwächeren Artgenossen feindselig zeigen. Mehr als einmal konnte ich in den Hühnerställen beobachten, wie gleichfarbige, gesunde Küken über ein kränkliches oder durch seine Farbe von der Norm abweichendes Tierchen herfielen und es mit ihren kleinen Schnäbeln zu Tode pickten. Das Hervortreten der ersten Blutstropfen ihres Opfers pflegte sie in einen Erregungszustand zu versetzen, der ihre Aggressivität noch weiter steigerte.

Es ist übrigens interessant, der Herkunft der rabiatesten Antisemiten nachzugehen. Am ärgsten benahmen sich die wenigen Träger polnischer, irischer und französischer Familiennamen sowie solche, die sich ihrer edlen Abstammung von traditionellkonservativen »Estanciero«-Kreisen rühmten. Am unbefangensten hingegen zeigten sich die Söhne italienischer und walisischer Herkunft sowie die Bauernsöhne, die die Juden aus eigener Erfahrung kannten, weil sie in ihren Heimatprovinzen jüdische Nachbarn hatten.

Mit diesen Kameraden tat ich mich manchmal am Wochenende zusammen, um gemeinsam zu studieren, ein Zigarettchen zu rauchen, Matetee zu nuckeln, gelegentlich auch, um Schach oder Karten zu spielen. Das populäre argentinische »Truco«, wo es aufs Bluffen ankommt, meisterte ich allerdings nie – dazu muss man geboren sein. Als wohltuend empfand ich die Aufgeschlossenheit, die spontane Hilfsbereitschaft, den Mutterwitz, den Kameradschaftsgeist, die den Argentinier auszeichnen. Leider gehört zu den Eigenschaften dieses Menschenschlages auch eine überdurchschnittlich entwickelte Verführbarkeit, die das schöne Land immer wieder politischen Rattenfängern ausgeliefert hat. Noch etwas lernte ich damals zu meinem nicht geringen Erstaunen kennen: die magische Vorstellungswelt, in der sich viele meiner Kameraden bewegten. Man kann sie nicht ignorieren, weil ihre Wurzeln tief in der Menschheitsgeschichte verankert sind. Sie erscheint wie eine Botschaft aus dem Reich jener dunklen Mächte, die uns von Geburt an bedrohen. Von Wunderkuren war die Rede, von Besprechung, von Gedankenübertragung. Vom »Bösen Blick«, der entzündete Augen, Schlaflosigkeit und stechendes Kopfweh hervorruft. Zu dessen Behandlung stehen dem »curandero« – im Grunde ein Kurpfuscher mit magischen Allüren – verschiedene Therapien zur Verfügung. Er kann etwa dem Übel zu Leibe rücken, indem er einen mit Wasser gefüllten Suppenteller über den Kopf des Patienten balanciert. Während ein Assistent eine brennende Kerze hoch hält, träufelt der »curandero« ein paar Tropfen Öl auf die Wasserfläche.

Der Onkel eines meiner Freunde, so musste ich mir erzählen lassen, konnte Kranke durch die Beschwörung eines Unterhemds kurieren, das sein Klient eine Woche lang am Leib tragen müsse. Inzwischen weiß ich, dass nicht nur in der Dritten Welt, sondern selbst in den fortgeschrittensten Ländern, in deren aseptischen Forschungszentren die strengen Regeln von Ursache und Wirkung gelten, Millionen von Menschen an ihr Horoskop glauben und anderen Formen des Aberglaubens aufsitzen. Während der letzten unserer Militärdiktaturen suchte ein verzweifeltes Ehepaar einen Hellseher auf, er möge durch das Beschnüffeln der Unterwäsche ihrer verschleppten Tochter deren Aufenthalt herausfinden. Sie lebt, verkündete er nach einer Weile, konnte sie aber nicht lokalisieren.

Der Weltkrieg hielt die Menschheit in Atem. Die im Mai 1940 von Churchill in seiner berühmten Unterhausrede in Aussicht gestellten Opfer an »Blut, Schweiß und Tränen« wurden in vielen Teilen der Welt gebracht. Die Kriegsberichte erreichten uns über das einzige im Internat zur Verfügung stehende Radio, nach vorheriger Durchgabe der lokalen Nachrichten. Die Reihenfolge, erst das nationale, dann das internationale Geschehen, hatte die Regierung angeordnet, um die Belange des Vaterlandes zu wahren. Die Anhänger der beiden kriegführenden Lager unter der Schülerschaft hielten sich in etwa die Waage. Die Parteigänger der Achsenmächte beschimpften uns Gegner als englische Piraten; für uns wiederum waren die anderen natürlich nazi-faschistische Mörder.

Die meisten meiner damaligen Kameraden habe ich längst aus den Augen verloren; wie viele von ihnen den erlernten Beruf später ausübten, kann ich nicht sagen. Ein paar kamen als beratende Agronome in ihren Provinzen unter, andere brachten es zu Abteilungsleitern der dortigen Agrarministerien. Meinem Freund Ercilio begegnete ich ein paar Jahre später in Córdoba als Verkäufer landwirtschaftlicher Geräte und Saatgut. In Entre Rios stieß ich eines Tages auf den beleibten Amando, der die Witwe eines »Estancieros« geheiratet hatte. Wieder ein anderer hatte eine Wachtelzucht aufgebaut und vertrieb die dort erzeugten Cocktail-Eier. Luis, der stets durch aggressives Verhalten aufgefallen war und ab und zu sogar mit einem Schlagring bewaffnet im Schlafsaal erschien, stand dem Polizeikommissariat eines Provinzstädtchens vor. Adolfo, ein Kerl mit stechendem Blick und großem Mundwerk, wurde während Peróns zweiter Regierungsperiode Provinzabgeordneter. Im Parlament – das muss ich ihm lassen – setzte er sich tatsächlich für die Belange der kleinen Landwirte ein. Gwili, der begabteste Zeichner unter uns

Studenten, malte in seiner Freizeit stimmungsvolle Landschafts-
bilder und verbesserte sein mageres Einkommen als Agronom,
indem er während der Sommerzeit die Feriengebiete in den Bergen Córdobas bereiste, um zahlungswillige Touristen zu porträ-
tieren. Argo, dem der Naturschutz seiner Provinz oblag, wurde
landesweit bekannt, als er die vom Aussterben bedrohten Vogel-
arten in Tierhandlungen und, soweit er ihrer habhaft wurde, in
Privathänden konfiszierte. Vor laufender Fernsehkamera entließ
er sie in einer groß angelegten Aktion in die Freiheit.

Mit Jorge, einem »Estanciero«-Söhnchen, das sich in der »Escuela« stets als ein Verteidiger nationaler Belange aufgespielt
hatte, traf ich Ende der vierziger Jahre zufällig auf einem Amt
in Paraná zusammen. Er nahm mich beiseite, um mir, seinem
Kumpel aus alter Zeit, den vertraulichen Rat zu erteilen, ich
möge schleunigst die von mir verwalteten Siedlungen verlassen,
um mich in Sicherheit zu bringen. Seine Gesinnungsgenossen
würden dort in den nächsten Tagen einen Pogrom veranstalten.
Worauf ich mich entschloss, von einem Oberstleutnant, der mir
einen Gefallen schuldete, einen kleinen Trupp seiner Garnison
zum Schutz meiner Siedler anzufordern. Die Soldaten trafen am
nächsten Tag auch wirklich ein und defilierten mit geschulter-
tem Gewehr auf der Plaza. Der angekündigte Pogrom fand daraufhin nicht statt. Vielen Dank, Jorge, für deinen freundlichen,
wenn auch nicht gut gemeinten Wink zur rechten Zeit!

Dass ich die vier Jahre Studium durchhielt und es schließlich mit
einer Diplomarbeit auf dem Gebiet der Hühnerzucht (*Die Bekämpfung der Parasiten im Hühnerstall unter besonderer Berück-
sichtigung der Zecken Argas persicus*) zum Agronomen brachte,
ist in erster Linie den Lichtblicken zu verdanken, die meinen In-
ternatsaufenthalt erhellten.

Stefan Zweig und meine Parallelwelt

Solche Lichtblicke gab es zur Genüge. Die Sommerferien erstreckten sich über drei Monate. Auf diese Weise bot sich mir von Anfang Dezember bis Mitte März die Möglichkeit, entweder am kulturellen Leben von Buenos Aires teilzunehmen oder mich als Praktikant in landwirtschaftlichen Betrieben auf meinen Beruf vorzubereiten.

Den Rest des Jahres über hatte ich auch in Córdoba Gelegenheit, in eine Parallelwelt zu tauchen, in der ich mich wesentlich wohler fühlte als in einer »Escuela Nacional de Agricultura y Ganadería«.

Meiner Nähe zum »Anderen Deutschland« von Dr. August Siemsen und der geistigen Experimentierfreudigkeit meiner achtzehn Jahre verdankte ich einen wenn auch nur oberflächlichen Kontakt zu den sozialistischen Kreisen um Dr. Arturo Orgaz. Ich besuchte Konzerte, Opernaufführungen und ging ins Theater. Ich besuchte die billigeren Kinovorstellungen am Nachmittag, um mir die damals populären Filme mit Paul Muni, Clark Gable und Bette Davis anzusehen und mich von *Gone with the wind* und *Citizen Kane* beeindrucken zu lassen. Als ich einmal im Kinosaal saß, um mir Walt Disneys *Fantasia* anzusehen, entdeckte ich ein paar Reihen vor mir einen Mann, der, im Sitz zurückgelehnt, den Hut übers Gesicht gezogen, zu schlafen schien. Beim näheren Hinsehen erkannte ich den Dirigenten Teodoro Fuchs, der sich auf die Musik seines berühmten Kollegen Leopold Stokowski konzentrierte.

Ich kannte nicht nur ihn, sondern auch seinen Vater, den ehemaligen Rabbiner von Chemnitz. Denn der Dirigent des Symphonieorchesters der Provinz, ein quirliger, starken Stimmungsschwankungen ausgesetzter Herr, gehörte zum Bekanntenkreis Dr. Federico Florians, dem ich zu großem Dank verpflichtet bin. Er war ein Nervenarzt, der mit seiner jüdischen Frau Deutschland verlassen hatte. Auf Grund einer Empfehlung Adolfo Hirschs war er in Córdoba gelandet, wo er, dem die Ausübung seines ärztlichen Berufs verwehrt worden war, als Angestellter eines Pharmaunternehmens Apotheken und Ärzte aufsuchen musste, um für die Erzeugnisse seiner Brotgeber zu werben. Auf eine Bitte Onkel Adolfs hin hatte er sich bereit erklärt, die Vormundschaft für mich zu übernehmen. Er lud mich, den ausgehungerten Internatsschüler, nicht nur des Öfteren zum Mittagessen ein und behielt mich bis zum Abend bei sich. Er stellte mir auch die Bücher seiner Bibliothek zur Verfügung. Dabei bedeutete Thomas Manns *Zauberberg*, den er mir in einer Dünndruckausgabe lieh, ein unvergessliches Erlebnis für mich – wohl vor allem, weil ich das Werk genau zum richtigen Zeitpunkt las.

In der Oase seines gastlichen Hauses also war es, wo ich häufig dem Dirigenten Fuchs mit seiner blonden Frau begegnete. Ich erinnere mich an seine Klage, seine Musiker verstünden Mozart nicht ; es gelinge ihm einfach nicht, ihnen dessen Geist nahezubringen. Ich lernte den an der Universität tätigen Professor Rodolfo Tannchen kennen, dessen Bildungslücken die Frotzeleien Dr. Florians herausforderten. Dort traf ich auch den vielseitigen Alfred Cahn, der an der staatlichen Universität deutsche Literatur unterrichtete und sich als Übersetzer einen Namen gemacht hatte. Nicht zuletzt ihm war es zuzuschreiben, dass sich die Bücher Stefan Zweigs in ganz Lateinamerika einer enormen Beliebtheit erfreuten. Cahn hatte die meisten Zweig-Werke in ein erstaunlich elegantes Spanisch übertragen. Erstaunlich, weil Cahn in Zürich zur Welt gekommen und erst als junger Mann nach Argentinien gelangt war. Er wohnte in einem Gebirgsstädtchen in der Nähe der Stadt Córdoba. Er, der sich auch als Zweigs Literaturagent betätigte, ermöglichte mir die von Dr. Florian angeregte Zusammenkunft mit Stefan Zweig an einem heißen Novembertag des Jahres 1940.

Zweig war von Brasilien angereist, um in Argentinien einige Vorträge zu halten. Einer davon fand im Teatro Rivera Indarte statt, dem weitaus größten Theatersaal Córdobas. Da dessen Fassungsvermögen dem Publikumsansturm nicht gewachsen war, mussten Lautsprecher montiert werden, um der Rede – »América ante el porvenir espiritual del mundo« (»Amerika angesichts der geistigen Zukunft der Welt«) – wenigstens von der Straße aus folgen zu können.

Wie viele meiner Generationsgefährten war ich damals ein vorbehaltloser Bewunderer der Bücher Zweigs. Kurz vor meiner Begegnung mit dem berühmten Mann hatte ich seinen *Erasmus* und, auf die Empfehlung meiner Mutter hin, die *Ungeduld des Herzens* gelesen. Über dem Umweg Dr. Florian und Alfredo Cahn hatte ich es sogar gewagt, ihm zwei kurze Erzählungen zukommen zu lassen, mit der Bitte um sein Urteil.

Als mich Herr Cahn vorstellte, war ich natürlich befangen und schämte mich ein wenig über meine Aufdringlichkeit. Doch die geradezu familiäre Freundlichkeit, mit der mich Zweig empfing, ließ mich meine Scheu überwinden, zumal sich herausstellte, dass er meine jugendlichen Elaborate wirklich gelesen hatte. Zuvorkommend erteilte er mir seine Ratschläge, derer ich mich, wenn auch nicht wortgetreu, noch immer erinnere. Er gab mir nämlich zu verstehen, dass man nicht alles, was einem so durch den Kopf geht, zu Papier bringen solle. Dabei erwähnte er die Kunst des Weglassens, die gar nicht so einfach sei und ständige Übung erfordere. Das Löschen des Überflüssigen hielt er offenkundig für nicht weniger wichtig als die Niederschrift des Textes. Ich solle mich, nachdem ich nun einmal in Argentinien wohne und arbeite – er wies lächelnd auf Alfredo Cahn, der unserer Unterhaltung beiwohnte –, fleißig mit Übersetzungen abgeben. Mit solchen Fingerübungen habe er sich selbst jahrelang befasst, ohne dies je bereut zu haben.

An diesen Rat musste ich denken, als ich ein halbes Jahrhundert später daranging, einige meiner Novellen vom Spanischen ins Deutsche zu übertragen. Übersetzungen eigener Werke waren natürlich nicht gerade das, was Zweig mit seiner Empfehlung gemeint hatte, aber die bei dieser Arbeit gesammelten Erfahrungen erwiesen sich mir als überaus nützlich. Es waren keine Übersetzungen im eigentlichen Sinn, sondern Nacherzählungen, die von einem gemeinsamen Startpunkt ausgingen, sich aber nicht buchstabengetreu an die Vorlage hielten.

Solche Dinge kann sich natürlich nur der Übersetzer eigener Werke leisten.

Mit mir und mit Herrn Cahn unterhielt sich Zweig natürlich auf Deutsch, aber mit einigen der uns begleitenden Herren sprach er ein immerhin verständliches Spanisch, auch wenn es sich ein wenig wie eine Mischung aus Italienisch und Portugiesisch anhörte. Ermuntert von seiner Anteilnahme sandte ich ihm im Jahre darauf ein paar kleinere Arbeiten nach Petropolis, dem Gebirgsstädtchen in der Nähe Rio de Janeiros, in dem er seit 1940 mit seiner zweiten Frau wohnte. In Brasilien herrschte damals eine kriegsbedingte Postzensur, sodass ich nie erfuhr, ob mein dicker Brief sein Ziel erreicht hat. Eine Antwort jedenfalls erhielt ich nie, sondern wenig später die erschütternde Nachricht seines Freitods am 22. Februar 1942, in den ihn seine Frau begleitet hat. Den Wortlaut seines Abschiedsbriefes nahmen viele mit gemischten Gefühlen auf. Nicht wenige empfanden die Botschaft als defätistisch in einer Zeit, in der sich die siegreichen Heere des Dritten Reichs auf dem Vormarsch befanden und wir einen aufmunternden Zuspruch dringend nötig gehabt hätten. Ich hingegen bin der Ansicht, dass niemandem das Recht zusteht, den Stab über die intimsten Entscheidungen seiner Mitmenschen zu brechen. Was meines Erachtens auch für das damals in sämtlichen Zeitungen veröffentlichte Foto gilt. Auf ihm ist der Verstorbene zu sehen, der wie schlafend auf dem Rücken liegt, während ihm seine junge Frau – wie ihr Mann vom Veronal dahingerafft – das Gesicht mit einer Geste zuwendet, aus der ihre hingebende Liebe zu sprechen scheint.

Stefan Zweig schrieb in seinem Brief: »Ehe ich aus freiem Willen und mit klaren Sinnen aus dem Leben scheide, drängt es mich, eine letzte Pflicht zu erfüllen: diesem wundervollen Lande Brasilien innig zu danken, dass es mir und meiner Arbeit so gut und gastlich Rast gegeben. Mit jedem Tage habe ich dies Land mehr lieben gelernt, und nirgends hätte ich mir mein Leben lieber vom

Grunde aus neu aufgebaut, nachdem die Heimat meiner Sprache für mich untergegangen ist und meine geistige Heimat Europa sich selber vernichtet. Aber nach dem 60. Jahre bedürfte es besonderer Kräfte, um noch einmal völlig neu zu beginnen. Und die meinen sind durch die langen Jahre heimatlosen Wanderns erschöpft. So halte ich es für besser, rechtzeitig und in aufrechter Haltung ein Leben abzuschließen, dem geistige Arbeit immer die lauterste Freude und persönliche Freiheit das höchste Gut dieser Erde gewesen. Ich grüße alle meine Freunde! Mögen sie die Morgenröte noch sehen, nach der langen Nacht! Ich, allzu Ungeduldiger, gehe ihnen voraus.«

Ein Gruß also, der auch mir galt.

Wie Stefan Zweig sprachen auch andere Berühmtheiten wie etwa der spanische Philosoph und Soziologe Ortega y Gasset im Teatro Rivera Indarte vor einem zahlreichen Publikum. Sein noch heute lesenswertes Werk *Der Aufstand der Massen* wurde allgemein gerne zitiert, wenn auch nicht unbedingt gelesen. Der Spanier gehörte zu den aufrechten Republikanern, die vor Franco geflüchtet waren. Es muss wohl im Jahre 1940 oder '41 gewesen sein. Wenn ich mich recht erinnere, benutzte er die Gelegenheit seines Aufenthalts in Córdoba, um den ebenfalls exilierten Komponisten Manuel de Falla zu besuchen. Dieser hatte seinen Wohnsitz im schattigen Städtchen Alta Gracia, unweit der Provinzhauptstadt, genommen, das schon den spanischen Vizekönigen als Sommerfrische gedient hatte. Die stolze Haltung und das klassische Spanisch Ortega y Gassets klingt mir noch im Ohr; der Inhalt seiner Ansprache ist mir leider entfallen, obwohl ich – wohl als jüngster Journalist – dem Presseempfang beiwohnen durfte, der den ersten Zeitungsbericht meines Lebens zur Folge hatte. Ich war sehr stolz, dass er ohne Abstriche in der *Jüdischen Wochenschau* erschien. Den Artikel besitze ich längst nicht mehr, doch blieb mir in Erinnerung, dass das Vorwort seiner geplanten, aber nie geschriebenen Autobiografie zur Sprache kam, wo er die ungeborenen Gestalten erwähnen wollte, die wie Schemen am Rand seines Lebensweges zurückgeblieben seien.

Er bezeichnete sie als »exangües«, als blutleer oder blutentleert; ein Adjektiv, das mir nicht nur wegen seiner Ungewöhnlichkeit im Gedächtnis haften geblieben ist.

Colonia Avigdor I

Ein anderes, mein weiteres Leben bestimmendes Erlebnis hatte ich, als ich einmal in den langen Sommerferien einer Einladung des Siedlers Karl Neumeyer (»Wastl«) folgte, um die in der Provinz Entre Rios gelegene Colonia Avigdor kennenzulernen. Ich muss mit der Bezeichnung »Colonia« (Kolonie) vorsichtig umgehen – ihr wohnt keinerlei politische Bedeutung inne. Der Begriff ist ausschließlich im Sinne von »Niederlassung« als landwirtschaftliche Siedlung zu verstehen.

Avigdor gehört zum Siedlungsnetz der »Jewish Colonization Association«, der vom jüdischen Freiherrn Moritz von Hirsch auf Gereuth, einem gebürtigen Münchener, gegründeten philanthropischen Gesellschaft. Da ich später dort als Verwalter und Agronom tätig war, wird noch ausführlich von ihr die Rede sein. Ich beschränke mich an dieser Stelle auf wenige Angaben zu dem Ort, den ich 1942 als knapp Neunzehnjähriger zum ersten Mal betrat, ohne zu ahnen, welche Lebensentscheidungen dort fallen sollten.

Mitten im Dornwald der »Selva Montiel« war ein Mikrokosmos entstanden, der ein kaum beachtetes Randgeschehen in der Geschichte der Juden Deutschlands darstellt. Ein paar hundert Familien wurden hier vor dem Schicksal der »Endlösung« bewahrt. Einige der vielen Schwierigkeiten, die damals dem Siedlungsprojekt entgegenstanden, sind wenig bekannt. Auf der einen Seite war es nicht leicht, unter den deutschen Juden Kandidaten mit einem Minimum an landwirtschaftlicher Erfahrung zu finden, wie dies von den Einwanderungsbehörden für die Erteilung der »llamadas« gefordert wurde. Diese Situation war die Nachwirkung des erst Mitte des 19. Jahrhunderts gelockerten Verbots, das

Ein sogenannter »Rancho«, wie ihn die Menschen im Monte bewohnten, ca. 1930

den Juden seit dem Mittelalter Landbesitz untersagte. Auf der anderen Seite ging auch die »J.C.A.« nur zögerlich zu Werk, denn ihre Leitung stand einer Ansiedlung deutscher Juden höchst kritisch gegenüber, ohne zu begreifen, dass es hier um eine Rettung aus akuter Lebensgefahr ging. Nicht zuletzt aber waren es die ausgesprochen judenfeindlichen Behörden Argentiniens, die alles unternahmen, um das Projekt zu torpedieren. Vom schmählichen Angebot eines maßgeblichen Beamten, gegen eine Zuwendung von zehntausend Pesos ein Auge zudrücken zu wollen, musste die Gesellschaft Abstand nehmen; zu groß war die Gefahr eines Prestigeverlusts, falls dieses gesetzwidrige Geschäft publik geworden wäre. Es gab ohnehin genug Fußangeln, die sich die Regierung ausgedacht hatte, um die unerwünschte Einwanderung zu drosseln. So musste sich die »J.C.A.« verpflichten, jene Siedler, die in die Stadt abwanderten, bei den Behörden zu denunzieren. Da alle Kandidaten nur unter der einschränkenden Bedingung akzeptiert worden waren, sich auf dem Land niederzulassen und dort zu bleiben, drohte Abtrünnigen die Deportation. Es ist mir zwar kein Fall bekannt, bei dem diese Klausel Anwendung gefunden hätte, aber die amtliche Einschränkung der Freizügigkeit ist bezeichnend für den Ungeist, der damals die Welt heimsuchte.

Im Jahre 1936 mit einundzwanzig Familien gegründet, zählte Avigdor im Jahr meines Besuchs hundertfünfzehn Familien deutsch-jüdischen Ursprungs, wozu noch ein paar rumänisch-jüdische Familien aus Transylvanien kamen. Weitere sechsundzwanzig deutsch-jüdische Familien lebten in einer um die Ortschaft Alcaraz gelegenen Nachbarsiedlung. Sie entstammten fast allen Schichten der jüdischen Gemeinschaft Deutschlands. Viele kamen aus den Landgemeinden Hessens (eine der Straßen der Siedlung wurde spaßeshalber »Frankfurterstraße« genannt) und aus Friesland: Metzger aus der Wiesbadener Umgebung, Viehhändler aus Jever oder Aurich, Konservenfabrikanten aus der Rheinpfalz, Ladenbesitzer aus Königsberg und aus Kassel, Fuhrunternehmer aus Berlin, Büroangestellte, Beamte und sogar ein Medizinstudent. Nun mussten sie sich an den Umgang mit den halbwilden Pferden und Rindern gewöhnen und die ersten dem Busch abgerungenen Parzellen pflügen, während ihre Frauen und Töchter die Küken fütterten, den Gemüsegarten anlegten, die Maiskolben entkörnten und ihr Brot in dem aus Lehm und Ziegelsteinen errichteten Backofen buken. Einige übten ihr mitgebrachtes oder neu erlerntes Handwerk aus. Sie betätigten sich als Maurer und Schreiner, als Bäcker und Metzger, mästeten Gänse oder versuchten sich als Imker.

Überlebende waren sie alle, die ihre paar mitgebrachten Wertsachen – einen Teppich, einen Feldstecher, etwas Porzellan, das Fahrrad der Kinder, dieses liebevoll gepflegte Bar-Mitzwah-Geschenk – zu Spottpreisen an die umliegenden »Estancieros« verschleuderten. Restbestände aus einem bürgerlichen Leben, das ihnen die Illusion einer heilen Welt vorgegaukelt hatte, in der es Klosetts mit Wasserspülung gab und elektrisches Licht, in der die Kinder brav ihren Lebertran schluckten, in dem das Bürgerliche Gesetzbuch galt. Überlebende, sage ich… Wer von unserer Generation ist kein Überlebender?

Die Siedlungsgesellschaft hatte für die Errichtung einer staatlichen und einer jüdischen Schule gesorgt, ein kleines Krankenhaus mit vier Betten errichtet, eine Milchverarbeitungsanlage und die Synagoge. Der Friedhof wurde angelegt. Selbst die Polizeistation, das winzige Telegrafenamt und die Kooperative, die einen Gemischtwarenladen unterhielt und die Erzeugnisse der Siedler – Weizen, Mais, Leinsaat, Sorghum, Eier, die Milchprodukte Kasein und Rahm – vermarktete, waren der »J.C.A.« zu verdanken.

Der Anfang war vor allem für die ältere Generation mühsam. Das Wasser musste in Eimern von der Handpumpe in die Häuser geschafft werden, deren Fußböden aus gestampfter Erde bestanden und deren Zimmer anstatt mit richtigen Türen aus Sparsamkeitsgründen nur durch Vorhänge voneinander abgetrennt waren. Das Klohäuschen befand sich dreißig Schritt hinter dem Wohnhaus.

Die Jugendlichen hingegen passten sich dem einfachen Leben relativ schnell an. Es dauerte nicht lang, bis sie begannen, in der Landestracht der Buschbewohner herumzugaloppieren, ganz so, als seien sie von Kindheit an mit den Gäulen aufgewachsen. Reich allerdings konnten die Siedler auf ihren 75 Hektar nicht werden. Sie waren den Launen der Natur ausgesetzt, den Dürreperioden und dem Dauerregen, dem Einfall von Heuschrecken- und Papageienschwärmen. Viehseuchen – Milzbrand, die Bang'sche Krankheit, die von Zecken übertragene Piroplasmose – dezimierten die Herden. Die Kühe wurden im Korral unter freiem Himmel gemolken; im Winter wärmten sich die blutjungen Burschen, die dort im Morgengrauen melken mussten, ihre bloßen Füße in den dampfenden Kuhfladen. Die Frostbeulen blieben ihnen lange erhalten.

Erst Jahrzehnte später, als der Handvoll übriggebliebener Siedler und deren Nachkommen eine größere Anbaufläche zur Verfügung stand, trat ein gewisser Wohlstand ein, dem die Errungenschaften der Zivilisation folgten: Allwetterstraßen, Telefon, Fernsehen, elektrischer Strom. Für viele zu spät! Längst hatte die in den fünfziger Jahren einsetzende Landflucht auch diese Gegend erreicht, begünstigt von den Annehmlichkeiten des Stadtle

Typischer Gaucho aus der Gegend um Avigdor, 2010

bens mit seiner gesicherten medizinischen Versorgung und den Ausbildungsmöglichkeiten für die Kinder. Von einer Anzeige der Abwanderer bei den Behörden war nicht mehr die Rede.

Als ich die Siedlung kennenlernte, spielte sich dort ein bemerkenswert reges gesellschaftliches Leben ab. Im Hause der Familie Neumeyer fanden Arbeitstreffen statt, damit sich die Heranwachsenden weiterbilden konnten. Einmal im Monat brachte die Jugendgruppe den auf einem Vervielfältiger abgezogenen *Pionier von Avigdor* heraus. Im »Salon« – einem dem geselligen Leben vorbehaltenen Blechschuppen – spielte am Samstagabend das aus zwei Geigen, einem Akkordeon, einem Bandoneon und einem Schlagzeug bestehende Orchester zum Tanz auf. Die von der Leihbibliothek des »Hilfsvereins« regelmäßig entsandten Romane sorgten für geistige Nahrung. Bescheidene Zerstreuungen, die das Leben erträglich machten.

Das Amt eines jüdischen Lehrers und Rabbiners übte Dr. Curt Julio Riegner aus, der sich, von Haus aus Jurist, als Jugendführer bewährt hatte, indem er einige Gruppen junger Menschen ins rettende Argentinien begleitet hatte. Er war ein Vetter Gerhard Riegners, der in seiner Eigenschaft als Büroleiter des Jüdischen Weltkongresses von Genf im August 1942 das nach ihm benannte »Riegner-Telegramm« an die Alliierten gerichtet hatte, um sie über die »Endlösung der Judenfrage« in Kenntnis zu setzen. Erfolglos, denn weder Roosevelt noch Churchill rührten auch nur einen Finger zur Rettung der Todgeweihten. Das US-State Department bezeichnete die Nachricht als ein »wildes, von jüdischen Ängsten inspiriertes Gerücht«. Dabei wusste selbst der argentinische Außenminister Enrique Ruíz Guiñazú – gewiss kein Judenfreund – bereits 1941 von der Existenz der Vernichtungslager. Churchill lehnte die ihm nahegelegte Bombardierung der in die Todeslager führenden Bahngeleise ab. Kein strategisches Ziel!

Während meines Besuches wohnte ich einer Aufführung von *Charlies Tante* bei, gespielt von der Laien-Theatergruppe, an der auch Ruth de Levie mitwirkte, von der noch die Rede sein wird. Nicht nur an den *Jeremias* von Stefan Zweig wagte sich die Spielleitung heran, sondern sogar an Szenen aus dem zweiten Teil des *Faust*.

An den Entfernungen, die diese »Spielleute Gottes« (so die begeisterte Kritik der *Jüdischen Wochenschau* anlässlich eines Gastspiels in Buenos Aires) zurücklegen mussten, um zu den abendlichen Proben zu erscheinen, lässt sich ihr Enthusiasmus ermessen. Man muss nämlich bedenken, dass die Siedler meist zusammengefasst in Viererblocks an der Stelle wohnten, wo ihre Ländereien zusammenstießen. Bedingt durch das Ausmaß der einzelnen Höfe, betrug die Distanz von einer Häusergruppe zur nächsten zwei bis drei Kilometer. Mit dem Resultat, dass die in »Hinterindien«, wie die Peripherie der Kolonie bei den Siedlern hieß, angesiedelten Familien fast eine Stunde lang unterwegs waren, um per Reitpferd oder auf ihren zweispännigen, vierrädrigen Pferdewagen ins Zentrum zu gelangen, wo sich alle öffentlichen Einrichtungen befanden. Die Bildung eines geschlossenen Dorfes, wie man es aus Mitteleuropa kennt, war unmöglich: Die

Die Synagoge von Avigdor (2010 erneuert)

Entfernungen zwangen die Kolonisten, auf ihren Ländereien zu wohnen, um deren Bewirtschaftung zu gewährleisten.

Als ich zum mehrmonatigem Besuch bei Familie Neumeyer wohnte, fand gerade die Weizenernte mit einer von acht Pferden gezogenen, kombinierten Mäh- und Dreschmaschine statt. Das war für damalige Verhältnisse ein technisches Wunder, durch das der bis dahin übliche, aus mehreren Phasen bestehende Ernteprozess wesentlich vereinfacht wurde. Diese Maschine zog von Hof zu Hof, wobei es mehrere Wochen dauerte, bis der Letzte an die Reihe kam. Indessen prüften die Wartenden täglich bang den Himmel, ob nicht ein Unwetter heranzöge, das die Früchte monatelanger Arbeit in letzter Minute zunichtemachen könnte.

Bedeutsam waren für mich die Unterhaltungen mit Wastl, die meist dann stattfanden, wenn ich ihn nach einem Regenfall aufs Feld begleitete, um die Ameisen zu bekämpfen. Der um fünfzehn Jahre Ältere mit seiner eindringlichen Ausdrucksweise, der hohen Stirn und dem schmalen Gesicht, dem etwas Strahlendes anhaftete, war der geborene Jugendführer. Schnell hatte er erfasst, dass ich mich als Diplomlandwirt nicht wohl in meiner Haut fühlte. Idealist, der er war, unternahm er es daher, mich vor der

Gefahr einer »Verbauerung« in der Stadt zu warnen (»denn auch ein Akademiker in der Stadt kann verbauern«) und mir das Leben in einer naturnahen Gemeinschaft schmackhaft zu machen. Er war mit seinem Beispiel vorangegangen, indem er, der Intellektuelle, Anfang 1933 seine Karriere als Jurist von einem Tag zum anderen aufgegeben hatte, um sich der Landwirtschaft zuzuwenden. Dieser Prozess ist in seiner Autobiografie nachzulesen. Darin wird auch der Briefwechsel veröffentlicht, der sich Mitte 1937 zwischen ihm und Prof. Dr. Ernst Simon, dem Leiter des größten hebräischen Lehrerseminars in Palästina, entspann und der eines der weltanschaulichen Probleme widerspiegelt, die uns Juden Deutschlands in jenen Schicksalsjahren beschäftigten. Damals war Wastl im deutschen Lehrgut Groß-Breesen tätig gewesen, in dem junge Juden zu Landwirten ausgebildet wurden. In der besagten Korrespondenz ging es um die Frage, ob diese Jugendlichen möglichst geschlossen nach Palästina oder nach Brasilien auswandern sollten. Wörtlich schreibt Dr. Simon in seinem Plädoyer für den Judenstaat: »Es scheint, dass die inneren Wider-

Siedlerhaus in Avigdor, 2010

Viehtränke eines Siedlers in Avigdor, 1937

stände gegen ein ländliches Leben körperlicher Arbeit, die sich
aus unserer jahrhundertelangen Verstädterung ergeben, durch
eine besondere Schwungkraft überwunden werden müssen, die
bisher jedenfalls nur von der Berührung mit der echten Vätererde
ausgegangen ist. Mir ist es sehr fraglich, ob es in diesem Sinne einen ›Zionismus ohne Zion‹ geben kann, auf den Euer brasiliani-
scher Versuch, wenn er gelänge, herauskommen würde.«
In seiner Antwort räumte Wastl ein, dass die Erhaltung und die
lebendige Weiterentwicklung jüdischer Werte und Lebensfor-
men in Brasilien durchaus ungesichert sei. Doch könne der zu
enge und politisch umkämpfte Raum »Erez Israels« nur einen
kleinen Teil der Juden aufnehmen, sodass die Diaspora eine jüdische Notwendigkeit bliebe, auch wenn der Weg außerhalb
Palästinas einen gewissen Verzicht am Jüdischen bedeute. Ihre
Aufgabe sei eine soziale, nämlich jüdischen Menschen gesunde
Lebensmöglichkeiten zu verschaffen. Aber auch eine jüdische:
dafür zu sorgen, dass diese Menschen nicht aufhörten, Juden zu
sein. Dabei hätte er auf die historische Tatsache hinweisen können, dass die Juden seit zweitausend Jahren vornehmlich als ein

149

Volk der Diaspora bestehen, angefangen mit den im Altertum bedeutenden jüdischen Zentren in Babylonien und Alexandrien. Andererseits ist es gerade die damit verbundene Abhängigkeit dieser Minderheiten von den Launen der Umwelt, die das zionistische Ziel der Gründung eines souveränen Staates rechtfertigen – ein Ziel, das 1948 erreicht wurde, auch wenn der Unabhängigkeit eines winzigen Landes sehr enge Grenzen gesetzt sind.

Das Brasilienprojekt scheiterte an der kurz darauf verhängten Einwanderungssperre, worauf sich das Ehepaar Neumeyer mit vier Gleichgesinnten zur Auswanderung nach Argentinien entschloss. Zwölf Jahre nach diesem Briefwechsel musste sich Wastl von der Berechtigung der Einwände Prof. Simons überzeugen. Er zog die Konsequenz und siedelte 1949 nach Israel über.

Ich muss zugeben, dass mich Wastl damals mit seinen klugen Argumenten zugunsten einer Karriere als Landwirt nicht so recht überzeugte. Dagegen zeigte sich mein ebenfalls zu Besuch weilender Freund Ernst Kroch solchen Ideen gegenüber aufgeschlossen. Seine Mutter hatte man 1942 im Konzentrationslager Ravensburg »auf der Flucht erschossen«. Auf Umwegen erreichte er mit seinem Vater und seinen drei Schwestern noch während des Krieges Argentinien. Er war tief religiös und das, was man damals so gerne als »bewussten Juden« bezeichnete. Wenige Jahre später, noch vor der Staatsgründung Israels, gelang ihm die »Alijah«, zu Deutsch »der Aufstieg«, wie man die Auswanderung ins Land der Väter zu nennen pflegte. Er nannte sich Jacov und trat dem Kibbuz Nizanim bei. Nach einem Jahr Hilfsarbeit im englischen Internierungslager auf Zypern kehrte er in seinen Kibbuz zurück. Dort fiel er als einer der ersten, als das ägyptische Heer bis zu dieser vorgeschobenen Siedlung vordrang in der erklärten Absicht, die Juden abzuschlachten. Seinen ebenso wissenden wie scheuen Blick habe ich nicht vergessen.

Wastls Vater war Bayerns Oberstlandesgerichtsrat i. R. Dr. Alfred Neumeyer. Einst der langjährige Vorsitzende und »ungekrönte König der bayerischen Juden«, wie ihn mein Vater nannte. Er hatte zusammen mit dem Rabbiner Dr. Leo Baeck und dem Mi-

Familie Neumeyer: sitzend Ehepaar Dr. Alfred Neumeyer,
stehend: Ehepaare Dr. Ludwig Mendelsohn und Karl (»Wastl«) Neumeyer

nisterialrat Dr. Otto Hirsch die Juden bei den Ämtern des Dritten Reichs noch nach Kriegsausbruch vertreten. Keiner der drei wollte seine bedrohte Gemeinschaft im Stich lassen. Rabbiner Dr. Baeck überlebte die Shoah im Ghetto von Theresienstadt, Dr. Otto Hirsch fiel dem organisierten Massenmord zum Opfer; dem alten Ehepaar Neumeyer gelang 1941 die Ausreise im plombierten Waggon. Ihr langjähriger Freund Prof. Max Planck, der Nestor der deutschen Physiker, gab ihnen, zusammen mit seiner Frau, das Abschiedsgeleit und bewies damit eine Zivilcourage, die damals in Deutschland Seltenheitswert besaß.

Ohne je mit ihrem Schicksal zu hadern – drei ihrer vier Kinder hatten sie durch Suizid, Krankheit und Unfall verloren –, verbrachten die alten Herrschaften ihre letzten Tage unter den primitiven Verhältnissen der Siedlung. Der »Herr Rat«, wie man ihn nannte, übernahm den Ehrenvorsitz der kleinen Landgemeinde.

151

Seine vom Alter gebeugte Frau hatte in ihrer Jugend Klavierkonzerte gegeben. Nun putzte sie die für die Kooperative bestimmten Eier, während aus dem Koffergrammophon, das ihre Kinder aus Deutschland mitgebracht hatten, klassische Klänge aufstiegen. Die Szenerie wirkte genauso unwirklich wie die Zitate Platos und Goethes, die der greise Herr Rat in die Vorträge einflocht, die er Freitagabends anlässlich seiner Andachtsstunden vor der versammelten Nachbarschaft zu halten pflegte. Einmal gelang es ihm zum Beispiel, Goethes Ausspruch aus den *Zahmen Xenien* – »Wär nicht das Auge sonnenhaft,/ die Sonne könnt' es nie erblicken« – anzubringen. Und die Melodien Mendelssohns, Mozarts und Tschaikowskys drangen in die Weite des argentinischen Camps. In den Dornwald, der bis dahin nur die Konzerte der Frösche und Grillen gekannt hatte, das Gekrächze der Papageien in den Eukalyptusbäumen, das Muhen der Kühe, das entfernte Geklapper eines Pferdewagens und die erregende Stille, die sich tiefer in die Sinne eingräbt als der Lärm der Stadt. Wer sie einmal erlebt hat, diese lebendige Stille, der vergisst sie sein ganzes Leben lang so wenig wie den Blütenduft der wildwachsenden Mimosenbüsche und den scharfen Geruch des Desinfektionsmittels im Zeckenbad.

Nach dem Tod seiner Frau arbeitete der Herr Rat noch ein halbes Jahr lang an seinen Lebenserinnerungen. Wenige Tage nach deren Abschluss legte er sich nieder und erlosch, ein Buch mit den Skulpturen Michelangelos in der Hand.

Im gleichen Haus, in dem der Fußboden aus gestampfter Erde einen seltsamen Kontrast zu den Bücherregalen an den Wänden bildete, lebte auch Wastls Schwiegervater mit seiner Frau, der Berliner Kinderarzt Dr. Ludwig Mendelsohn, den ich gelegentlich in meiner Eigenschaft als Dolmetscher mit dem vierrädrigen Pferdewagen in den Busch kutschierte, wo er die Kinder der Hüttenbewohner verarztete. Außerdem hielt er Kurse ab, um die jungen Frauen mit der Säuglingspflege vertraut zu machen. Ich praktizierte Mikroskopie unter seiner Anleitung, angewandt – wie sollte es anders sein? – auf Hühnerkrankheiten, die in der vorantibiotischen Zeit schnell zu Epidemien ausarten konnten. Um derartige Krankheiten zu bekämpfen, suchte ich die Hühnerställe der Nachbarn auf, um dort meine in Córdoba erworbenen Kenntnisse nutzbringend an den Mann beziehungsweise an das Geflügel bringen zu können. Dabei führte mich mein Weg auch auf den Hof Alfred de Levies. Da den Juden Deutschlands der Landbesitz jahrhundertelang genauso untersagt gewesen war wie die Ausübung handwerklicher Berufe, hatte es dort fast keine jüdischen Landwirte gegeben. Einer der wenigen war de Levie gewesen. Sein in der Nähe von Cuxhaven gelegenes Gut hatte er weit unter seinem Wert abgeben müssen, obwohl ihm seine Nachbarn gutgläubig versicherten, er müsse wirklich nicht in die Fremde ziehen, hier seien alle seine Freunde, niemand würde ihm etwas zuleide tun. Wobei sie offenbar das Schild »Juden unerwünscht« verdrängten, das Unbekannte in der Nacht im einst von ihm gestifteten Schwimmbad aufstellten. Es wurde am Tag darauf von den Dorfbewohnern entfernt – und in der folgenden Nacht erneut angebracht. Das Spiel zog sich über längere Zeit hin. Die Familie De Levie war sephardischen Ursprungs; mehrere Generationen zuvor war sie über Holland nach Friesland gelangt. Alfred trug einen nicht operablen Granatsplitter im Kopf herum, unter dem er zeitlebens litt. Weder diese Kriegsverletzung noch sein EK I schützten ihn nach 1933 vor der Verfolgung.

Anny, seine Frau, eine geborene Grünberg, war die Tochter eines Wollimporteurs aus Bremen. Man hielt sich zwar für tolerant, führte aber einen streng koscheren Haushalt, hielt zweimal am Tag Zwiesprache mit Gott und pflegte strikt die Sabbatruhe, die sich unter anderem in einem Schreibverbot äußerte. Das führte dazu, dass ihre Kinder in Deutschland am Samstagvormittag mit verschränkten Armen dem Schulunterricht beiwohnen mussten, während die Mitschüler eifrig schrieben. Als ich die Familie in Avigdor kennenlernte, lebte die ältere Tochter Hanna in Buenos Aires, ein Sohn und das Nesthäkchen Ruth bei den Eltern auf dem Hof. Der Sohn Siegfried, genannt nach einem Onkel, der als achtzehnjähriger Freiwilliger zu Beginn des Ersten Weltkriegs gefallen war, verschönte mit seiner guten Stimme als ehrenamtlicher Vorbeter den Gottesdienst in der kleinen Synagoge. Einmal durfte ich ihn als Viehtreiber begleiten, als er in mehrtägigem Marsch einen Posten Mastvieh zum Schlachthof nach Santa Elena brachte.

Auf den ersten Blick verliebte ich mich in Ruth, dieses intelligente, charmante Mädchen mit den großen, tiefblauen Augen. Unsere Bekannten waren nicht von der Behauptung abzubringen, ich mache ihr unter Zweckentfremdung meiner Kenntnisse auf dem Gebiet der Geflügelkunde ausgerechnet im Hühnerstall den Hof. Wer uns zusammengeführt hat – höhere Gewalten, das Schicksal oder der bereits mehrfach erwähnte innere Kompass –, habe ich bis zum heutigen Tag nicht herausgefunden. Doch dass unsere Verbindung, gerechnet vom Datum des ersten Kusses bis zum heutigen Tag, nun bereits siebenundsechzig Jahre anhält und sich gewissermaßen täglich erneuert, ist sicher nicht der Laune des Zufall zu verdanken, sondern das Ergebnis einer verständnisvollen, gegenseitigen Zuneigung und Toleranz – eine Geisteshaltung, die wir, wie wir glauben, auch unserer Nachkommenschaft weitergegeben haben.

∗

Während der letzten beiden Jahre meiner Studienzeit in Córdoba beherrschten wieder einmal die Militärs das Land. Auch in unsere Anstalt drang ihr martialischer Geist: Die Behörden sandten einen Feldwebel, der uns angehenden Diplomlandwirten aus unerfindlichen Gründen militärischen Drill beibringen musste. Bei der Abschlusszeremonie in Córdoba wurde uns nach dem Hissen der Fahne und dem Abspielen der Nationalhymne das Diplom vom Minister persönlich überreicht – ein in Uniform angetretener General. »Administrador rural« hieß der wegen seiner vier rollenden Zungen-»Errs« für mich praktisch unaussprechbare Titel.

Wenige Monate später trat ich meine Stellung in der »Jewish« oder »J.C.A.« an, der vom Baron Hirsch gegründeten Siedlungsgesellschaft. Der Ort meiner ersten beruflichen Tätigkeit führte

den für eine jüdische Siedlung etwas ungewöhnlichen Namen
Santa Isabel; er ging auf den Namen der »Estancia« zurück, auf
deren Ländereien sie 1908 entstanden war. Sie liegt in einer land-
schaftlich attraktiven Gegend im Süden der Stadt Concordia,
Provinz Entre Rios.
Ein neuer Lebensabschnitt begann.

Ein jüdischer Baron von Wittelsbachs Gnaden

Wir gehen zunächst auf eine Zeitreise ins Frühjahr des Jahres
1889.
Der Wissenschaftler Dr. Wilhelm Löwenthal reist auf der kurz
zuvor eingeweihten argentinischen Bahnlinie nach Tucumán, in
den Norden des Landes, wo er im Auftrag der Regierung das Ge-
sundheitswesen studieren soll. Als der Zug an einer gottverlasse-
nen Station im Norden der Provinz Santa Fe hält, fällt ihm eine
Schar zerlumpter Kinder ins Auge, die sich um die Essensreste
balgen, welche ihnen mitleidige Passagiere aus dem Speisewagen
zuwerfen. Auf seine Erkundigungen hin erfährt er vom trauri-
gen Schicksal einer Gemeinschaft von 136 jüdischen Familien:
824 Seelen sind auf Grund windiger Versprechen des »Estancieros« Palacios unter Führung ihres Rabbiners aus Russland, genauer gesagt aus Kamenez-Podolsk, eingewandert, um sich hier
als Siedler niederzulassen.
Übel hat man ihnen mitgespielt. Seit sechs Wochen hausen sie
schon ausgehungert und verwahrlost in improvisierten Zelten
und einigen Schuppen. Niemand kümmert sich um sie, niemand
weist ihnen die versprochenen Parzellen zu. Unter den Klein-
kindern wütet der Typhus. Etwa sechzig kleine Leichen mussten
schon in Kerosin-Kanistern bestattet werden. Eigentlich verbie-
tet die jüdische Religion die Verwendung von Metall für Särge,
doch in der baumlosen Gegend hat man keine Bretter auftreiben
können.
Dr. Löwenthal sendet den Bericht über sein Erlebnis nach Paris.

Freiherr Moritz von Hirsch,
bekannter als Baron Maurice
de Hirsch

Dort nämlich residiert ein jüdischer Baron, der in den höchsten
Kreisen verkehrt – Maurice de Hirsch. Er ist der geschäftstüchtige
Enkel eines »Hofjuden« oder »Hoffaktors« – so wurden die Fi-
nanziers der Fürsten im 18. Jahrhundert genannt –, den die Wit-
telsbacher zum Dank für geleistete Dienste in den Erbadel erhoben hatten. Versippt mit diversen jüdischen Bankiersdynastien
ist er durch die unkonventionelle Finanzierung des balkanischen
und türkischen Eisenbahnnetzes zu einem der reichsten Männer
seiner Zeit aufgestiegen. Nach dem vorzeitigen Tod ihres einzigen Sohnes haben er und seine Gattin beschlossen, die notlei-
dende Menschheit als ihre Erben zu betrachten. Viele Wohltätig-
keitsinstitute – jüdische wie auch nicht-jüdische – erfreuen sich
schon der Unterstützung Hirschs, darunter die 1860 in Paris gegründete »Alliance Israélite Universelle«, die sich im Vorderen
Orient, in Nordafrika und auf dem Balkan für die Hebung des
Bildungsniveaus und der rechtlichen Stellung der Juden einsetzt.
Als er auf seinen Geschäftsreisen die Not der russischen Juden
kennenlernt, macht er es sich zur Aufgabe, deren Lebensweise
umzugestalten und in produktive Bahnen zu leiten.
Auf vier Millionen schätzte man die Anzahl der im Zarenreich
dahinvegetierenden Juden. Verarmt, häufigen Pogromen ausgesetzt, in ihrer Bewegungsfreiheit eingeschränkt, auf Schulen und
Universitäten nicht geduldet, hausten sie als sogenannte »Luft-

156

menschen« im Elend. Ihre Söhne wurden zu jahrzehntelangem Militärdienst gezwungen, um sie ihren Familien zu entfremden. Das den Juden zugedachte Schicksal hatte Pobedonoszew, der allmächtige Prokurator der Heiligen Synode, so definiert: Ein Drittel muss konvertieren, ein weiteres hat das Land zu verlassen und das letzte soll am Hunger verrecken. So sah die »Endlösung à la russe« aus, sechzig Jahre vor der Einberufung der Wannsee-konferenz.

Als die Bemühungen Hirschs scheiterten, seinen verfolgten Glaubensgenossen durch die Gründung von Berufsschulen und Darlehenskassen zu einer Existenzgrundlage vor Ort zu verhel-fen, reifte der Entschluss in ihm, ihre Emigration nach Übersee zu organisieren. Anders als der Baron Edmond von Rothschild lehnte er den politischen Zionismus Theodor Herzls ab. Denn er war überzeugt, Russland werde über kurz oder lang den »kranken Mann am Bosporus« ablösen, wodurch die in der ottomanischen Provinz Palästina angesiedelten Juden erneut unter die Knute des Zaren geraten würden. Dagegen befanden sich Kanada, die USA und Brasilien unter den Zielländern, die er ins Auge fasste. Der Bericht Dr. Löwenthals gab Hirsch den Anstoß, nach einer Ersten-Hilfe-Aktion zugunsten der in Argentinien gestrandeten russischen Juden im Jahr 1891 seine »Jewish Colonization Asso-ciation« ins Leben zu rufen, die J.C.A. Es war das bei weitem bedeutendste Privatunternehmen seiner Art, das je von einem Einzelnen finanziert und persönlich geleitet wurde und dem-zufolge von Spenden und Meinungen Dritter unabhängig war. Das Startkapital der nach englischem Recht gegründeten Akti-engesellschaft, die jeden Profit der Aktionäre ausschloss, betrug £ 1,4 Millionen und wurde später auf £ 8 Millionen aufgestockt. Englische Pfund der damaligen Zeit – das war mehr als das Dop-pelte des Jahresbudgets der russischen Kriegsflotte! Hirsch ging es vorrangig darum, die größtmögliche Anzahl der gefährdeten Juden Osteuropas in Sicherheit zu bringen. Er wollte – und hier stimmten seine Vorstellungen mit denen der Zionisten über-ein – die entwurzelten Menschenkinder in schollenverbundene

Landwirte verwandeln. Seine Schützlinge, »notre protegées«, wie die Siedler im paternalistischen Jargon aus der Zeit des Frühkapitalismus genannt wurden, sollten nicht zu Schnorrern degradiert werden. Die »J.C.A.« finanzierte die Überfahrt und stellte den Neuankömmlingen die Parzellen samt des lebenden und toten Inventars zur Verfügung – zunächst als Pächter, nach einer Probezeit als Eigentümer. Darüber hinaus sorgte sie für die Infrastruktur ihrer Siedlungen. Allein 78 Schulen wurden von ihr errichtet und fünfundzwanzig Jahre lang unterhalten. Dass diese Starthilfe keine Almosen darstellte, sondern ein Darlehen, welche die Empfänger milde verzinst zurückzuzahlen hatten, um den Fortbestand der Gesellschaft zu gewährleisten, wurde nicht von allen Begünstigten begriffen, die sich – so der oft gehörte Ausdruck – als »die Enkel des Barons« verstanden. Der Völkermord der vierziger Jahre des vergangenen Jahrhunderts bereitete diesem bahnbrechenden Modell einer »rezyklierten Philanthropie en gros« ein Ende, das selbst ein weitblickender Baron nicht hatte voraussehen können. So wenig wie die Tatsache, dass sein für Osteuropas Juden bestimmtes Hilfswerk nur knapp fünfzig Jahre nach der Gründung auch ein paar Hundert deutsch-jüdischen Familien zugutekommen sollte.

Die alten Siedler erzählten gerne von den heroischen Anfangszeiten. Einige lernte ich noch kennen: bärtige Männer mit Schwielen an den Händen, die manchmal an biblische Gestalten erinnerten. Ihnen standen damals nur einfache Hütten mit Strohdächern und Lehmboden zur Verfügung. Als Transportmittel bediente man sich klobiger Ochsenwagen. Die jungfräuliche Erde wurde mit Handpflügen bearbeitet. Den Drusch des geernteten Getreides bewerkstelligte man, indem man Pferde durch die in den drahtumzäunten Korrälen verteilten, aufgelösten Garben trieb und somit dem Getrampel ihrer Hufe aussetzte; von Zeit zu Zeit wurde das so gewonnene Korn durch große Handsiebe geschüttet, um es von der Spreu zu trennen. In mondhellen Nächten wurde durchgearbeitet, aus Sorge, ein Regen zur Unzeit könnte in letzter Minute die Ernte zunichtemachen. Nur am Schabbat ruhte die Betriebsamkeit. Jahre später kamen die von einer Dampfmaschine betriebenen Dreschmaschinen auf, die sogenannten »Lokomobile«. Diese Aggregate fuhren von Hof zu Hof. Anfang der dreißiger Jahre kam der Fortschritt in Form von kombinierten Mäh- und Dreschmaschinen ins Land. Doch all dies lag damals noch in weiter Ferne.

In Europa unbekannte Krankheiten befielen die Menschen. Viehseuchen, Trockenperioden, Überschwemmungen und Heuschreckeneinfälle drangsalierten die Pioniere. Ob der Baron je von diesen Problemen erfuhr? Er starb 1896, als sich sein Unternehmen noch in den Anfängen befand. So wie Moses das Gelobte Land nicht betreten, sondern nur von Weitem betrachten durfte, war es auch ihm nicht vergönnt gewesen, sein Werk in der Neuen Welt in Augenschein zu nehmen. Von seinem Schreibtisch in Paris aus fasste er seine Beschlüsse, die das Schicksal eines ihm fremden, der Landwirtschaft meist unkundigen Menschenschlags bestimmten. Soziologen, Psychologen und mit den südamerikanischen Gegebenheiten vertraute Agronomen gehörten weder zu seinen Beratern noch zu denen der ehrenamtlichen Aufsichtsräte, die den bedeutendsten jüdischen Gemeinden der westlichen Welt entstammten. Diese sollten das Werk, ebenfalls ohne genaue Sachkenntnis und aus der Ferne, weiterführen. Erst 1950 wurde ein Vertreter der argentinischen Juden in den Aufsichtsrat berufen. Von den rund 600 000 Hektar, auf denen zwölf Siedlungen entstanden, wurde praktisch die Hälfte zwischen 1889 und 1896, also noch zu Lebzeiten Hirschs, erworben. Die letzten 30 000 Hektar kamen 1936/37 hinzu und dienten vornehmlich der Aufnahme deutscher Juden.

Die unrealistische Erwartung des Realisten Hirsch, Hunderttausende russischer Juden nach Südamerika zu verpflanzen, um sie möglichst in einer halbautonomen Provinz anzusiedeln – »*un sort d'etat juif*« – , ging nicht in Erfüllung. Für 1925 wurde in den Siedlungen eine Bevölkerung von ca. 35 000 Seelen errechnet: Bauern, Handwerker, Angestellte der einzelnen Institutionen. Bis 1942 schwankte die Anzahl der Siedlerfamilien zwischen 3000 und 3500, um dann in den fünfziger Jahren, als Folge der weltweiten Landflucht, rapide abzunehmen. Heute schätzt man, dass kaum noch 7000 Nachkommen der Siedler in ländlichen Bezirken tätig sind, von denen sich nur noch wenige der Landwirtschaft und der Großviehzucht widmen. Immerhin dürften aber insgesamt rund 200 000 Menschen (die Siedler und deren hochgerechnete Nachkommenschaft während drei bis vier Generationen) ihre Existenz in Argentinien dem Werk des Baron Hirsch verdanken – sie blieben von der Shoah verschont. Die Pioniere der ersten Generation, die den Atlantik Ende des 19. und Anfang des 20. Jahrhunderts auf dem Zwischendeck überquerten, die den Busch rodeten und die jungfräuliche Erde im Schweiße ihres Angesichts bearbeiteten – diese Erde, in der nun ihre Toten ruhen –, bilden den Grundstock der heutigen Judengemeinschaft Argentiniens. Die Enkel und Urenkel jener »Gauchos judíos« sind stolz auf ihre Herkunft.

Im Jahre 1991, anlässlich seines hundertsten Geburtstags, gab Israels Post eine Gedenkmarke zu Ehren des Barons heraus.

Mein Debüt in Pedermar

Ich war einundzwanzig Jahre alt, als sich mir in Pedermar und ihrer Schwestersiedlung Ubajay eine völlig neue Welt eröffnete. Die Verwaltung der Siedlungsgesellschaft befand sich in dem geräumigen, in der zweiten Hälfte des 19. Jahrhunderts erbauten Gebäude der einstigen »Estancia« Santa Isabel. Nicht nur der Ziehbrunnen im Hof, sondern auch die Einrichtung des Kontors stammten noch aus jener Zeit: zwei wuchtige Schreibtische, ein Stehpult. Ein Telefon gab es noch nicht; so weit war die Technik noch nicht vorgedrungen, und die klapprige Underwood-Schreibmaschine war zwar etwas neueren Datums als die rustikalen Möbel, aber auch schon museumsreif. Der Administrador Rubén Sepliarsky bewohnte mit seiner Familie den hinteren Trakt des Gebäudes. Er war ein Siedlersohn aus den alten Niederlassungen in der Provinz Santa Fe. Mit dem Herzen am rechten Fleck brachte er Verständnis für die ihm Anvertrauten auf, was sich nicht von allen seiner Kollegen behaupten ließ. Ein tatkräftiger Pragmatiker, dem die Erfahrung wichtiger war als die Theorie, war er mir Anfänger ein väterlicher Lehrmeister.

Vor einigen Jahren entdeckte eine meiner Nichten im Rahmen einer Forschungsarbeit an den »Central Archives for the History of the Jewish People« in Jerusalem den Schriftwechsel, den die Generaldirektion der »J.C.A.« in Buenos Aires Ende 1943 mit der damals in New York befindlichen Zentrale führte, um die Genehmigung für meine Anstellung anzufordern. Unter den Verdiensten, die mir zugeschrieben wurden, befand sich außer den guten Zeugnissen und meiner Verwandtschaft zu Adolfo Hirsch, dem Präsidenten des Hilfsvereins, ein Zweiglein Vorschusslorbeeren: »*Il s'agit d'un jeune homme sérieux, pratique dans le travail, et surtout, actif et intelligent.*« Als ich mich unlängst in die Berichte vertiefte, die ich frischgebackener Agronom damals meinen Vorgesetzten in Buenos Aires unterbreitet habe, beschlich mich der Verdacht, dass diesen die mir zugeschriebene Aktivität langsam unheimlich werden musste. Denn *so* »actif« wollten mich die alten Herren vermutlich gar nicht haben. Meine Vorschläge zielten auf die Modernisierung alter Gewohnheiten, die sich kostengünstig hätten durchführen lassen.

So äußerte ich mein Erstaunen über die primitive Hühnerhaltung auf den meisten Siedlerhöfen. Ihre hundert bis hundertfünfzig Hühner unbestimmter Rasse verbrachten die Nacht auf den Bäumen, wo sie Wind, Regen und den räuberischen Exkursionen des Nagetiers »Comandeja« ausgesetzt waren. Mit wenig Aufwand könnte man Ställe errichten (die Baupläne legte ich meinem Bericht gleich bei), um bei gleichzeitiger Wahl einer geeigneten Hühnerrasse das Ergebnis dieses Erwerbszweigs um ein Vielfaches zu steigern. Dann nahm ich mir die Obstplantagen der Gegend vor, die sich auf die Monokultur von Mandarinenbäumen beschränkten. Ich regte den Anbau ertragreicherer

Zitrusplantagen an (Zitronen, Grapefruit), was allerdings zunächst eine genaue Bodenanalyse zur Erstellung eines rationellen Düngungsprogramms erforderlich mache (unterschiedlichen Erdschichten entnommene Proben schickte ich mit), die Anlage einer bescheidenen Baumschule und eine planmäßige Bekämpfung der Baumkrankheiten. Als Ergänzung empfahl ich die Aufstellung moderner Bienenkästen in den Plantagen. Ein amerikanisches Modell mit herausnehmbaren Waben.

Das sei alles schön und gut, antwortete man mir aus Buenos Aires. Ich solle ruhig mit meiner Tätigkeit fortfahren, aber bitte keine Bodenproben mehr einschicken. Während nach und nach meine Berichte kürzer ausfielen, beschränkte ich mich mit der Zeit auf die individuelle Beratung interessierter Siedler.

Der leichte, an vielen Stellen sandhaltige Boden der Gegend gestattete keinen besonders ertragreichen Ackerbau, obwohl auch Weizen, Leinsaat und Mais ausgesät wurden. Im Vordergrund stand die Viehzucht, allem voran eine primitive Milchwirtschaft ohne Stallhaltung, die von der Nähe der Absatzmarktes in Concordia lebte. Zweimal täglich pendelte ein Dieselzug zwischen dieser und der im Süden der Provinz gelegenen Stadt Concepción del Uruguay hin und her und brachte die in der Siedlung erzeugte Milch sowie die Eier und Mandarinen in die städtischen Konsumzentren. Außer der Beförderung der Landesprodukte und der Passagiere erfüllte dieser Zug auch eine soziale Mission. Am Wochenende nämlich defilierte die Dorfjugend am einzigen Bahnsteig auf und ab, in Erwartung des Triebwagens, der dort gerade fünf Minuten hielt und doch das Ereignis des Tages war. Der von den Mädchen heimlich erträumte Prinz befand sich meines Wissens nie unter den durchreisenden Viehauktionären oder Bankangestellten. Und auch die Jungen mussten sich damit begnügen, den Lehrerinnen, die das Wochenende in der Stadt verbrachten, ein paar neckische Komplimente zuzuwerfen. Doch schon eine halbe Stunde vor Ankunft des Zuges bildeten die mit Reitstiefeln und »bombachas«, den landesüblichen Pumphosen, bekleideten jungen Männer, das Schnurrbärtchen und die Zigarette im Gesicht, das Spalier für die Mädchen, die untergehakt auf und ab schlenderten.

Am Abend trafen sich dann alle im Salón Max Nordau, der in seiner gesellschaftlichen und kulturellen Bedeutung längst die Synagoge abgelöst hatte. Die wurde zum Kummer des dem Gottesdienst vorstehenden Schächters selbst von den Älteren nur noch zu den hohen Feiertagen aufgesucht. Am Morgen kamen die Kinder in die Ortschaft geritten – manchmal saßen zwei oder gar drei der Knirpse auf einem zahmen Gaul –, um die Staatsschule zu besuchen, wo sie am Vormittag von links nach rechts Spanisch schreiben lernten; am Nachmittag dann etwas Gebetshebräisch und vor allem Jiddisch, das sich hebräischer Buchstaben bediente und folglich von rechts nach links geschrieben wird. Die im Salón untergebrachte Leihbibliothek versorgte die Lesehungrigen mit Lektüre auf Spanisch und Jiddisch. Ab und zu kam ein Redner aus der Stadt angereist, um dort einen Vortrag zu halten. Nicht selten kam es dabei zu hitzigen Auseinandersetzungen zwischen den Zionisten, den sogenannten »Nationalen«, und den in der Minderheit befindlichen Linken, die Stalin und dem bereits in Auflösung befindlichen sowjet-jüdischen Siedlungsprojekt Biro-Bidschan anhingen. Außerdem wurde im Salón getanzt und geflirtet, was mir zu meinem nicht geringen Vergnügen Gelegenheit gab, die dortige Jugend genauer kennenzulernen, vor allem ihren weiblichen Teil.

Dieser Salón gab während meiner Amtszeit auch Anlass zu einem politischen Skandal. Ende 1943 hatte der provisorische Präsident der Republik, General Ramírez, die jüdischen Schulen im ganzen Land schließen lassen. Auf den Protest Roosevelts hin musste er diese Maßnahme nach wenigen Tagen zurücknehmen, ernannte aber zum Ausgleich den ultra-katholischen Dr. Gustavo Martínez Zuviría zu seinem Erziehungsminister. Unter Missachtung der liberalen Verfassung führte dieser an allen öffentlichen Schulen den katholischen Religionsunterricht ein. Der Bewunderer Hitlers begegnete uns bereits unter seinem Pseudonym Hugo Wast. Seine antisemitischen Romane mit ihrem

Gefasel von jüdischen Weltverschwörungen erzielten in allen spanischsprechenden Ländern hohe Auflageziffern. In dieser politischen Atmosphäre witterte der für die Region zuständige Schulinspektor Morgenluft und setzte die Namensänderung des Salóns durch, der den Namen von Pancho Ramírez', einem regionalen »Caudillo« aus dem 19. Jahrhundert, annehmen und auch Nicht-Juden offen stehen müsse. Es handelte sich um eine demagogische Geste, denn die katholische Bevölkerung der Gegend hatte seit eh und je vorurteilslos an den Tanzveranstaltungen der Juden teilgenommen. Die Episode veranschaulicht den Geist, der 1943/44 die politische Landschaft Argentiniens vergiftete.

Unter den Mädchen, die ich kennenlernte, befand sich Eva Korenfeld, die sich auf den Beruf einer jüdischen Lehrerin, vor allem aber auf ihre Auswanderung ins damalige Palästina vorbereitete. Die Woche über lebte ich als Pensionär bei einem Siedlerehepaar am Dorfrand. Doch viele Wochenenden und Feiertage verbrachte ich im gastfreundlichen Haus ihrer Eltern, was mir den Ruf einbrachte, ich sei deren zehntes Kind. Sonja, ihre Mutter, hatte in Russland ein paar Jahre lang das Gymnasium besucht, bevor sie 1912 als siebzehnjährige Halbwaise nach Argentinien gelangte. Immer wenn ich in ihrem Haus übernachtete, fand ich unter meinem Kopfkissen ein Lavendelsträußchen vor, dessen Duft mir angenehme Träume bescheren sollte. Eva hatte die, unter bestimmten Lichtverhältnissen, bernsteinfarbenen Augen ihrer Mutter geerbt. Aus denen sprach eine rückhaltlose Leidenschaft, die ihrem zionistischen Ideal galt. Ihr Vater, auch er in Russland geboren, war als kleiner Junge nach einer kurzen Zwischenstation in London mit seinen Eltern in Buenos Aires gelandet, wo sich der Vater als Zuschneider für Mützen betätigte. Nach einiger Zeit gab er diesen Beruf auf und zog mit seiner Frau und seinen sieben Kindern nach Pedermar. Dort erhoffte er sich ein ihm gemäßes, der Thora ergebenes Leben; noch zu meiner Zeit befand sich eine kleine Synagoge auf seinem Grundstück in Benutzung. Sein Sohn Israel erlangte eine Freistelle im Lehrerseminar der Provinz. Im Jahre 1920 heiratete er Sonja und zog mit ihr nach Carpinchorí, einem auf keiner Landkarte verzeichneten Weiler mitten im dichtesten Dornwald der Provinz. Ein mutiger Entschluss! Dort betätigte sich Israel als Direktor und einziger Lehrer der aus einem Klassenzimmer bestehenden Schule. Dort verbrachte Herschl (Gregorio), ihr Erstgeborener, sein erstes Lebensjahr. Zwei Jahre hielten sie es in der wilden Gegend aus, bis im Dunkel der Nacht ein Kerl in ihre Behausung eindrang. Mit dem Buschmesser hatte er ein Loch in das Strohdach geschnitten, um sich herunterzulassen. Nur der Geistesgegenwart Sonjas war es zu verdanken, dass sie mit dem Schrecken davonkamen. Doch ein zweites Mal wollten sie das Schicksal nicht herausfordern. Sie verließen die unsichere Gegend und zogen auf den Korenfeld'schen Hof, wo ihnen im Laufe der Jahre der bereits erwähnte Kindersegen zuteilwurde.

Als ich die Familie kennenlernte, befanden sich nur noch Israel und Sonja mit den jüngeren Kindern auf dem Gut, dessen Eingang im Schatten mächtiger Eukalyptusbäume lag. Der hintere Teil des Gehöfts wurde von einem mehrarmigen Bach begrenzt, der sich durch eine dschungelartige Vegetation schlängelte, in der noch »Yacarés« hausten – kleine Verwandte der Krokodile. »Isla Verde« nannte man die Gegend, die grüne Insel, wo wir gelegentlich Picknicks abhielten. Mit dem Beistand der noch schulpflichtigen Söhne bewirtschaftete Israel seine 75 Hektar extensiv. Denn daneben ging er seiner halbtäglichen Lehrtätigkeit nach. Am Abend fuhr er mit seinem Sulky manchmal noch ins Dorf, um an den Sitzungen der Kooperative teilzunehmen, deren ehrenamtlicher Schriftführer er über viele Jahre hinaus war. Die Alten waren längst gestorben, seine Geschwister in die Stadt gezogen, wo bereits die drei ältesten Söhne Israels wohnten: Herschl als Lehrer, zwei seiner Brüder als Lehrlinge in einer Juwelierwerkstatt. Nach Israels Staatsgründung wanderten alle dorthin aus. Eva, die sich nun Chawa nannte, wohnt mit ihrer Familie bis zum heutigen Tag im Kibbuz Gaash, einer Siedlung, die dem Netz der sozialistischen Bewegung des »Hashomer Hazair« angeschlossen ist und sich durch ihre Avocado-Plantage und eine Fabrik für Beleuchtungskörper einen Namen gemacht hat. Als junge Frau war sie im Kindergarten tätig gewesen, später stand sie der Baumschule vor, in der sie noch heute arbeitet. Ihr verdanke ich meine Kenntnisse der jiddischen Sprache, was mir verhältnismäßig leichtfiel, da ich die Beherrschung der beiden hebräischen Alphabete, Druck- und Schreibschrift, aus Herrlingen mitbrachte. Dieses Idiom stellt keineswegs ein verballhorntes Deutsch dar, wie es in der Generation meiner Eltern verächtlich hieß, sondern ist eine eigenständige Sprache. Sie hat sich, versetzt mit hebräischen und slawischen Bestandteilen, im Laufe von mehr als fünfhundert Jahren aus dem Mittelhochdeutschen entwickelt. Das führten die deutschen Juden mit sich, als sie im 14. Jahrhundert dem Ruf des polnischen Königs Kasimir des Großen folgten, der sie in sein Reich rief, um zur Modernisierung des rückständigen Landes beizutragen. Die vom Jiddischen geschaffene Literatur erlangte im 19. Jahrhundert Weltgeltung und brachte 1976 einen Jiddisch schreibenden Nobelpreisträger hervor: Isaac Bashevis Singer. Sein Besuch der »J.C.A.«-Siedlungen regte ihn zu einer kleinen Erzählung an, deren Kern eine von ihm im Winkel eines halbverfallenen Gebäudes entdeckte Tonne bildet, angefüllt mit alten jiddischen Büchern, die dort vermoderten.

Ein Heft, das mir Eva liebevoll mit den jiddischen Gedichten Bialiks, Izchok Leib Perez' und anderen Dichtern angelegt hat, bewahre ich als kostbares Souvenir.

Charlie Chaplin besucht San Salvador

Nach einiger Zeit wurde ich nach General Campos versetzt, wo ich die in jener Gegend liegenden vier kleineren Siedlungen zu betreuen hatte – eine Beförderung, die mir eine gewisse Selbstständigkeit gestattete. Diese Ortschaft lag an einer anderen Bahnlinie als Pedermar, mit dem sie durch einen Erdweg verbunden war, den ich mehrere Male im Monat in abwechslungsreicher Sulkyfahrt zurücklegte.

Abwechslungsreich, weil er durch eine von der Zivilisation noch fast unberührte Gegend führte, in der Riesenschildkröten mit ihren langen Hälsen, sich mitten auf dem Weg sonnende armdicke »Yarará«-Schlangen sowie Füchse und Wildkatzen hausten. Aus den Niederungen erhoben sich gelegentlich, aufgeschreckt vom Geräusch meines Sulkys, rosafarbene Reiher mit knatternden Flügeln. Skunks verbreiteten ihren penetranten Gestank, kaninchengroße »Carpinchos« huschten an mir vorbei, ich wurde von auf Baumstümpfen hockenden Käuzchen angestarrt, Wildsäue grunzten im Gebüsch.

Werwölfe allerdings, unheilverkündende weiße Witwen, kopflose Reiter oder andere Sagengestalten, von denen die Buschbewohner zu berichten wussten, liefen mir nie über den Weg. Und von den Irrlichtern, die ich bei nächtlichen Fahrten in morastigen Bereichen ausmachte, wusste ich, dass sie auf prosaische Sumpfgase zurückzuführen waren und nicht auf den Spuk böser Geister. Derartige Begegnungen hätte ich gern in meine Erzählungen eingebracht. Doch da mir diese überirdische Welt verschlossen blieb, musste ich mich in meiner Literatur weitgehend an die realen Gestalten halten, die ich in jener Etappe meines Lebens kennenlernte. An den Dorfschulzen, den Arzt, den Schuldirektor und seine jungen Lehrerinnen, an den Polizeikommissar, die Siedler, die Handelsreisenden und an die Aufkäufer der Getreidefirmen, die mit ihrem Stochereisen Proben aus Weizensäcken zogen, um die Qualität des Korns zu prüfen. Menschen also, die ich in der Pension antraf, in der ich meine Mahlzeiten einnahm. In Gedanken zerlegte ich ihre Charakterzüge und Eigenschaften, um sie in den fiktiven Gestalten meiner Erzählungen neu zusammenzusetzen. Auf diese Weise erhielt ich ein wahrhaftigeres Bild, als mir dies durch eine noch so fotografisch präzise Berichterstattung möglich gewesen wäre. »Manchmal kann die Wahrheit nur erfunden werden«, hat Siegfried Lenz einmal gesagt. Das umschreibt die meiner Technik zu Grunde liegenden Absichten ziemlich genau.

Natürlich beschränkte sich mein Dasein in General Campos nicht auf den Mittagstisch im Kreise der lustigen Lehrerinnen des Dorfes oder auf Sulkyfahrten durch den Busch. Mein Aufgabenkreis umfasste die Beratung der Siedler, die Erfassung statistischer Daten, die Entgegennahme des Pachtzinses, die technische Kontrolle der kleinen genossenschaftlichen Fabrik, in der die von den Siedlern angelieferte Milch aufbereitet wurde. Mangels eines Veterinärs oblag es mir, ihnen beizubringen, wie sie ihre Tiere gegen Maul- und Klauenseuche und gegen Anthrax impfen mussten. Ich war auch gehalten, ihren Kälbern mit dem Brenneisen die Besitzermarke der »J.C.A.« ins Fell zu drücken, um solchermaßen die erteilten Kredite abzusichern. Am Anfang hatte ich es nicht leicht, mir Respekt zu verschaffen. Mit gutmütiger Herablassung bezeichnete man mich als das »Daitschele« – das »Deutschlein« also. Da aber jugendliche Unreife bekanntlich ein Fehler ist, der nach und nach ganz ohne Zutun des Betreffenden verschwindet, gelang es mir mit der Zeit, mich durchzusetzen. Manchmal befolgte man sogar meine Ratschläge.

In General Campos bewohnte ich ein Hinterzimmer im Gebäude der Kooperative. Wenn mich meine Pflichten nach Pedermar (inzwischen war den Behörden eingefallen, den Ortsnamen auf Pedernal abzuändern) riefen, kehrte ich stets im Hause der Familie Korenfeld ein. Mit Don Israel spielte ich Schach, mit Eva tauschte ich Bücher: die Romane Isaac Bashevis Singers, Cronins *Die Sterne blicken herab* und *Das vor allem andern*, Hemingways *Wem die Stunde schlägt*, Wassermanns *Der Fall Maurizius,* Salvador de Madariagas schönes, im deutschen Sprachraum viel zu wenig bekanntes *El Corazón de Piedra Verde* (*Das Herz von Jade*), um nur einige der Titel zu nennen.

Mein Tätigkeitsfeld erstreckte sich bis zur 25 Kilometer entfernten Ortschaft San Salvador. Im Gegensatz zu General Campos befand sich in diesem Städtchen eine Provinzbank und ein bescheidener, der Konditorei angeschlossener Kinosaal. In diesem sah ich Charlie Chaplins *Great Dictator*. Der Film durfte erst vorgeführt werden, als Argentinien seine achsenfreundliche Neutralität nicht mehr hatte halten können und wenige Wochen vor Kriegsende auf Druck der Alliierten den Achsenmächten den Krieg erklärte. Wer vorher das Bedürfnis empfunden hatte, sich diesen Film anzusehen, musste einen Abstecher nach Montevideo auf sich nehmen.

In General Campos und in San Salvador erlebte ich die Auswirkungen von Peróns Aufstieg, seine vom Applaus seiner Anhänger begleiteten Radioansprachen hörte ich mir im Hause des Apothekers an, der sich einen Spaß daraus machte, durch Knopfdrehung den Beifall anschwellen und verebben zu lassen. 1946 wurde der Oberst mit dem Versprechen, eine »sozial gerechte, wirtschaftlich freie und politisch unabhängige Nation« zu schaffen, zum Präsidenten der Republik gewählt. Im Jahr zuvor war es ihm in seiner Eigenschaft als Arbeitsminister gelungen, eine ihm hörige Gewerkschaft als vierte Gewalt aufzubauen, die von der Verfassung nicht vorgesehen war. Die heisere Kommandostimme des charismatischen Volksverführers, untermalt von theatralischen Gesten, und die ständig sich wiederholenden, stakkatoartigen Ausrufe »Compañeros!«(»Genossen!«) lässt sich nicht so leicht aus dem Gedächtnis eines Zeitzeugen löschen. Ansonsten haftete der von Perón ins Leben gerufenen »Partei der Hemdlosen« (ein schiefes, aber eindringliches Bild) wenig Spaßiges an. Der rasche Aufstieg Peróns vom Oberst zum General bewirkte die wunderbare Vermehrung der Peronisten im Ort, die sich plötzlich zu Wort meldeten und die Bevölkerung drängten, der Partei beizutreten. Der altgediente Dorfschulze musste einem Parteigenossen aus Concordia weichen. Der Anführer eines bislang unbekannten Syndikats der Landarbeiter schwang auf der kleinen Plaza unseres Dorfes eine Rede, die mit den Worten begann: »Kameraden! Argentinier! Ausländer!« Er versprach »neue Zeiten«, die man dem General und Evita, seiner blonden Gattin, zu verdanken habe. Die giftigen Blicke, mit denen er sein Publikum musterte, verhießen aber nichts Gutes.

Dass dem längst ins Jenseits abgerufenen Perón noch heute Millionen von Bewunderern anhängen, ist wohl mit der Sehnsucht der sozial benachteiligten Massen nach einer Vaterfigur zu erklä-ren. Um dieses trübe Wasser auf ihre Mühlen zu leiten, berufen sich bis heute viele um die Gunst der Wähler buhlende Politiker auf den erklärten Bewunderer Mussolinis, der die Pressezensur einführte, das Parlament missachtete, sich schamlos bereicherte und Widersacher blutig verfolgte.

Nicht selten verstellt uns der kleine Alltag die Sicht auf globale Ereignisse, die unsere Welt bis in ihr innerstes Gefüge erschüt-tern. Auch ich unterliege einer solchen optischen Täuschung, wenn mir Peróns kometenhafter Aufstieg deutlicher vor Augen steht als der Abwurf der Atombomben, die im August 1945 Hiro-shima und Nagasaki verwüsteten. Dass damit ein neues Kapi-tel der Menschheitsgeschichte begann, neben dem das Machtge-rangel argentinischer Politiker und Militärs und die Tricks eines verschlagenen südamerikanischen Generals bedeutungslos er-scheinen, kam hierzulande damals niemandem so recht zu Be-wusstsein.

Nach diesem Zeitsprung in die politischen Wunderlichkeiten Argentiniens wende ich mich wieder dem Dorfgeschehen in Ge-neral Campos zu. Waren Demagogie und agitatorische Leiden-schaften kurze Zeit übergekocht, so machten sie allmählich einer Alltagsroutine Platz, der allerdings nicht zu trauen war. Vorläu-fig war die Inflation, die durch eine den Wert des Pesos verwäs-sernde Geldemission heraufbeschworen werden sollte, noch nicht bemerkbar. So gut es ging, versuchte ich die vielen neuen Bestimmungen und Kontrollmaßnahmen der Bürokratie und die um sich greifende Aggressivität zu ignorieren. Ich gab einen technischen Ratgeber für die Siedler heraus, besuchte mit mei-nem Sulky die Höfe, um statistische Daten zu erheben und das Vieh zu impfen, sorgte dafür, dass die von der »J.C.A.« unter-haltene Schule ein neues Dach bekam, hielt in den beiden Ort-schaften meines Bezirks Vorträge über jüdische Geschichte und nahm an den geselligen Veranstaltungen teil, die von den jewei-ligen Jugendgruppen organisiert wurden. Schließlich war ich gerade mal dreiundzwanzig Jahre alt und arbeitete noch an meiner Diplomarbeit.

Die »Criollos« von Alcaraz

In der nächsten Etappe meiner Laufbahn wurde ich ins Gebiet von Alcaraz entsandt, in dessen Umgebung zwei neuere Siedlungen lagen. Diese befanden sich etwa 50 Kilometer Luftlinie von Avigdor entfernt. Alcaraz war eines der kleinen Provinzstädtchen, ähnlich General Campos oder San Salvador. Mit seiner Polizeistation, einem kleinen Krankenhaus, einer Apotheke, einer Synagoge und einem primitiven Hotel, in dem ich ein Zimmer bewohnte und meine Mahlzeiten in Gesellschaft einiger Angestellter der Kooperative und der Lehrerinnen einnahm. Eine der Siedlungen war bereits 1925 entstanden, die andere erst 1930–32. Im Gegensatz zu Avigdor erleichterte hier die Nähe der Bahnstation den Transport der verderblichen Eier und Milchprodukte. Dort hatten auch sechsundzwanzig deutsch-jüdische Familien Unterkunft gefunden. Einige von ihnen, die als tüchtige Metzger und Viehhändler aus Friesland bäuerliche Erfahrung mitgebracht hatten, kamen bald zu Wohlstand. Anderen sah man auf den ersten Blick an, dass sie es nie auf einen grünen Zweig bringen würden, weil sie zwar viel guten Willen, aber nicht die richtige innere Einstellung mitbrachten. An einen dieser zum Scheitern verurteilten Siedler mit seinem scharfgeschnittenen Intellektuellenprofil erinnere ich mich besonders; ich unterhielt mich angeregt mit ihm über die bisher erschienenen Bände der Thomas Mann'schen *Josephslegende*, die er gerade erhalten hatte. Er war der Bruder eines der bekanntesten deutschen Verleger; sein Schwiegersohn war der älteste Bruder eines meiner Herrlinger Schulfreunde. Betrat man sein Häuschen, fiel einem die an der Wand hängende Mandoline und die Bibliothek ins Auge. Aber die Hühner auf dem Hof machten einen kränklichen Eindruck, und mit seinem Vieh wurde er einfach nicht fertig. Reiten lernte er nie. Gewiss war er ein liebenswerter Mensch mit den besten Absichten. Aber das reicht eben nicht aus, um als Siedler Erfolg zu haben, jedenfalls nicht in einer Gegend, der es so sehr an Infrastruktur fehlt.

Meine Aufgabe bestand in der Beurteilung der Bodenqualität der einzelnen Gehöfte, denn die »J.C.A.« beabsichtigte eine Reform, um durch die Umgruppierung einiger Siedler größere Betriebseinheiten zu schaffen. Damit Ungerechtigkeiten bei der Landverteilung vermieden wurden, sollte ich die Ertragsfähigkeit der einzelnen Parzellen bewerten, die ich zunächst nach praktischen Richtlinien kartografieren musste. Diese Beschäftigung nahm etliche Monate in Anspruch, die ich praktisch im Pferdesattel verbrachte. Dabei wurde ich von Benito, dem Faktotum der Administration, begleitet. Er war einer der mit viel Mutterwitz ausgestatteten »Criollos« des umliegenden Buschs, die mit ihrem Erfahrungsschatz, einer schnellen Auffassungsgabe und ihrem gesunden Menschenverstand von Anfang an viel zur Durchführung der Siedlungspläne beigetragen hatten. Diese anspruchslosen Menschen rodeten den Busch mit ihren Äxten und eisernen Spaten, errichteten kilometerlange Drahtzäune, bohrten Brunnen, bauten kleinere Holzbrücken und trieben das halbwilde Vieh durch die Gegend. Noch heute begegne ich manchmal Leuten ihres Schlags, die sich in den Vororten der Großstädte mit bescheidenen Mitteln und meist ohne Regierungshilfe für die Menschen aus den Elendsvierteln einsetzen, indem sie zum Beispiel Volksküchen oder Kleiderkammern mit gebrauchter Wäsche unterhalten Es gibt viele solche Männer und Frauen aus dem Volk – viel mehr als man glaubt –, die, nicht selten selbst unter entbehrungsreichen Bedingungen aufgewachsen, ohne große Worte eine wirkungsvolle Nächstenliebe praktizieren. Sie stellen die Kraftreserven des argentinischen Volkes dar – und nicht die Parteipolitiker, Staatsbeamten und Gewerkschaftsbonzen.

Mein Vorgesetzter war der aus Wien stammende Agraringenieur Bernardo Saphir, der Avigdor während der Aufbaujahre geleitet hatte. Ein intelligenter Mann mit autoritären Neigungen und gelegentlich etwas skurrilen Einfällen. In einer Siedlung mitten im unerschlossenen Dornwald, unter lauter »Gringos«, war er, da selbst ein »Gringo«, fehl am Platz. Ein Kollege mit langjähriger Argentinienerfahrung wäre hier geeigneter gewesen. Er verfolgte den an und für sich vernünftigen Plan, die Landwirte mittels täglicher Einnahmen aus der Hühnerhaltung und Milchproduktion von den ungewissen Ernteergebnissen unabhängiger zu machen. Dabei vernachlässigte er jedoch die Notwendigkeit der wetterbeständigen Wege, um den Transport der verderblichen Eier und Milchprodukte zu gewährleisten. Nötig wären auch eine stufenweise Aufbesserung der Rinderrassen und die Akklimatisierung geeigneter Futterpflanzen gewesen, um den Milchertrag zu steigern. Andererseits muss ich die Einsatzbereitschaft und das Organisationstalent anerkennen, die ihn auszeichneten und die ich zu würdigen lernte, als ich ein paar Jahre später seine Stelle in Avigdor übernahm.

Kurz nach Beendigung meiner Aufgabe wurde ich zum Administrator der um das Städtchen Basavilbaso gelegenen Siedlung Lucienville ernannt.

Dynastien in Basavilbaso

Lucienville ist eine der ältesten »J.C.A.«-Siedlungen der Provinz Entre Rios. Gegründet im Jahre 1894, also noch zu Lebzeiten des Barons, erhielt sie den Namen seines früh verstorbenen Sohnes Lucienne, den aber niemand gebrauchte. Ihr Zentrum bildet das Städtchen Basavilbaso. Es nimmt eine ganz besondere Stellung in meinem Leben ein. Denn dort verlebten Ruth und ich unsere Flitterwochen. Genauer gesagt: Unsere Flitter*jahre* verbrachten wir dort, deren Schwingungen noch heute in uns vibrieren.

Damals beherbergte die Ortschaft knapp 7500 Einwohner. Es gab eine mit Rasenstücken und Palmen verschönte, allerdings nur drei Häuserblocks kurze Avenida mit einem Fahnenmast vor dem Denkmal San Martíns, dem Nationalhelden des Landes. Die Hauptstraßen waren elektrisch beleuchtet; die Laternen wurden mit dem Strom des auf genossenschaftlicher Basis betriebenen Elektrizitätswerks gespeist. Die fantasielosen Auslagen einiger Läden, das fließende Wasser (allerdings noch ohne Kloakensystem), die beiden Kirchen, eine Bank, das Amtsgebäude der Stadtverwaltung, ein Kino, eine Eisdiele und ein bescheidenes Hotel gaben der Ortschaft ein städtisches oder doch wenigstens kleinstädtisches Gepräge. Immerhin: drei Ärzte, zwei Zahnärzte, zwei Apotheker und zwei Notare gingen hier ihren Berufen nach. Die dort im Jahre 1900 gegründete »Cooperativa Lucienville« ist die älteste landwirtschaftliche Genossenschaft Argentiniens. Von den beiden Synagogen ist die größere durch ihre Wandmalereien bemerkenswert. Nicht so sehr wegen ihres eher fragwürdigen künstlerischen Niveaus als vielmehr durch die ungewöhnliche Tatsache, an diesem Ort überhaupt vorhanden zu sein. Bildschmuck ist nämlich nur selten in jüdischen Gotteshäusern anzutreffen, da er bei streng orthodoxer Auslegung gegen den Wortlaut des zweiten Gebots verstößt. Das wendet sich gegen figürliche Darstellungen, die dem Götzendienst Vorschub leisten könnten. Es gab eine jüdische Schule, einen jüdischen Kindergarten, ein jüdisches Krankenhaus (das natürlich der Allgemeinheit zugänglich war), mehrere wohltätige Vereine und eine umfangreiche Volksbibliothek, in deren Saal kulturelle Veranstaltungen stattfanden. Außerdem war Basavilbaso der Sitz der regionalen Zentralverwaltung aller Baron-Hirsch-Siedlungen der Provinz. Aber auch wenn das jüdische Element damals noch vorherrschte (was ihm bei den Nicht-Juden die herabsetzend gemeinte Bezeichnung »argentinisches Jerusalem« einbrachte), war die Ortschaft kein jüdisches »Schtetl«; schon die in die Luft ragenden Silos der Mühle gaben ihr ein profanes Gepräge. Vor allem aber stellte der Ort, da mehr oder weniger im geografischen Mittelpunkt der Provinz gelegen, einen wichtigen Eisenbahnknotenpunkt dar. Das hatte zur Folge, dass Dutzende von Eisenbahnern ihren Wohnsitz in Basavilbaso aufschlugen, wo sie ihre eigene soziale Struktur aufbauten. Das Grundstück für die katholische Kirche hatte die »J.C.A.« gestiftet; der dort amtierende Pfarrer durchfuhr den Ort mit einem Auto mit aufmontiertem Lautsprecher, durch den er die Gläubigen zum Kirchgang aufforderte. Auch die protestantische Kirche befand sich auf einem von der »J.C.A.« zur Verfügung gestellten Grundstück. Sie wurde von den Deutschrussen unterhalten: Wolgadeutsche, die sich um das Jahr 1880 herum in der Gegend niedergelassen hatten, hier weiter ihren alten Gewohnheiten anhingen und sich in ihrem archaischen deutschen Dialekt miteinander verständigten. Überhaupt: Ein Germanist hätte seine helle Freude an den idiomatischen Perlen gehabt, auf die man damals noch stoßen konnte – das Deutsch der betagten, aus Kurland stammenden Mutter eines in Basavilbaso ansässigen Arztes namens Liebeschütz etwa oder das k.u.k.-Idiom einer in Triest geborenen Freundin und das ihres Mannes, eines früheren Warschauer Anwalts, den das Schicksal in diese Gegend verschlagen hatte.

Ich fand eine mehrschichtig strukturierte Gesellschaft vor, die nur locker von der umliegenden Siedlung mit ihren gut dreihundert Familien geprägt war, auch wenn sie aus ihrer Mitte hervorgegangen war. Viele Familien waren verwandtschaftlich miteinander verbunden; nicht wenige von ihnen hatten, auch wenn sie kein eigenes Land besaßen, ihr Vermögen in Vieh angelegt oder in einem der beiden gerade neu aufkommenden Sparten: Im Reisanbau, der in der wasserreichen Provinz wenige Jahre später wirtschaftliche Bedeutung erlangen sollte, und in der industriellen Hühnerzucht, mit allem was dazugehört: Kühlkammern zur Lagerung der Eier, Schlachthöfe und Mischanlagen, um das Futter aufzubereiten. Ein Viehmakler organisierte monatliche Auktionen; es gab ein paar Großhändler, die magere Rinder aufkauften, um sie auf den ertragreichen Weiden im Süden der Provinz zur Schlachtreife heranzuziehen. Sie alle hatten also eine gewisse Beziehung zum Land, standen aber doch in einem anderen Verhältnis zu ihm als die schollengebundenen Siedler. Sie genossen die Bequemlichkeiten der Stadt, waren nicht mehr den Widrigkeiten der Natur ausgesetzt und konnten mit einer regelmäßigen ärztlichen Betreuung rechnen. Ihre Kinder ließen sie studieren. Möglichst Medizin, es sei denn, sie begnügten sich mit dem auf dem Heiratsmarkt etwas geringer gehandelten Titel eines Ingenieurs, eines Anwalts, eines Notars, eines Buchhalters (in dieser Reihenfolge) oder – bei den Töchtern – wenigstens mit dem einer Lehrerin. Jahrhundertelang waren die Juden gehalten, ihre Geisteskräfte auf das Studium von Talmud und Thora zu beschränken. Es blieb ihnen nichts anderes übrig, als sich auf Kommentare und auf Kommentare zu Kommentaren der göttlichen Gesetze zu konzentrieren, denn eine feindliche Umwelt hatte ihnen den Besuch höherer Schulen und Universitäten versagt. In die Freiheit Argentiniens entlassen, setzten sie nun voller Energie ihre generationenlang unterdrückten Kräfte ein, um zu einer akademischen Ausbildung zu kommen. Wobei sie nicht selten regelrecht hungern mussten, um das ersehnte Ziel zu erreichen. Der Stoßseufzer einer alten jüdischen Siedlerfrau wurde zum geflügelten Wort: »Wir säten Weizen und ernteten Doktoren!« Eine Entwicklung, die dem seligen Baron bestimmt nicht gepasst hätte; zeitlebens war er Intellektuellen, die er in seinen Siedlungen nicht dulden wollte, mit Misstrauen begegnet.

In Basavilbaso lernte ich einige der Dynastien kennen, die sich seit der Gründung der ersten Siedlungen im Laufe eines halben Jahrhunderts herausgebildet hatten. Hier zeigte sich, wenn man so will, ein ideeller Adel, der nichts mit materiellem Erfolg zu tun hatte. So etwa die Familie meines unmittelbaren Vorgesetzten Samuel Kaplan. Er war noch in Litauen geboren, dessen jüdischer Bevölkerungsteil vor der Shoah über 7 Prozent betragen hatte. Mit scharfem Verstand und nüchterner Urteilsfähigkeit ausgestattet, brachte er es zum Direktor der »J.C.A.«. Nach seinem Tod wurde mit allgemeiner Zustimmung der Bevölkerung eine Straße nach ihm benannt.

Sein älterer Bruder Isaac hingegen gehörte der Elite der Genossenschaftsbewegung an. Jahrzehntelang stand er dem Verband vor, der alle Kooperativen der jüdischen Siedlungen erfasste und den Maßnahmen der »J.C.A.« oftmals kritisch gegenüberstand. Israels erster Botschafter in Argentinien, Moshe Toff, war ein Neffe von Samuel Kaplans Frau. Im Vorfeld des Ringens um die 1948 von den Vereinigten Nationen beschlossene Staatsgründung war er monatelang durch ganz Lateinamerika gereist, um den dortigen Regierungen den Standpunkt der Juden darzulegen. Er war ein mitreißender Redner. Bei seinem Besuch in den Siedlungen durfte ich ihn dem Publikum vorstellen.

Eine andere Dynastie, die ich damals kennenlernte, ist die der Familie Yagupsky. Sie stammte aus dem damals russischen Bessarabien und war im Jahre 1892 mit einem der ersten Kontingente jüdischer Siedler ins Land gelangt. Und zwar auf dem Dampfer *Weser*, dessen Bedeutung für die jüdische Gemeinschaft Argentiniens in etwa jener des berühmten Seglers *Mayflower* gleichkommt, der 1621 die »Pilgrim fathers« nach Amerika gebracht hat. Unter den Passagieren der *Weser* befand sich der siebzehnjährige Efraim, der spätere »Cura Froike«. Er schlug die Laufbahn eines »Schochets« und »Mohels« ein. Ein ritueller Schächter also, der, mit nahezu rabbinischer Autorität ausgestattet, auch die Beschneidung der Neugeborenen vornehmen durfte. Er hatte eine sehr harte Ausbildung genossen; aus seinem Mund erfuhr ich von den äußerst strengen Prüfungen, denen er unterworfen worden war. Denn neben umfassenden Talmud-Kenntnissen wurde unter anderem auch ein gewisses veterinäres Wissen gefordert: Die Kandidaten mussten sich in der Anatomie der zu schächtenden Tiere auskennen, um Missbildungen zu entdecken, die der Gesundheit der Konsumenten abträglich sein könnten. Nach der Ausbildung ließ er sich in der kurz zuvor gegründeten Siedlung Clara nieder. Außer seinen spezifischen Aufgaben umfasste sein Tätigkeitsfeld eigentlich alles, was mit der jüdischen Religion zusammenhängt – von der Geburt bis zum Tod; die Leitung des Gottesdienstes als Vorbeter, die Verlesung der Thora, die Bestattungszeremonien. Darüber hinaus war er als Berater in Familienangelegenheiten gesucht, als Tröster der Witwen und Waisen, als kluger Schlichter nachbarlicher Zwistigkeiten.

Hier nur eine einzige Anekdote, die man sich von ihm erzählte, um seine Herzensgüte zu schildern. Eine Witwe hatte ihm ein Huhn gebracht, das er für sie schächten sollte. Nun muss man wissen, dass der Schächter angehalten ist, die Galle des geschlachteten Vogels mit der Zunge zu berühren. Schmeckt sie bitter, bedeutet dies, dass das Tier gesund war und für den Konsum freigegeben werden kann. Bei einem neutralen oder süßen Geschmack hingegen ist dem gesetzestreuen Juden der Verzehr nicht gestattet. Ängstlich sah die Witwe der Untersuchung entgegen; am bedenklichen Gesichtsausdruck Reb Froikes erkannte sie dessen negatives Urteil. Der erfasste jedoch die Situation und erkundigte sich freundlich nach dem Ergehen der kleinen Kinderchen der Frau. »Ach«, seufzte die Witwe, »schlecht geht's ihnen, Hunger leiden sie und wenn dieses Hühnchen ›trefe‹ (rituell unrein) ist, kriegen sie am ›Schabbes‹ nichts Ordentliches in den Magen.« Mitfühlend betrachtete Froike die arme Frau. »Fürwahr, ein bitteres Schicksal!«, räumte er ein. »Bitter! Bitter! Nehmt das Huhn, damit die Kinderchen satt werden. Geht in Frieden!« Und als sie ihn erleichtert verließ, rief er ihr noch einmal nach: »Bitter! Bitter!«

Seine alten Tage verbrachte der verwitwete Froike im Hause seines Sohnes Arke (Aron), mit dem wir befreundet waren: einer jener Landärzte, die ihre Patienten aufopfernd behandelten und sie, wenn es ihnen nötig schien, bei Wind und Wetter selbst in den abgelegensten Gehöften der Siedlung besuchten. Noch heute unterhalte ich die Verbindung zu seinen beiden Kindern – der Schriftstellerin Perla Suez und dem Sohn Ady Yagur, der als Arzt in Israel lebt und mir von Zeit zu Zeit seine nostalgischen Gedichte schickt. Arke war einer von sieben Geschwistern. Seinem älteren Bruder Máximo begegnete ich später in Buenos Aires. Er beherrschte nicht nur das literarische Jiddisch und ein klassisches Hebräisch, das die Bewunderung Ben Gurions hervorrief, sondern auch ein nuancenreiches Spanisch. Um nur seine herausragendsten Verdienste zu nennen: Er gab die auf hohem Niveau stehende Monatsschrift *Comentario* heraus, veröffentlichte als Verlagsleiter der Editorial Israel Dutzende von Büchern, gründete eine Jüdisch-Christliche Bruderschaft, betreute jahrelang das jüdische Erziehungsnetz Argentinens und vertrat das »American Jewish Committee« vor den Behörden Argentiniens. Als ich ihn kurz vor seinem Tod noch einmal besuchte, erzählte ich ihm, wie uns sein Vater nahezu ein halbes Jahrhundert zuvor in Basavilbaso zu einem der Metzger begleitet habe, um dafür zu sorgen, dass meine religiös erzogene junge Frau garantiert koscheres Fleisch erhalte. Bei der Erwähnung seines Vaters gestand mir der fast völlig erblindete Máximo, er höre seit einiger Zeit beim Einschlafen die Melodien, die ihm sein Vater vorgesungen hatte, wenn er ihn bei seinen Sulkyfahrten durch die nächtliche Landschaft seiner Heimatprovinz begleiten durfte. Wenige Wochen nach diesem Gespräch erreichte mich die Nachricht von seinem Ableben.

Hochzeitsfeier und Flitterjahre

Im Mai 1947 traute uns Dr. Riegner in der kleinen Synagoge von Avigdor, in der Siedlung also, in der Ruths Familie wohnte. Lisbeth Neumeyer, Ruths liebe Freundin, borgte ihr den Hochzeitsschleier. Ihr Mann unterschrieb als einer der beiden Zeugen die Heiratsurkunde.
Nach der Zeremonie fand im Haus meiner Schwiegereltern das Hochzeitsessen statt. Es stand in krassem Gegensatz zu den rauschenden Feiern, die damals in den Siedlungen üblich waren und bis zum heutigen Tag in der Erinnerung der Alten weiterleben. Mehr als einmal durfte ich solchen Festen beiwohnen. In einem Riesenzelt, erhellt vom grellen Licht der leise zischenden Petromax-Lampen, pflegten sich die Tische vor Essen zu biegen. In einer Ecke waren die Hochzeitsgeschenke zur Besichtigung aufgebaut. Eltern, die es sich leisten konnten (und auch die, die es

sich eigentlich nicht leisten konnten), hatten gleich zwei Tanz-orchester bestellt, die einander ablösten. Das eine, bei dem das Bandoneon nicht fehlen durfte, spielte Tangos, Milongas und Chamamés. Das andere brachte mit seiner Klarinette Schers und Frailichs zu Gehör, wobei auch die nicht-jüdischen Nachbarn eifrig mittanzten. In den Pausen streute der improvisierte Zeremonienmeister Leinsamen auf den Boden, um die Fläche zu glätten. Den Höhepunkt der Feier bildete der »Stuhltanz«, bei dem sich das Brautpaar, von Festgästen auf schwankenden Stühlen hoch in die Luft gestemmt, küssen musste. In einer der alten Kolonien soll sich einst ein solches Hochzeitsfest über zwei Tage und drei Nächte erstreckt haben. Wer sich vorher wegschleichen wollte, beleidigte mit seinem frühzeitigen Aufbruch die Gastgeber.

Bei uns in Avigdor ging es damals nicht so ausgelassen zu. Nur das kleine Telegrafenamt im Zentrum hatte noch nie so viele Kabel erhalten wie an diesem Tag. Dutzende von Glückwunschtelegrammen, sogar aus dem Ausland, drohten die Linie zu überlasten. In unserer weltabgeschiedenen Provinz trafen Botschaften aus San Francisco, São Paulo und New York ein! Noch dazu auf Englisch – eine Sensation im Buschwald! Und ein Beweis für die emigrationsbedingte Verstreuung der Familie in alle Welt.

Ein befreundetes Ehepaar sang a cappella das Duett *Mann und Frau* aus der *Zauberflöte*; wir werden seinem tragischen Schicksal später begegnen. Ein Segen über Wein und Brot vor der Mahlzeit, das Tischgebet danach, die gemeinsam gesungenen Gebete und ein paar Ansprachen mit den obligaten Bibelzitaten umrahmten die Festlichkeit, zu der meine Eltern aus Buenos Aires angereist waren. Die Hochzeitsnacht verbrachte die Braut im Haus ihrer Eltern und ich in der im Zentrum der Siedlung gelegenen Pension. Am folgenden Tag brachen wir frisch Verheirateten – endlich glücklich vereint – nach Concordia auf, wo wir zwei Nächte im Hotel logierten, bevor wir nach Basavilbaso weiterfuhren. Wir hatten ein altes Haus gemietet, das eigentlich viel zu groß für uns war. Das störte uns aber genauso wenig wie die primitive sanitäre Einrichtung im verwilderten Garten.

Auf dem Papier war ich der selbstständige Verwalter der Colonia Lucienville. Da sich aber das Büro Samuel Kaplans, des Generalinspektors sämtlicher »J.C.A.«-Siedlungen der Provinz, im Nebenraum befand, waren meine Befugnisse stark eingeschränkt. Als Administrator unterstand mir zwar die ganze Verwaltungsarbeit, die Inkassi, die Unterzeichnung der Schecks und der notariellen Urkunden, die Buchführung sowie das Amt eines Syndikus der Kooperative, aber sobald ein Siedler ein besonderes Anliegen hatte, überging er mich jungen Kerl und drang gleich ins Nebenzimmer vor. Eine tatkräftige Kolonistenfrau brachte die Situation sehr drastisch auf den Punkt: »Wenn ich will räd'n mit'm Kopp, red' ich nit mit'm Tuches.« (Das »ch« wird im Jiddischen kehlig wie in der Schweiz ausgesprochen.) Auf gut Deutsch: »Wenn ich mit dem Kopf sprechen will, red' ich nicht mit dem Arsch.«

Gelegentlich hielt ich Vorträge über jüdische Geschichte, wobei mir ein von Ruth bedienter, selbstgebastelter Projektionsapparat hilfreich war. Es ging mir vor allem darum, den formellen Religionsunterricht, dem die Jugend damals noch ausgesetzt war, etwas aufzulockern. Wobei ich die überraschende Entdeckung machte, dass die meisten jüdischen Lehrer jüngeren und mittleren Alters Freidenker waren – im Unterschied zur vorausgegangenen, talmudtreuen Generation. Es handelte sich nicht um Atheisten, sondern um aufgeklärte Zweifler. Sie waren in der jüdischen Kultur und Tradition zuhause und verfügten über ein großes Wissen, standen dem Glauben ihrer Vorväter aber kritisch gegenüber. »Apikores« ist der irreführende, da von Epikur abgeleitete Fachausdruck für diesen Typ Menschen.

Die Verwaltungstätigkeit ließ mir wenig Zeit für die Ausübung meines Berufs als Agronom. Die »J.C.A.« war hierarchisch aufgebaut. Der Sitz befand sich in Paris (während des Kriegs wurde er nach London verlagert), mit Louis Oungre als Geschäftsführer. Dessen Diktum »Paris dit« kam einem unumstößlichen Orakelspruch gleich, auch wenn er satzungsgemäß einem Aufsichtsrat unterstand, dessen honorige Mitglieder nicht den geringsten Bezug zu den Siedlungen im fernen Südamerika mitbrachten. Die örtliche Generaldirektion von Buenos Aires mit ihren etwa fünfzehn Angestellten lag damals in den Händen des in die Jahre gekommenen Ingenieurs Simon Weill, der aus Frankreich stammte. Dieses Büro war für die lokalen Administrationen der im Land verstreuten zwölf Siedlungen zuständig. Wir waren verpflichtet, vierzehntägige Berichte mit Duplikat anzufertigen; ein Durchschlag ging an die Zentrale. Diese Formulare enthielten detaillierte Informationen wie etwa die Wetterberichte. Tag für Tag. Mindest- und Höchsttemperatur. Niederschläge, Luftdruck. Alles, um die Archive von Buenos Aires und Paris oder New York zu füttern. Einmal im Jahr musste ein etwa 50 Seiten langer Bericht erstellt werden, der die Ernteergebnisse, die Bewegungen der Viehbestände, den Gesundheitszustand der Bevölkerung und viele weitere Daten statistisch erfasste und kommentierte. Dinge, die ich als wirklichkeitsfremde Bürokratie empfand.

Im Bestreben, die mir auferlegte Routine zu sprengen, bemühte ich mich um einige agronomische Ansätze. Immerhin gab es genug Hühnerställe, in denen ich Geflügelkrankheiten bekämpfen konnte. Einige Versuchsfelder, die ich in der Absicht angelegt hatte, ertragreichere Futterpflanzen zu akklimatisieren, fielen einem Heuschreckeneinfall zum Opfer. Ein zweiter Anlauf unterblieb, da ich für ein paar Monate nach Moisesville in der Provinz Santa Fe entsandt wurde. Meine Projekte, die in der Gegend erzeugten Rohstoffe industriell zu verwerten – mit kleinen Unternehmen zur Herstellung von Kernseife, von Marmeladen und von Extrakten aromatischer Pflanzen wollte ich das Interesse der Kooperative wecken –, verliefen im Sand, obwohl ich auf Grund einiger Versuche vielversprechende Resultate vorweisen konnte. Das Argument der Neuerungsgegner lautete: »Lieber säe ich ein paar Hektar mehr Leinsaat, Weizen oder Mais aus; das macht weniger Mühe und ist unkomplizierter, als Seife zu sieden oder Süßkartoffeln für Marmelade oder Lavendel für Extrakte anzubauen.« Gegen solche praktischen Erwägungen alteingesessener Siedler konnte ich junger Agronom mich nicht durchsetzen. So verlegte ich mich wieder einmal auf die Abfassung von Bulletins, um auf die Gefahren diverser Krankheiten aufmerksam zu machen, die damals die Viehbestände bedrohten. Einen meiner Artikel über die Brucellose oder Bang'sche Krankheit veröffentliche ich ohne jeglichen Hintergedanken in der größten Tageszeitung der Provinz, weil diese Seuche damals ein Problem darstellte. Das provozierte einen Protest der peronistischen Regierungspartei und führte mir die verpestete Atmosphäre vor Augen, in der wir lebten: Mein Artikel sei als feindliche Kritik an der Regierung aufzufassen. Ich musste viel Diplomatie aufwenden, um meine Unschuld nachzuweisen. Denn die »J.C.A.« legte stets Wert auf ihre politische Neutralität und bemühte sich um ein gutes Verhältnis zu allen Parteien des Landes.

Von der konservativen Direktion in Buenos Aires wurde die ehrenamtliche Lehrtätigkeit missbilligend übersehen, die ich auf der »Hachschara« ausübte – dem Ausbildungsgut, das die zionistische Organisation in der Siedlung unterhielt, um einsatzbereite Jugendgruppen für ein Leben im Kibbuz des zukünftigen Judenstaates vorzubereiten. Nur mein direkter Vorgesetzter Samuel Kaplan unterstützte mich insgeheim dabei. Bis zu jenem 14. Mai 1948, an dem er, den ich als einen nüchtern denkenden Mann kannte, mit vor Erregung zitternder, stockender Stimme und unter Tränen die Unabhängigkeitserklärung Ben Gurions aus der Zeitung vorlas. Wir erlebten die ungeheure Welle der Begeisterung, von der die jüdische Gemeinschaft erfasst wurde. Sie ist nur vergleichbar mit dem Enthusiasmus, den Sabbatai Zwi im 17. Jahrhundert mit seinem messianischen Auftritt unter den Juden hervorgerufen hat. Mein berühmter Landsmann Jakob Wassermann beschrieb ihn in seinem Roman *Die Juden von Zirndorf* anschaulich.
Die tags darauf eintreffende Nachricht vom Überfall der fünf arabischen Heere, die unter Missachtung des UN-Beschlusses, begünstigt vom Wohlwollen der englischen Regierung, das winzige, ohne Rüstung und ohne militärische Erfahrung dastehende

Israel auslöschen wollten, tat ihr Übriges, um die Juden der ganzen Welt zu mobilisieren. Kaum ein Ort, an dem Juden lebten, wo keine Kundgebungen und Geldsammlungen stattfanden. So auch in der Bibliothek von Basavilbaso, wo eine Kommission tägliche Sitzungen abhielt. Vor ihr erschienen wir alle, um öffentlich unseren finanziellen Beitrag zu entrichten. Der Geist des bei einer späteren Gelegenheit auf die israelischen Panzer gepinselten Trutzwortes »Nie wieder!« hatte uns ergriffen. Nie wieder Pogrome und Shoah! Nie wieder Geisterschiffe! Nie wieder Abhängigkeit von den Launen anderer.

Nie wieder allerdings sollte die Solidarität der westlichen Welt so eindeutig den bedrängten Pionieren des »Altneulands« (der Ausdruck stammt von Theodor Herzl) gelten wie in diesen Wochen und Monaten des Neubeginns.

Provisorium in Moisesville

Ich war der jüngste Verwalter, den die »J.C.A.« je hatte. Trotz des modischen Schnurrbärtchens, das ich mir schon in Córdoba zugelegt hatte, war ich in den Augen meiner Vorgesetzten der Benjamin, den man gerne als Joker benutzte, zumal seiner Bewegungsfreiheit noch kein Kindersegen im Wege stand. So kam es, dass ich nach Moisesville entsandt wurde, der in der Provinz Santa Fe befindlichen Muttersiedlung der »J.C.A.«. Dort lebten die Nachkommen jener »Pilgrim fathers«, auf die Dr. Loewenstein ein halbes Jahrhundert zuvor gestoßen war. Sie waren stolz darauf, dass ihre Großeltern sozusagen das Urgestein der jüdischen Siedlungsbewegung in Argentinien darstellten. Anders als in Entre Rios mit ihren Naturweiden, wurde hier die Wirtschaft vom Anbau der Luzerne bestimmt, die mehrere Ernten im Jahr gestattete, was zum Erfolg der Viehzucht und der Milchwirtschaft beitrug.

Ich sollte den örtlichen Administrator vertreten, der sich in einer Mission in Europa befand. Ähnlich wie in Basavilbaso, wo sich das Kontor des Inspektors aller Siedlungen der Provinz Entre

Rios direkt neben meiner Arbeitsstätte befand, lag hier die des Generalinspektors der Siedlungen der Provinz Santa Fes neben der meinigen. Ein in der Türkei gebürtiger Jude namens Pereira, dessen Verhältnis zu seinen Siedlern ausgesprochen konfliktreich war. Nachdem ich schnell erkannte, dass diese bei vielen ihrer Beschwerden im Recht waren, befleißigte ich mich der Zurückhaltung, indem ich mich auf den Status meines Provisoriums berief. Aber wenn ich einmal von meiner etwas komplizierten beruflichen Tätigkeit absehe, verlebte ich in Moisesville eine recht angenehme Zeit. Ich wohnte mit meiner Frau in einer Pension, was sie den Pflichten einer Hausfrau enthob. Wir verkehrten mit netten Leuten – dem Tierarzt, der sich im Nebenberuf als Grundstücksmakler betätigte, dem Direktor des jüdischen Lehrerseminars, dem Notar, der mit einer guten Freundin aus Pedermar verheiratet war; mit einem Apotheker, dessen Sohn Jahrzehnte später unser Kardiologe wurde. Wir lernten die dortigen Dynastien kennen, aus deren Mitte einige bedeutende Wissenschaftler hervorgehen sollten. Im Saal der Bibliothek »Baron Hirsch« wurden Vorträge und Diskussionsabende geboten, wobei natürlich auch hier, genau wie in den mir bekannten Siedlungen von Entre Ríos, erbitterte Zwistigkeiten zwischen den Zionisten und den Linken ausgefochten wurden. Letztere befanden sich in der Minderheit und mussten sehr aufpassen, denn inzwischen hatte sich die Regierung wieder einmal für eine Kommunistenhatz entschieden, die Unvorsichtige hinter Gitter bringen konnte.

Die mit kunstvollen Schnitzereien ausgestattete, inzwischen zum Kulturerbe der Nation erklärte »Brenner«-Synagoge, die 1908 gegründete sehr aktive Kooperative und mehrere karitative Einrichtungen, ein vom Verein für gegenseitige Hilfe unterhaltenes Krankenhaus, eine gepflegte Plaza und sogar eine kleine Konditorei sorgten für ein gewisses Flair der Ortschaft. Seine Einwohner pflegten ein gutes Verhältnis zu ihren Nachbarn aus der Umgebung, die vorwiegend norditalienischer Herkunft waren.

Aber trotz der gesellschaftlichen Akzeptanz waren wir erleichtert, als wir wieder in die uns vertraute Gegend von Basavilbaso zurückkehren durften, wo uns allerdings nur wenige Monate später eine neue Überraschung erwartete.

Die Geburtshelfer des Genossenschaftswesens

Diese Überraschung bestand in meiner Ernennung zum Verwalter der bedeutenden Siedlung Clara (benannt nach der Gattin des Barons) – eine an sich ehrenvolle Beförderung, auch wenn sie wiederum ein Provisorium darstellte.

Im Dorf Dominguez befand sich die Verwaltung dieser Kolonie, der ausgedehntesten der »J.C.A.«-Niederlassungen der Provinz. Im Jahre 1892 gegründet, umfasste sie zusammen mit der angrenzenden Siedlung San Antonio 102 000 Hektar Land, auf denen über 800 Familien wohnten.

Schon mehrmals war die Rede von den Kooperativen, die gegründet worden waren, um die Produkte ihrer Mitglieder ohne Zwischenhändler vermarkten und die Dinge für den täglichen Bedarf günstig einkaufen zu können. Viel verdankt das argentinische Genossenschaftswesen mit ihrem Motto »Einer für alle, alle für einen« den aus Russland eingewanderten jüdischen Siedlern. Der sozialistisch geprägte Gemeinschaftssinn hatte hier einen besonders sichtbaren Ausdruck gefunden. Denn außer dem »Fondo Comunal« mit seinen Zweigniederlassungen gab es auch genossenschaftlich organisierte Metzgereien und Backstuben, eine Darlehensbank nach dem gleichen Prinzip, die gemeinsam betriebenen Viehauktionen, die Milchentrahmungsstätten und einen Krankenverein, dem das für damalige Verhältnisse gut eingerichtete Spital unterstand. Auch er war nach genossenschaftlichen Richtlinien aufgebaut. In seiner besten Zeit betrieb der »Fondo Comunal« auch eine Fabrik, um den Leinsamen der Region zu Leinöl zu verarbeiten – eine Industrie, die an Bedeutung verlor, als die Kunstharze begannen, das Leinöl zu verdrängen. Seine umfassende Tätigkeit nicht nur auf wirtschaftlichem, sondern auch auf sozialem und kulturellem Gebiet beweist, dass sich das bereits von den jüdischen Propheten geforderte Ziel der sozialen Gerechtigkeit auf humane Weise eher erreichen lässt als mit sinnentleerten Schlagworten, auf die sich viele Demagogen berufen.

Das Entstehen des »Fondo Comunal« war, wie üblich, der Initiative der »J.C.A.« zu verdanken. Das hinderte deren längst unabhängig gewordene Mitglieder aber nicht, ihr so kritisch zu begegnen wie Kinder, die sich von ihren Vätern lösen. Dabei stand die Forderung der Kolonistensöhne im Vordergrund, bei der Gründung ihrer eigenen Familien möglichst in der Nähe der elterlichen Höfe angesiedelt zu werden. Diesem begreiflichen Wunsch widersetzte sich die »J.C.A.« starrsinnig – unter Berufung auf längst überholte Bestimmungen. Aber noch immer galt das Wort: »Paris dit.« Die hinter der Genossenschaftsbewegung stehende Weltanschauung ging von einer geistigen Elite aus, für die die Siedlungen um Dominguez berühmt waren.

Als ich dorthin gelangte, waren fast alle dieser Gruppe angehörigen Intellektuellen bereits in die Stadt gezogen: Máximo Yagupsky etwa, der Sohn des »Cura« Froike, der erfolgreiche Dramaturg Samuel Eichelbaum, der in Russland geborene Schriftsteller und Journalist Alberto Gerchunoff, dessen 1911 erschienener Erzählungsband *Los Gauchos Judíos* die Existenz dieser Siedler im ganzen Land bekannt machte; die beiden sozialistischen Führer Enrique und Adolfo Dickmann; schließlich die drei Chertkoff-Schwestern aus Odessa, politisch aktive Feministinnen, die alle drei sozialistische Politiker heirateten. Ihre Biografien würden einen interessanten Einblick in die damals debattierten politischen Verhältnisse des Landes gewähren.

Andere Vorkämpfer der ersten Zeit waren schon jahrelang tot, lebten aber als Legende weiter. Als Vorbild, wie etwa der erste Arzt der Gegend, Dr. Noé Yarcho aus Minsk, den die »J.C.A.« mit den ersten ihrer Siedlergruppen nach Dominguez entsandt hatte. Seine Witwe, eine kultivierte Dame, und deren Sohn, ein hervorragender Klavierspieler, lernte ich noch kennen. Dr. Yarcho behandelte seine Patienten ohne Rücksicht auf ihren gesellschaftlichen Rang bei Tag und Nacht. Seine vorbildliche Hingabe

Dr. Noé Yarcho   Ing. Miguel Sájaroff

trug, zusammen mit dem von ihm in der Gegend eingeführten
und damals erst seit kurzem im Handel befindlichen Wunder-
mittel Aspirin nicht wenig zu seiner Berühmtheit bei. Ich will
nur eine der vielen Anekdoten anführen, die seine Beliebtheit
unter Beweis stellt. Auf dem Nachhauseweg von einem Kran-
kenbesuch wurde er in dunkler Nacht von einem Wegelagerer
überfallen: »Geld oder Leben!« »Ist dein Jungchen wieder ganz
in Ordnung?«, erkundigte sich Dr. Yarcho daraufhin freundlich.
»Um Gottes willen, unser Herr Doktor!«, entfuhr es dem Halun-
ken, der es sich daraufhin nicht nehmen ließ, neben dem Sulky
des verehrten Mannes einherzureiten, um ihn bis ins Dorf zu begleiten. Zu seinem Schutz. »Denn wissen's, Herr Doktor, in der
Gegend hier, da wimmelt's nur so vor Strolchen. Da kann ich
doch nicht zulassen, dass Sie so alleine herumkutschieren.«
Die beiden bedeutendsten Theoretiker des argentinischen Genossenschaftswesens lernte ich noch kennen. Zum einen Isaac
Kaplan, den älteren Bruder meines Vorgesetzten Samuel. Jahrelang leitete dieser die »Fraternidad Agraria«, die Dachorgani-

sation aller Kooperativen der jüdischen Siedlungen. Aus einer traditionsbewussten Familie stammend, hatte er stets kleine Geschichten auf Lager – Parabeln, mit denen er seine Belehrungen würzte. In mehreren meiner frühen Erzählungen baute ich solche Anekdoten ein. Hier eine, die mir damals zu denken gab: »Der liebe Gott sorgt dafür, dass verdienstvolle Verstorbene im Paradies postum ihrer Lieblingsbeschäftigung nachgehen können. Dem Schreiner stellt man edle Hölzer für kunstvolle Möbel zur Verfügung. Der Thoraschreiber erhält feinstes Pergament, um Kopien der Heiligen Rollen anfertigen zu können. Der Schneider bekommt wertvolle Stoffe zur Verarbeitung, der Fuhrmann vier feurige Rappen und der Reiche… Ja, was gibt man dem wohltätigen Reichen? Zwei Engel stellt man ihm zur Seite, um die Säcke nachzufüllen, aus denen er mit vollen Händen die Goldstücke schöpft. Die verteilt er dann nach Herzenslust unter den Armen. In endloser Reihe ziehen die an ihm vorbei, um die Almosen in Empfang zu nehmen.« Kurze Pause. Und dann erscheint das nachdenkliche Lächeln im Gesicht Don Isaacs: »Da sieht man wieder einmal, wie vieler Arme es bedarf, um einen einzigen Reichen zufrieden zu stellen!«

Isaac Kaplan entstammte einer konservativen Familie. Sein Vater hatte ihm untersagt, in die Stadt zu ziehen, um Medizin zu studieren, was er als junger Mann vorhatte; dort liefe er Gefahr, der Religion untreu zu werden. Der andere Theoretiker des Genossenschaftswesens entstammte dem säkularen, sozialistischen Lager: Ing. Miguel Sájaroff war ein Schwager Dr. Yarchos. Heute ist eine Bahnstation nach ihm benannt. Als ich ihn kennenlernte, war Don Miguel bereits ein sehr alter Mann. Er wohnte bei seiner Tochter. Doch noch immer verblüffte er uns mit seinem trockenen Humor und der nüchternen Sichtweise, mit der es ihm gelang, uralte Vorurteile als solche zu entlarven. Tolstoi, mit dem man ihn seiner Lehren wegen oft verglich, sah er wirklich nicht ähnlich. Er war glattrasiert und glatzköpfig, sprach bedächtig und betrachtete seine Gesprächspartner durch eine Brille, die seine Pupillen vergrößerte, was ihnen einen permanent erstaun-

Isaac Kaplan

ten Ausdruck verlieh. Vielleicht könnte man ihn als praktischen Idealisten bezeichnen. Ich erinnere mich des Gesprächs, das er im Büro des »Fondo Comunal« mit einem der wenigen ehrenamtlichen Aufsichtsräte führte, der sich nach Argentinien verirrt hatte, um die Siedlungen zu besichtigen. Ein Herr Warburg aus der bekannten Bankiersfamilie. Auf der ihm zu Ehren einberufenen Sitzung versuchte Don Miguel, seinem Gast klarzumachen, dass dem Vorsitzenden des in London ansässigen Aufsichtsrats, einem geachteten Kronrat, vermutlich wenig Zeit bliebe, um sich um die argentinischen Siedlungen zu kümmern. Schließlich sei er damit beschäftigt, die Königin von England zu beraten. Von diesem Umstand leitete er die Notwendigkeit ab, einen Vertreter der hiesigen jüdischen Gemeinschaft in den Aufsichtsrat zu berufen. Dieser alten Forderung sollte, wie bereits erwähnt, 1950 endlich stattgegeben werden. Aber da war es zu spät, längst hatten die politischen Ereignisse die Struktur der Siedlungsgesellschaft grundlegend verändert.

Eine kleine Geschichte beleuchtet die Denkungsart Miguel Sájaroffs. Als ihn einst ein Bekannter aufsuchte, entdeckte dieser verwundert eine Anzahl ärmlich gekleideter Männer, die damit beschäftigt waren, Löcher auf einem Nebengelände auszuheben. Auf seine Frage hin erklärte ihm Don Miguel, es handle sich um Tagelöhner, die ohne Verdienstquelle geblieben seien, weil die Ernte in der Siedlung ausgefallen war. Er wolle ihnen helfen. Da Almosen aber nicht nur den Bittsteller, sondern auch den Spender beschämten, habe er jedem von ihnen einen Spaten besorgt, um ihnen eine Arbeit zu verschaffen, die er entlohnen könne. Vielleicht könne man ja im kommenden Frühling Bäume in diese Löcher setzen, fügte er lächelnd hinzu, immer vorausgesetzt, sie hielten dem Winterregen stand.

Längst wurden Miguel Sájaroff und seine Mitstreiter aus dem Diesseits abberufen. Der »Fondo Comunal« musste seine Pforten schließen, und die Familienfotos, die vor hundert Jahren benutzten Arbeitsgeräte, die Hauseinrichtungen mit dem Samowar und dem Gestell mit der porzellanenen Waschschüssel und dem dazugehörigen Wasserkrug sind nur noch im regionalen Museum des Städtchens zu besichtigen. Der Geist jener Generation lebt aber in vielen Enkeln und Urenkeln weiter, die in Buenos Aires oder in Israel zu den aktivsten Mitgliedern der dortigen Genossenschaften gehören – zu jenen zivilen Nonprofit-Organisationen, die sich darum bemühen, durch ihren Einsatz die sozialen Ungerechtigkeiten auf Erden zu mildern.

Colonia Avigdor II

In Jahr 1947 wurde ich zum Verwalter der Siedlung Avigdor ernannt.

Dort bewohnten wir ein für die damaligen Verhältnisse schönes Haus mit fließendem Wasser und einem Lichtmotor, der uns mit elektrischem Strom versorgte. Freilich konnte es passieren, dass sich eine Schlange in die warme Küche verirrte. Und wenn man sich morgens die Schaftstiefel anzog, tat man gut daran, sie vorher umzudrehen und auszuklopfen, für den Fall, dass sich ein Kriechtier oder eine Vogelspinne eingenistet hatte. Um der Schlangengefahr zu entgegnen, stolzierte ein Ñandú, wie der südamerikanische Strauß heißt, auf unserem Patio herum. Der verschlang nämlich nicht nur gern silberne Teelöffel (eine schlechte Angewohnheit, die er mangels Gelegenheit bei uns aber nicht praktizieren konnte), sondern auch Schlangen.

Es war vorauszusehen, dass ich die Siedlung, der ich nun vier Jahre lang als ihr dritter Administrator (nach Bernardo Saphir und Aarón Mosnaim) vorstehen sollte, mit anderen Augen betrachten würde als bei meinen früheren Besuchen: Mit den Augen eines weitgehend auf sich selbst gestellten Beamten nämlich, der – natürlich innerhalb genau umrissener Genzen – die Verantwortung für seine Entscheidungen zu tragen hatte. Schnell wurde mir bewusst, dass jede von mir getroffene Maßnahme außer dem gewünschten Effekt Nebenwirkungen zeigte, von denen die Interessen Dritter tangiert wurden. Sprach ich einer vielköpfigen Familie ein zusätzliches Landstück zu, so fühlte sich ein anderer Nachbar benachteiligt, der mit dem gleichen Terrain geliebäugelt hatte. Verweigerte ich dem Polizeichef des Departements die Erlaubnis, seine Viehherde auf einer Reserve unserer Siedlung weiden zu lassen, so war ich dessen Repressalien ausgesetzt, die natürlich nicht mich persönlich trafen, sondern meine Siedler.

Dutzende von Alltagsentscheidungen hingen von mir ab. Dazu gehörte der Brückenbau und die Instandhaltung der Wege, wofür eine Kommission zuständig war, die meiner Leitung unterstand. Das war lebenswichtig für die Siedlung, denn der 25 Kilometer lange Erdweg, der die Siedlung mit der nächsten Bahnstation Bovril verband, war nicht nur bei Regenwetter nahezu unpassierbar. Auch in Trockenperioden erforderte er ständige Reparaturen. Längere Brücken errichteten wir mit den axtbehauenen Bohlen aus dem Hartholz der Gegend. Bei kleineren hingegen kamen robuste Wellblechrohre mit etwa zwei Metern Durchmesser zum Einsatz. Ich musste sie bei der Behörde anfordern, denen die Verteilung unterstand, wobei es der zuständige Beamte liebte, mich seine kleine Macht fühlen zu lassen. Das

Der Autor vor einem Stapel aus den in Avigdor geschlagenen Pfosten, im Hintergrund die »Monte-Landschaft«, ca. 1949

Gleiche galt für die »Heuschreckenbleche«, mit denen man beim Einfall der Heuschrecken im Hüpfer- oder Springerstadium (gegen fliegende Insekten war man machtlos) trichterförmig gestaltete Korräle anlegte. In diese wurden die Insekten getrieben, um sie anschließend mit Flammenwerfern zu verbrennen. Auch die Verteilung dieser Bleche unterstand staatlicher Kontrolle, um ihre zweckentfremdende Verwendung zu vermeiden.

Als Syndikus musste ich an den Sitzungen der Kooperative teilnehmen und hatte die Hygiene der Milchentrahmungsfabrik zu überwachen. Das war schwierig, denn da es keinen elektrischen Strom gab, stand auch keine Kühlanlage zur Verfügung, was die Qualität der Milcherzeugnisse wesentlich beeinträchtigte. Ich war dem Ministerium gegenüber verpflichtet, beim Anbau des Sorghums die Reinheit des Saatguts zu kontrollieren und versuchte – mit wechselndem Erfolg –, neue Futterpflanzen in der Gegend einzuführen. An einem Versöhnungstag betätigte ich mich sogar, in Ermangelung eines Rabbiners, als Prediger in der

Synagoge, wobei sich die in Herrlingen erworbenen Kenntnisse als hilfreich erwiesen. Selbst um die Beschaffung der Filme, die ein oder zwei Mal pro Monat im Salón gezeigt wurden, musste ich mich kümmern und in den Pausen beim Filmrollen-Wechsel eine kurze Inhaltsangabe auf Deutsch geben. Diese blieb jahrzehntelang die Umgangssprache der Siedler.

Zu behaupten, unser Avigdor sei damals gänzlich aus dem Raum und der Zeit gefallen, hieße, die Dinge überspitzt darzustellen, selbst wenn mich bei der Niederschrift meiner Erinnerungen gelegentlich eine derartige Anwandlung überkommt. Aber wirkte ich etwa nicht am großangelegten Forschungsprojekt eines amerikanischen Unternehmens mit, das Ende der vierziger Jahre auf der weltweiten Suche nach neuen Antibiotika auch von mir speziell präparierte Bodenproben erhielt? Hatte ich mich nicht mit dem Plan meines Vorgängers Saphir auseinanderzusetzen, mit Hilfe künstlicher Befruchtung die auch von mir gerügte geringe Qualität der dortigen Viehherden zu verbessern? Auf den ersten Blick eine bestechende Idee: Mit dem aufgearbeiteten Sperma einiger weniger Zuchtstiere, die noch nicht einmal in der Gegend gehalten werden müssen, lassen sich Hunderte von Nachkommen erzeugen, deren Milch- und Fleischproduktion weit über denen ihrer Mütter läge. In der Theorie. Denn in der Praxis fehlte es an der erforderlichen Infrastruktur, ohne die sich ein so anspruchsvolles Kreuzungsprogramm nicht umsetzen lässt. Aber immerhin, die Modernität winkte zumindest aus der Ferne.

Zweimal im Monat kam ein Zahnarzt aus Paraná angereist und übte seine Praxis im Salón aus. Sein mit einem Schwungrad ausgestattetes Bohrgerät bediente er mangels elektrischen Stroms mit dem Pedal. Was ihn den Spitznamen eines »Radfahrers« eintrug. Ein besonders delikates Problem bestand in der Schwierigkeit, einen Arzt aufzutreiben, der gewillt war, sich in dieser abgelegenen Gegend niederzulassen. Ab und zu konnten wir einen Emigrantenarzt verpflichten, der, da in Argentinien nicht zugelassen, vom gutmütigen Doktor des Städtchens Bovril gedeckt wurde. Lange hielt es keiner dieser meist älteren Herren in Avigdor aus. Das Problem der medizinischen Betreuung – erschwert durch die ungünstige Verkehrslage – hatte natürlich auch Auswirkungen auf die psychische Verfassung der Siedler und veranlasste manche zur Abwanderung.

Ein weiterer die Landflucht begünstigender Faktor bestand im Mädchenmangel. Bei der Auswahl ihrer Kandidaten hatte die »J.C.A.« nämlich die Familien bevorzugt, die möglichst viele Söhne aufweisen konnten, von denen man sich Hilfe bei der schweren Landarbeit versprach. Dass diese Jungs eines Tages auch heiraten wollten, schien man übersehen zu haben. Ein paar Mädchen aus dem israelitischen Waisenhaus von Buenos Aires, denen man zu einem von naheliegenden Hintergedanken bestimmten Ferienaufenthalt in Avigdor verholfen hatte, fanden dort ihr Eheglück. Meine Anregung, etliche jüdische Waisenmädchen, die es nach Schweden verschlagen hatte, auf »Beguck« (so der Ausdruck des dortigen Oberrabbiners) ins Land zu holen, scheiterte an den Einwanderungsbestimmungen Argentiniens.

Die Beauftragten des Landwirtschaftsministeriums (einige waren meine Professoren in Córdoba gewesen) waren zuvorkommend und erleichterten mir die Arbeit; andere Beamte hingegen waren auf Bestechungsgelder aus und erfanden Schikanen. So etwa der für die Bekämpfung der Zeckenplage zuständige Inspektor. Der im ganzen Norden des Landes verbreitete Parasit »Boophilus microplus« schwächt das befallene Rindvieh und überträgt zudem die Blutkrankheiten Anaplasmosis und Piroplasmosis. Um dieser im Volksmund als »Tristeza« (Traurigkeit) bezeichneten Plage einigermaßen Herr zu werden, trieb man die Tiere periodisch durch eine mit Insektiziden gefüllte Baderinne, die jener Inspektor zu kontrollieren hatte. Um ein Rind oder eine Kuh verkaufen oder auch nur in ein anderes Departement der Provinz treiben zu können, bedurfte es einer Bescheinigung dieses Beamten, dass das betreffende Tier parasitenfrei sei. Als mir Klagen zu Ohren kamen, der Mann verlange Schmiergeld für seine Bescheinigungen, stellte ich ihn zur Rede. Überzeugt von seiner Berechtigung zum Kassieren, wies er entrüstet auf seine opferreiche Arbeit hin, die keine Anerkennung fände – und empfahl mir allen Ernstes, mich in eine parasitenfreie Gegend versetzen zu lassen.

Ich will die landesweite Korruption hier nicht breittreten. Sie hemmt die Entwicklung dieses potentiell so reichen Landes und ist ein schier unausrottbares Übel, das mit dem Gesindel der spanischen Eroberer ins Land kam. Beim Quellenstudium für einen Roman über die südamerikanische Inquisition stieß ich auf einen zeitgenössischen Bericht, demzufolge man selbst die Folterknechte des Heiligen Tribunals bestechen konnte, damit sie ihre Marterinstrumente bei zahlenden Häftlingen schonend handhabten. Einen gewissen Trost bieten die regierungsunabhängigen zivilen »Non Profit«-Organisationen. Von ihnen soll es in Argentinien nicht weniger als 60 000 geben, denen 380 000 Helfer angehören. Sie bringen jährlich Millionen von Dollars auf, um wenigstens einen Bruchteil der sozialen Ungerechtigkeiten auszugleichen, unter denen die Bevölkerung leidet.

Außer der Bestechlichkeit und der Zeckenseuche wurde die Gegend noch von einer Anzahl anderer Plagen heimgesucht, denen man genauso hilflos gegenüberstand. Besonders zwei von ihnen richteten erheblichen Schaden an: die Papageien und die Heuschrecken. Die grünen, handtellergroßen Sittiche, die gewöhnlich in den höchsten Bäumen nisteten, pflegten in kreischenden Schwärmen die Mais- und Sonnenblumenfelder zu überfallen und zu plündern. Als Gegenmaßnahme war die Regierung auf die Idee verfallen, eine kleine Prämie pro Paar Papageienfüße auszusetzen – wenn ich mich recht entsinne, fünf Centavos. Die Abwicklung der Transaktionen unterstand den Polizeikommissariaten. Dort lieferten die Bauern die Säcke mit ihren nicht gerade nach Lavendel riechenden Jagdtrophäen ab und nahmen die Prämie in Empfang. Der Erfolg dieser Aktion war nicht überwältigend.

Schlimmer als die Sittichschwärme waren die Einfälle der Heu-schrecken. In der heißen Jahreszeit ergossen sich – grob gespro-chen in Siebenjahreszyklen – Millionen dieser Insekten aus den Wäldern Brasiliens über die Landschaft: eine Schrecken verbrei-tende Naturgewalt! Solange es sich um Bodenheere von krie-chenden und hüpfenden Insekten im Frühstadium handelt, kann man ihrer einigermaßen mit Flammenwerfern und Giftködern Herr werden. Aber wie soll man einen Schwarm von Millionen und Abermillionen fliegender Insekten abwehren? Bei meinem ersten Besuch in Avigdor wurde ich Zeuge eines dieser Über-fälle. Tagelang konnte man die langgezogenen dunklen Wolken am Horizont beobachten – so lange, bis sich die Windverhält-nisse für den Anflug einer dieser lebendigen Wolken als günstig erwiesen. Das Tageslicht erlosch. Ich vernahm ein prasselndes Geräusch und flüchtete ins Haus meiner zukünftigen Schwie-gereltern. Ich versuchte die durch den Türspalt eindringenden Insekten abzuwehren, die erst eine am Boden liegende Zei-tung, dann die Vorhänge anknabberten. Baumwolle, Zellulose, kein Produkt pflanzlicher Herkunft war sicher vor ihren kräfti-gen Kauwerkzeugen. Kurz darauf flog der Schwarm weiter und hinterließ kahlgefressene Wiesen und Getreidefelder, entlaubte Bäume (mit Ausnahme der »Paraiso«-Bäume, die wegen ihrer bitteren Säfte von den Heuschrecken gemieden werden) und ei-nen ekelerregenden Gestank. Tagelang brüllte das hungrige Vieh auf den ihrer Grasnarbe beraubten Feldern, die Hühner legten wegen der Insekten, die sie auf dem Hof aufgepickt hatten, Eier mit blutroten Dottern.

Die befriedigendste Aufgabe, die ich in Avigdor erfüllen musste, bestand in der Urbarmachung unberührten Landes, das zum Re-servoir der Siedlung gehörte. Zwar kamen zu meiner Zeit leider keine Neueinwanderer mehr ins Land, die man hätte ansiedeln können. Es stellten sich aber Bewerber aus den alten Siedlun-gen ein, die sich im Dornwald Avigdors niederlassen wollten. Ich musste also Schneisen in den »Monte« schlagen lassen, um Zufahrtsstraßen bauen und Drahtzäune ziehen zu können. Die robusten Umzäunungen bestanden aus jeweils drei Zügen glatten Stahldrahts und zweien aus Stacheldraht. Die Pfosten entstammten den gerodeten Waldstücken; die nicht anders verwertbaren Äste wurden in Meilern in Holzkohle verwandelt. Auf den gerodeten Gevierten wurden die zwei- bis dreizimmrigen Häuser errichtet, Brunnen gebohrt, Tränken und Melkkorräle angelegt. Mir waren zwei Bürokräfte zugeteilt. Aber es waren die vielen in den Hütten der Umgebung wohnenden »Criollos« – ein Menschenschlag, in dem sich spanisches Blut mit dem der indianischen Urbevölkerung mischt –, die die von mir angeordneten Arbeiten durchführten.

Allerdings konnte die Ankunft etlicher Dutzend neuer Siedler den Niedergang Avigdors, der sich bereits ankündigte, nicht aufhalten. Vielleicht hätte sich die mitten im Busch entstandene Siedlung bei einer doppelt oder dreimal so großen Bevölkerungszahl länger halten können – mit einer wetterbeständigen Zufahrtsstraße zur Bahnstation und mit der Gründung kleiner Fabriken, um die vor Ort erzeugten Rohstoffe zu verarbeiten. Doch früher oder später wäre sie auf jeden Fall von der weltweiten Landflucht erfasst worden. Die setzte in der zweiten Hälfte des 20. Jahrhunderts ein und ist auf verschiedene Ursachen zurückzuführen. Eine rationellere Landwirtschaft erfordert große Anbauflächen, um die kapitalintensiven, modernen Maschinen zu amortisieren. Das wiederum begünstigt eine Konzentrierung großer Betriebe in wenigen Händen. Bei einer solcher Produktionsweise, die zum Beispiel eine direkte Rillenaussaat vorsieht, bei der das Saatgut, zusammen mit Herbiziden und Kunstdünger, in die Erdoberfläche eingearbeitet wird und damit das klassische Umpflügen des Erdreichs überflüssig wird, genügt ein Bruchteil der Arbeitskräfte, die man nur ein paar Jahrzehnte zuvor für die Bearbeitung des Bodens und für das Einholen der Ernte benötigt hatte. Dazu kam im Fall der von der Hand in den Mund lebenden »Peone« Argentiniens die politisch brisante Nachfrage nach Fabrikarbeitern in Stadtnähe. Und so verkauften bislang selbstständige Besitzer kleinerer landwirtschaftlicher Betriebe diese, um in der Stadt ein neues Leben zu beginnen. Sie fühlten sich von den Verlockungen des Stadtlebens angezogen, wie man gelegentlich zu hören bekam. Ein Begriff, der sich bei näherem Hinsehen als ein weltanschaulich gefärbtes Schlagwort entpuppt, das den Sündenpfuhl der Stadt gegen das frisch-fröhliche Landleben ausspielt. Wem steht es zu, die besseren Ausbildungschancen für die Jugend und die sorgfältigere ärztliche Betreuung vor allem älterer Menschen gedankenlos als »Verlockung« zu bezeichnen? Als verwerfliche Verlockung natürlich. Bei der jüdischen Landbevölkerung gesellte sich die Anziehungskraft hinzu, die von Israel ausging. Viele meist jüngere Menschen folgten dem Ruf des jungen Staates.

Wenige Jahre nach meinem Abschied versetzte eine populistische Provinzregierung der Siedlergesellschaft einen empfindlichen Schlag, der ihren Niedergang beschleunigte. Eine Grundsteuer, die alle Ländereien mit progressiv gestaffelten Abgaben belastete, wurde eingeführt. Nachdem die »J.C.A.« nominell noch Tausende von Hektar Land besaß, wurde sie in die höchste Steuerklasse eingestuft. Damit nicht genug: Man erfand auch eine zusätzliche Steuer für im Ausland residierende Eigentümer. Sie betrug weitere 50 Prozent auf die Grundsteuer. Diese konfiskatorische Politik, die natürlich auf eine kalte Enteignung abzielte, veranlasste die »J.C.A.«, sämtliche noch in ihrem Besitz befindlichen Ländereien zu Preisen an ihre Siedler abzugeben, die praktisch einem Geschenk gleichkamen, da die galoppierende Inflation längst die Wirtschaft des Landes unterhöhlt hatte. Viele der Begünstigten verkauften das ihnen in den Schoß gefallene Präsent nun an die umliegenden »Estancieros«, um sich mit dem Erlös in den umliegenden Städten niederzulassen.

Wer heute nach Avigdor kommt – im Volksmund oft nach den beiden »Estancias« Capivara und Corcovado genannt, auf deren Boden die Siedlung vor fünfundsiebzig Jahren gegründet wurde –, trifft dort acht bis zehn jüdische Siedler an, die sich inzwischen auf wesentlich größeren Flächen, als sie damals den

Siedlern zur Verfügung standen, der Viehzucht widmen und Sojabohnen, Sonnenblumen, Weizen, Mais und seit kurzem wieder Leinsaat aussäen. Zu den hohen Feiertagen amtiert ein Rabbinerkandidat aus Buenos Aires in der renovierten, kleinen Synagoge. Daneben stehen den Gläubigen anderer Konfessionen eine katholische, eine evangelische und eine Pfingstkirche zur Verfügung. Der ebenfalls renovierte Salón dient dem geselligen Zusammensein, die von der Provinz unterhaltene Grundschule der Ausbildung der Kinder. Dank der regenfesten Zugangsstraßen, der Internet- und Telefonverbindung und des Fernsehens ist heute der Anschluss an die umliegende Welt gewährleistet.

Jahrelang pflegten sich die abgewanderten »Ex-Avigdorianer« in Buenos Aires zu treffen, um der gemeinsam verbrachten Zeit im »Monte« zu gedenken. Für die meisten hatte sich das Leben in der Siedlung als eine lebensrettende Übergangzeit erwiesen; längst hatten sie in der Stadt Fuß gefasst. Als Angestellte, als Besitzer kleiner Läden, als Fabrikanten von Strickwaren, Transportunternehmer, Gemeindevorbeter oder Verwalter des Seniorenheims. Der Baron und die vielen von ihren Idealen beseelten Pioniere hatten sich die Zukunft der »J.C.A.«-Siedlungen anders vorgestellt.

Mario

Stille Sehnsucht
Sämtliche Kinder
kommen mit allumfassendem Wissen zur Welt,
glauben gewisse jüdische Mystiker.
Das Verständnis der Lehre
und deren verborgenen Schichten,
die Kenntnis um Himmel und Erde,
um Leben und Tod,
sei jedem neuen Menschenkinde mitgegeben.

Bald aber, so sagt man,
erscheine ein Engel an der Wiege,
der behutsam
(vielleicht sogar voller Erbarmen)
mit dem Finger des Vergessens
die Lippen des Neugeborenen berührt.
Da erlischt jenes Wissen,
der Abglanz des Paradieses.

Sein ganzes Leben lang jedoch
sehne sich der Mensch
nach jener verlorenengegangenen,
Sphären durchdringenden Erkenntnis,
mit der er einst geboren wurde.

Am 12. Juni 1951 kam unser Sohn Mario Daniel zur Welt. Schon
zwei Wochen zuvor hatte ich Ruth in den Nachbarort Sauce de
Luna gebracht, wo sie als Pensionärin des kleinen, von unserem
Freund Dr. Selig Goldín geleiteten Spitals der Entbindung entge-
gensah. Diese Vorsichtsmaßnahme hatten wir ergriffen, weil wir
fürchteten, beim Einsetzen der Wehen ohne ärztlichen Beistand
zu bleiben. Das war realistisch, denn wir befanden uns im Spät-
herbst, in dem die Wege häufig vom Regen aufgeweicht werden,
was die Verbindung zur Außenwelt erschwert.
Die Begleitumstände der Ankunft unseres Erstgeborenen waren
sehr aufregend. Es kam zu einer mitternächtlichen Zangenge-
burt. Der Arzt wurde von einer Krankenschwester und der Heb-
amme unterstützt. Elektrisches Licht gab es um diese Stunde
nicht mehr, sodass ich mit der Rechten die Kerosingaslampe
hochhalten musste, um das Arbeitsfeld des Arztes zu beleuch-
ten; mit der Linken fasste ich die Chloroformmaske, die von der
Schwester mit dem Betäubungsmittel beträufelt wurde. Endlich
erschien das Köpfchen des Kindes. Die Szene haftet mir genauso
unauslöschlich im Gedächtnis wie der Weg, den ich im Morgen-
grauen durch die winterlichen Straßen des verschlafenen Städt-

chens zurücklegte, um bei der Bahnstation die Telegramme für meine Eltern und Schwiegereltern aufzugeben, in denen ich die glückliche Ankunft Marios bekanntgab. Der zweite Weg galt dem Amtssitz des Friedensrichters, dem das Register des Standesamts unterstand. Dort meldete ich die Geburt unseres Stammhalters an. Die Stempelgebühr betrug eins fünfzig – wahrlich nicht zu viel für den Eintrag unseres Sohnes ins Familienstammbuch!

Damals erschien es mir selbstverständlich, dass mein Sohn acht Tage nach seiner Geburt beschnitten werden müsse. Wahrscheinlich würde ich mich auch heute noch dem gesellschaftlichen Druck beugen, der den Juden diese Prozedur auferlegt. Auch wenn ich diesem Relikt aus einer grauen Vorzeit, in der man blutrünstigen Göttern Menschenopfer darbrachte, heute mit großen Vorbehalten begegne. Sie werden auch von den Bemühungen nicht ausgeräumt, den chirurgischen Eingriff mit dem Hinweis auf hygienische Vorzüge zu rechtfertigen. Von wegen: das »Siegel Abrahams«! Die Heilige Schrift sagt nichts über die seelische Verletzung aus, die Isaak empfangen haben muss, als er, auf dem Altar gefesselt, dessen Brennholz er selbst angeschleppt hatte, das zum Todesstoß erhobene Messer seines Vaters erblickte.

Die Ankunft Marios regte uns zum Nachdenken über unsere Zukunft an. Es war absehbar, dass wir ihn, kaum der Grundschule entwachsen, zur Weiterbildung außer Haus hätten geben müssen. Die nicht immer angenehmen Erfahrungen, die ich seit meinem elften Lebensjahr als Internatszögling machen musste, wollte ich meinem Sohn ersparen. Andererseits war meine Laufbahn bei der »J.C.A.« vorausbestimmt: Ich würde vom jungen zum alten Verwalter avancieren. Schon vor einigen Jahren hatte die Gesellschaft Dr. Curt Riegner mit dem Auftrag nach Deutschland entsandt, unter den »displaced persons« Kandidaten ausfindig zu machen, die als neue Siedler in Betracht kämen. Doch die wenigen Überlebenden der Shoah zogen, soweit sie überhaupt landwirtschaftliches Interesse zeigten, das Leben in einem Kibbuz in Israel vor. Die allgemeine Landflucht machte sich in den jüdischen Siedlungen bemerkbar, was die Spottvögel veranlasste, meinen Titel eines Administrators in den einen »Liquidators« zu verwandeln. Zu all dem kam das Drängen meiner Eltern, die das sechzigste Lebensjahr hinter sich hatten und uns und den Enkel gerne in der Nähe haben wollten. Kurz vor dem ersten Geburtstag unseres Sohnes kündigte ich meine Stellung als Verwalter bei der »J.C.A.«, übergab sie ordnungsgemäß meinem Nachfolger Panasoff und zog im April 1952 mit meiner kleinen Familie nach Buenos Aires, wo uns ein neuer Anfang bevorstand.

Blicke ich heute auf die fast neun Jahre meines Lebens zurück, die ich in den jüdischen Siedlungen verbracht habe, so erkenne ich, dass sie zu den glücklichsten Abschnitten meines Daseins gehören.

Ich will dieses Kapitel nicht abschließen, ohne die weltweit rasante Entwicklung der Landwirtschaft im Laufe der letzten sechzig Jahre zu erwähnen. In den vierziger Jahren des vergangenen Jahrhunderts – zu meiner Zeit also – gab es in den Siedlungen kaum einen Traktor; die Anbauflächen der einzelnen Äcker überstiegen selten zehn Hektar Land. Das Saatgut stammte zwar von staatlich kontrollierten Zuchtanstalten, aber die moderne Gentechnik hatte noch nicht ihren Siegeszug angetreten, während heute der Anteil transgener Soja in Argentinien nahezu 100 Prozent beträgt und auch beim Mais im Vormarsch ist. Das Gleiche gilt für die eingesetzten, miteinander zu einem geschlossenen System abgestimmten Dünger, Herbizide und Pestizide, die im vergangenen Jahrzehnt viele landwirtschaftliche Betriebe in chemieabhängige Agrarfabriken verwandelt haben. Damit hat sich zwar der Ertrag ihrer Äcker verdoppelt oder verdreifacht, was bei gerechterer Nahrungsverteilung einer hungrigen Welt zugutekommen könnte. Es tauchten aber auch Probleme auf, deren Auswirkungen noch gar nicht absehbar sind: die Grundwasserverseuchung etwa oder die möglichen Spätschäden der Einschleusung artfremder Gene ins pflanzliche und tierische Erbgut. Nicht zuletzt geht es um die politischen Folgen, welche die Abhängigkeit von einigen wenigen Konzernen mit sich bringt, von denen die internationalen Patente einer gekoppelten Genetik und Chemie monopolisiert und den Regierungskontrollen weitgehend entzogen werden.

Mit diesem grenzüberschreitenden Hinweis verabschiede ich mich von dieser Etappe meiner beruflichen Existenz, die kurz vor meinem dreißigsten Geburtstag ihr Ende fand.

Importkaufmann

Jetzt kam ein ganz neuer Beruf auf mich zu, der eines Importkaufmanns – auch dieser ungeliebt, auch dieser aus Pflichtgefühl so gut wie möglich ausgeführt. Und dazu musste er sich jahrelang mit dem Studium der Landwirtschaft abquälen?, wird sich der Leser fragen. Als ich mich mit mir völlig neuen Themen wie Kreditbriefen, Importlizenzen oder so unappetitlichen Dingen wie Über- und Unterfakturierung (den unausbleiblichen Nebenerscheinungen der Devisenbewirtschaftung) herumschlagen musste, stellte ich mir mehr als einmal die gleiche Frage. Erst mit der Zeit gelang es mir, das Beste aus dieser Zwitterlage zu machen. Wobei sich mein innerer Kompass wieder einmal als hilfreich erwies – auch wenn es mehrere Jahre dauerte, bis sich dessen zitternde Nadel auf die neue Position eingespielt hatte.

Es waren unsichere Zeiten. Perón hatte den Belagerungszustand ausgerufen. Bürokratische Kontrollen hemmten den Geschäftsgang. Die Inflation schlug immer höhere Wellen, die Presse wurde unterdrückt, Kritiker als Volksfeinde gebrandmarkt. Wer sich über den Zustand des Landes informieren wollte, hörte sich den Nachrichtendienst an, den ein uruguayischer Sender im Städtchen Colonia am gegenüberliegenden Ufer des Rio de la Plata ausstrahlte. Kein Wunder, dass unser demokratisches Nachbarland – damals etwas euphorisch als »die Schweiz Südamerikas« bezeichnet – dem Diktator ein Dorn im Auge war. Ab und zu wurde daher der Verkehr zwischen den beiden Ländern verboten, was Reisende, die in Montevideo zu tun hatten, zu einem Umweg über São Paulo zwang. Es ist erstaunlich, wie viele Übergriffe sich das friedliebende argentinische Volk immer wieder von seinen Regierungen und ihren Mitläufern gefallen lässt.

Leicht fiel mir die Umstellung nicht. Hätte sich damals in Fürth unser Schicksal so gestaltet, wie es sich meine Eltern bei unserer Geburt vermutlich vorgestellt hatten, wäre meinem Bruder und mir früher oder später die Leitung der väterlichen Fabrik zugefallen. Nun holte mich nach vielen Um- und Irrwegen doch wieder der Kaufmannsstand ein, wenn auch nicht gerade im fränkischen Fürth. Sondern in Buenos Aires, wo sich meine neue Tätigkeit in der 1893 gegründeten Firma abspielte. In einem über vierzig Meter tiefen Lokal, das auch tagsüber künstlich beleuchtet war. Ein die ganze Straßenfront einnehmendes Schaufenster war mit einem Taucher in voller Montur dekoriert, der von Naturschwämmen aller Sorten umgeben war. Denn Naturschwämme und Fensterleder en gros und en dètail gehörten zur Handelsware der traditionsreichen Firma. Solches stammte noch aus der Zeit, als die Kutscher ihre Pferdedroschken täglich auf Hochglanz polierten. Außerdem importierte das Unternehmen Schellack aus England und Zelluloidplatten aus Deutschland. Mein Vater hatte mit der Einbringung der in die Emigration mitgebrachten Überseevertretungen von Bronze- und Aluminiumpulver, Pinseln und Prägefolien zur Belebung des Geschäftsgangs beigetragen. Seit Beginn der fünfziger Jahre partizipierte die Firma am Siegeszug der Kunststoffe, indem sie die Vertretung von Spritzgussmassen und einiger Kunststoff verarbeitenden Maschinen übernahm. Mit der Zeit ergab sich eine Kette diverser Vertretungen, die mir Einblick in die unterschiedlichsten Industriezweige gewährten. Die Zelluloidplatten zum Beispiel gehörten zum traditionellen Fundus der Firma. Sie wurden vornehmlich für die Brillenfabrikation und die Herstellung von Zahnbürstengriffen eingesetzt. Letzteres führte dazu, dass die Firma China-, später auch Kunstborsten in ihre Verkaufspalette aufnahm und die Vertretung eines renommierten Herstellers von Zahnbürstenmaschinen aus dem Schwarzwald übernahm.

Ähnlichen Kombinationen verdankte ich den Zugang zur Knopf-, zur Farben-, Lack-, Leder- und zur Fernmeldeindustrie. All das waren ineinandergreifende Entwicklungen, bei denen eine technologische Innovation zur nächsten führte.

Den etwa zehn Angestellten der Firma stand Herr Feyerabend vor – eine hochgewachsene, altväterliche Erscheinung, von der die Korrektheit eines königlichen Kaufmanns ausging. Seine Korrespondenz diktierte er in mehreren Sprachen. Meist war er vor seinem Stehpult anzutreffen. Vorne im Laden klingelte die Registrierkasse. In der Mitte des unterkellerten Lokals befand sich die Buchhaltungsabteilung mit den dicken Geschäftsbüchern. Eines trug die Aufschrift »Cum deo«. Weiter hinten in einem durch Glaswände abgetrennten Verschlag arbeitete mein Vater. Er war inzwischen Teilhaber der Firma geworden. Da saß er nun vor seinem Schreibtisch: jenem Sekretär mit Rollschubladen, in denen ich nach seinem Tod den Durchschlag des Abschiedsbriefs an seine Cousine Ännchen finden sollte. Dort empfing er seine Kunden, dort befanden sich die Postablage und eine kleine Bibliothek, in der ich ein vor dem Ersten Weltkrieg entstandenes zweibändiges Nachschlagwerk kaufmännischer Ausdrücke in vier Sprachen entdeckte. Das war für mich eine Fundgrube altertümlicher Floskeln, mit denen ich zu meinem Privatvergnügen noch heute gelegentlich meine literarischen Texte würze.

Alle hinausgehenden Briefe wurden in registrierte Bücher kopiert, bevor sie, soweit sie fürs Ausland bestimmt waren, per Luftpost abgeschickt wurden, mit entsprechenden Kopien per Schiffspost für alle Fälle. Nur bei dringenden Anfragen bediente man sich der teuren Telegramme, die durch das 1910 eingeweihte Unterseekabel geleitet wurden. Selten erwies sich ein interkontinentales Telefongespräch als erforderlich; das meldete man dem Gesprächspartner telegrafisch an, bevor man sich ins Stadtzentrum begab, um dort, nach stundenlanger Vorbereitung, das Gespräch zu führen. Ich schildere die Prozedur so ausführlich, um die rasante technische Entwicklung vor Augen zu führen, die sich in der relativ kurzen Zeitspanne von fünfzig, sechzig Jahren vollzogen hat. In dieser Spanne erlebten wir zum Beispiel die Einführung, die Verbreitung und das Ende der Telefax-Verbindungen. Und noch vor zwanzig Jahren konnte sich niemand das Internet und den weltweiten Mail-Verkehr vorstellen, der das gesamte Gebiet der Geschäfts- und Privatmitteilungen revolutioniert hat und uns ständig neue Hilfsmittel zur Verfügung stellt. Längst hat das Gebäude, in dem sich die Firma befand, einem Hochhaus Platz gemacht. Verschwunden ist das Schaufenster, in dem ein Taucher die Fantasie der Nachbarskinder mehrerer Generationen anregte. Doch die Erinnerung an die Menschenschicksale, die in den alten Firmenräumen manchmal zur Sprache kamen, fand gelegentlichen Niederschlag in der einen oder anderen meiner Novellen: Projekte, die einen Geschäftsmann zum Millionär oder zum Bettler machen konnten. Familienzwistigkeiten wie Erbstreit, Ehekrisen und sogar ein Giftanschlag auf einen unserer Kunden, einen netten Brillenfabrikanten mit melancholischem Blick, den die eigene Gattin angestiftet hatte; der kometenhafte Aufstieg einiger Marktneulinge; andere wiederum, die durch die Wirtschaftsexperimente inkompetenter Politiker zu »Neuarmen« degradiert wurden.

Man musste sich wendig zeigen, um zu überleben. Dass die Not erfinderisch macht, hatte mein Vater schon Ende der dreißiger Jahre bewiesen, damals, als mein Bruder und ich noch zur Schule gingen. Bei Kriegsausbruch hatte die Firma größere Bestände von Bronze- und Aluminiumpulver auf Lager. Clevere Kunden versuchten, ihm diese abzuluchsen. Da er und Herr Feyerabend einen mehrere Jahre währenden Krieg voraussahen – im Gegensatz zu den Hitleranhängern, die an den Blitzsieg glaubten –, bemühte sich mein Vater um die Streckung der Vorräte, die er in Kleinpackungen abfüllen ließ, um sie nach und nach an die Farbengeschäfte abzugeben. Als er keine Aquarellpinsel mehr importieren konnte, ließ er aus den Ochsenohrhaaren, die in Schlachthöfen anfielen, einen Ersatz für Marderhaarpinsel herstellen. In einer neu gegründeten kleinen Firma verarbeitete er die ihm verbliebenen Bestände von Aluminiumpulver durch Beigabe von allerhand Zusätzen zu einer Paste, die vom Verbraucher leichter zu handhaben war als das Pulver. Die dazu erforderlichen Mischmaschinen hatte er selbst entworfen. Je länger die durch den Krieg hervorgerufene Importsperre anhielt, umso mehr Produkte wurden in das Fabrikationsprogramm aufgenommen. Zum vermögenden Mann brachte es mein Vater nie, doch bewahrte er sich stets den Lebensstil eines in seinen Kreisen geachteten, gut situierten, um nicht zu sagen distinguierten Herrn, auf den die veraltete Bezeichnung des Lebenskünstlers zutraf.

Immer wieder gelingt es den argentinischen Geschäftsleuten, sich den Improvisationen anzupassen, die ihnen ständig abverlangt werden. Anstatt auf eine Kontinuität zu setzen, die die einzelnen Regierungen überdauert, bringt hierzulande jeder Regierungswechsel eine Änderung der wirtschaftspolitischen Spielregeln mit sich, was eine Planung auf längere Sicht unmöglich macht: willkürlich festgesetzte Steuern, Exportabgaben, Zollsätze, Höchstpreise, Devisenbewirtschaftung, Schwarz- und Graumärkte, Importverbote und deren Aufhebung, plötzliche Abwertungen, Privatisierungs- und Verstaatlichungsprogramme, Kontosperren.

Wie viele mit wohlklingenden Ismen verbrämte Wirtschaftssysteme musste das Land in den letzten achtzig Jahren über sich ergehen lassen! Egal, wer bei den Machtkämpfen zwischen den einzelnen Interessengruppen gerade die Oberhand behielt, ob Planwirtschaft oder Liberalismus angesagt waren, ob Militärdiktaturen an der Reihe waren, demokratische Regierungen oder Demagogen, die durch faule Wahltricks zur Macht gelangt waren – konstant blieb, zum Schaden des Landes, nur die wirtschaftspolitische Instabilität.

Nicht vom Brot allein …

Die Chronik der Firma, in die ich im Jahre 1952 sozusagen als dreißigjähriger Praktikant eintrat, bildet einen Teil meiner Biografie. Einen wichtigen Teil sogar, einen interessanten Teil. Aber eben doch nur einen Teil meiner persönlichen Geschichte.

So ganz reibungslos ließ sich der neue Lebensabschnitt nicht an. Denn in Entre Ríos war ich schließlich einer der drei in der ganzen Provinz geachteten Verwalter der »Jewish« gewesen, während ich in Buenos Aires zu einem unbedeutenden Angestellten herabgesunken war, den man auf den Ämtern, auf der Bank oder bei Kundenbesuchen oft lange warten ließ. Außerdem war der Beginn dieser Lebensphase durch eine ziemlich verdrehte Wohnungsangelegenheit getrübt. Während der letzten Monate meiner Tätigkeit in den Siedlungen, so war es verabredet, sollten sich meine Eltern schon einmal auf dem Wohnungsmarkt umsehen und eine Vorauswahl treffen, um mich dann bei einem Besuch in Buenos Aires entscheiden zu lassen. Leider hielten sie sich nicht an die Abmachung, sondern entschlossen sich eigenmächtig zum Kauf eines im kleinbürgerlichen Vorort Florida gelegenen Häuschens, das in keiner Weise unseren Erwartungen entsprach. Was meine Eltern zu diesem übereilten Schritt bewogen hat, weiß ich nicht und will auch nicht daran kratzen, da ich meine alten Herrschaften in Frieden ruhen lassen möchte. Mein Vater jedenfalls, überzeugt von der Richtigkeit seines Vorgehens, leistete die Anzahlung (mit meinem Geld), ohne dass ich die Gelegenheit gehabt hätte, das Objekt vorher zu besichtigen. Ich wollte es mit einem Kredit der Pensionskasse zahlen, der noch gar nicht bewilligt war.

Die Verkehrslage des Häuschens war miserabel. Da ich kein Auto besaß, musste ich mich dreier verschiedener Beförderungsmittel bedienen, um ins Geschäft zu gelangen – eine gute dreiviertel Stunde Fahrt. Zweimal am Tag hin, zweimal zurück, denn damals schaltete man in Buenos Aires noch eine Mittagspause ein. Dazu kam, dass wir jahrelang ohne Telefon blieben, denn seitdem Perón die private Gesellschaft verstaatlicht hatte, gab es praktisch keine Neuanschlüsse mehr. Wer in unserem Viertel dringend telefonieren musste, um zum Beispiel den Arzt zu rufen, benutzte den Apparat im Laden an der nächsten Ecke. Das war das einzige Telefon in der Gegend.

Mein Anfangsgehalt war bescheiden, sodass wir jeden Peso mehrmals umdrehen mussten. Aber wir waren ja jung und voller Tatendrang. Mein innerer Kompass spielte sich ein. Wir verschafften uns Nebenverdienste. Ich schrieb Artikel für die verbreitete landwirtschaftliche Monatszeitschrift *La Chacra* und verfasste populärwissenschaftliche Taschenbücher. Ruth erteilte Zuschneide-Unterricht. Daneben brachte sie die Energie auf, ihre durch die Emigration versäumte Schulbildung in Abendkursen nachzuholen, was sie nach erstaunlich kurzer Zeit befähigte, ein Psychologiestudium aufzunehmen, zu dem es sie von Kind an gedrängt hatte. Nach dessen Abschluss spezialisierte sie sich auf Familientherapie und Persönlichkeitstests, setzte sich für die »Schicksalsanalyse« von Dr. Leopold Szondi ein – er hatte uns in Zürich zuvorkommend empfangen – und übte ihren Beruf erfolgreich in verschiedenen Instituten und Krankenhäusern aus. Bis vor nicht allzu langer Zeit widmete sie sich der Ausbildung junger Nachwuchskräfte.

Mario schickten wir in den Kindergarten einer Rudolf-Steiner-Schule. Nicht etwa, weil es uns die skurrilen Lehren der Anthroposophen angetan hätten. Die Schule war gut zu Fuß erreichbar, und uns gefiel das liebevolle Verständnis, das die »Tanten« den Kindern entgegenbrachten. Die Umgangssprache war Deutsch. Da dies auch unsere Ehesprache war, wuchs unser in Argentinien geborener Sohn in der frühen Kindheit mit der deutschen Sprache auf. In diesem Lernprozess wurde er von Rufina begleitet, der sechzehnjährigen Tochter einer kinderreichen Familie aus einem »Rancho« Avigdors. Sie half Ruth bis zu ihrer Heirat im Haushalt. Wir unterhielten eine freundschaftliche Beziehung zu ihr, die erst endete, als sie vor kurzem starb. Ihre beiden

Söhne tragen die Vornamen unserer Kinder. Ausgestattet mit der schnellen Auffassungsgabe der Menschen aus dem »Monte«, lernte sie im wahren Sinn des Wortes spielend Deutsch, während sie sich mit Mario abgab und ihm half, tiefe Löcher als Verstecke in unser Gärtchen zu graben.

Übrigens sind die von den weißhäutigen Argentiniern verächtlich als »Schwarze« bezeichneten Menschen nicht mahagonischwarz, sondern eher fahlbraun, im Ton eines leichten Milchkaffees. Diesen Teint verdanken sie ihren indianischen Vorfahren. Denke ich an die natürliche Intelligenz vieler dieser einfachen Menschen, kann ich nicht umhin, das schwerste Vergehen im wahrlich langen Sündenregister der argentinischen Machthaber der letzten achtzig Jahre anzuprangern: die grobe Vernachlässigung des Erziehungswesens. Die schlecht und unregelmäßig bezahlte Lehrerschaft erteilt oftmals in heruntergekommenen Gebäuden ihren Unterricht mit ungeeigneten Mitteln. Je weiter man sich von der Hauptstadt entfernt, umso katastrophaler sind die Zustände, weil es den Kindern aus den ärmeren Bevölkerungsschichten dort oftmals an warmer Kleidung, an Schuhen und Lernmaterialien fehlt; nicht einmal die ihnen zustehenden Schulmahlzeiten erhalten sie regelmäßig. Einige Privatschulen aus Buenos Aires – darunter die Pestalozzi-Schule – schicken die vor dem Abschluss stehenden Schüler in den Winterferien in die armen Provinzen, wo sie Essenspakete verteilen und sich als Handwerker betätigen: Sie streichen marode Wände und bessern regendurchlässige Dächer aus.

Ich hege nicht die Illusion, man könnte die unterernährten Straßenkinder, die oft in katastrophalen Familienverhältnissen, ohne menschliche Wärme, wenn nicht gar im Schatten von Jugendstrafanstalten oder in der Nähe stinkender Müllhalden aufgewachsen sind, von heute auf morgen in Nobelpreisträger verwandeln. Als meine Schwägerin Silvia einst als junge Lehrerin an einem Institut arbeitete, das die Kirche für die Freizeitbeschäftigung der im schulpflichtigen Alter stehenden Kinder in einer der vielen »Villa miserias« unterhielt, gewann sie aus den unschuldig vorgebrachten Schilderungen der Acht- bis Zwölfjährigen einen Eindruck über die Zustände, denen sie ausgesetzt waren. Der Onkel, der gestorben war, weil man ihn in den Bauch geschossen hatte. Der betrunkene Vater, der seine Kinder und seine Frau verprügelte. Die als selbstverständlich hingenommenen sexuellen Übergriffe. Der Hunger. Die Kinderbanden. Die Angst. Die Ausdrucksweise: Worte, die Silvia in ihrem katholischen Elternhaus noch nie gehört hatte. Eine Welt, die uns umgibt wie eine vierte Dimension. Die wir, die Bessergestellten, kaum wahrnehmen, kleinen Kindern gleich, die sich einbilden, man würde sie nicht entdecken, wenn sie nur ihre Augen schlössen. Später trat mein Neffe in die Fußstapfen seiner Mutter. In seiner Freizeit arbeitet er gelegentlich in einer anderen dieser »Villas«. Etwas scheint dort in Bewegung geraten zu sein. Einfache Ziegelbauten ersetzen teilweise die ehemaligen Lehm- und Wellblechhütten. Viele ehrbare Menschen leben dort, die sich allerdings nicht nur der Machenschaften der dort untergeschlüpften Verbrecher erwehren müssen, sondern auch dem Druck des Delegierten der Regierungspartei. Der hat dafür zu sorgen, dass sein Stimmvieh richtig wählt. Denn die Stimmzettel der Bewohner dieser »Villas« geben den Ausschlag für das Wahlergebnis ihres Bezirks.

Aber wie dem auch sei: Die schrittweise Förderung ihres Wissensschatzes und der beruflichen Ausbildung, ihre Anleitung zum selbstständigen Denken täten bitter not, um den benachteiligten Millionen die Eingliederung in die Gesellschaft zu ermöglichen. Das ist gewiss ein anspruchsvolles Ziel. Die Tatsache, dass sich keine Regierung ernsthaft um die Volksbildung gekümmert hat, legt den Verdacht nahe, dass die meisten Politiker die Unwissenheit ihrer Anhänger begrüßen. Je ungebildeter und ärmer ein Volk, desto leichter lässt es sich von jedem dahergelaufenen Westentaschendiktator gängeln.

Damit will ich nicht behaupten, dass eine gute Schulbildung und ein voller Magen genügen, um gegen die Lockrufe der Demagogen gefeit zu sein. Die Begeisterung, die manche meiner mit akademischen Titeln ausgestatteten Bekannten an den Tag legten, als 1977/78 die Militärs den sinnlosen Konflikt mit Chile und 1982 den nicht weniger sinnlosen »Malvinen-Krieg« um die Falkland-Inseln anzettelten, nötigt in dieser Hinsicht zur Skepsis – ganz zu schweigen von der geistigen Elite Deutschlands, die 1933 einen Hitler unterstützte oder zumindest nicht ablehnte. Ich weiß nicht, wie viele tausend Absolventen höherer Bildungsstätten sich unter den geschätzten zwei Millionen Menschen befanden, die Ende Juli 1952 Abschied von der an Gebärmutterkrebs gestorbenen Eva Duarte de Perón nahmen.

Viele Stunden lang harrten die Trauernden in der Warteschlange aus, um einen letzten Blick auf ihre Evita werfen zu können. Kein Zweifel: Im Gegensatz zu den heutzutage inszenierten Demonstrationen zu Gunsten von Regierungen, die durch pseudodemokratische Schliche an die Macht gekommen sind – die Teilnehmer werden dabei in Omnibussen angekarrt und mit Zuckerbrot (Handgeld und Bratwürstchen) oder Peitsche (Entziehung der monatlichen Unterstützung) zur Jubelfeier abkommandiert –, im Gegensatz dazu also war die Trauer damals bei einem Großteil des Volkes echt, wenn auch in eine Richtung gesteuert, die dem nunmehr verwitweten Diktator politisch diente.

Diese Manipulation hatte dieser auch bitter nötig, obwohl es ihm spielend gelang, für eine zweite Amtszeit gewählt zu werden. Denn die Konflikte des Landes spitzten sich zu, mehrere Putschversuche wurden mit harter Hand unterdrückt. Oppositionelle waren der Verfolgung ausgesetzt, wurden ins Gefängnis geworfen oder mussten ins Ausland fliehen – wenn sie nicht kurzerhand umgebracht wurden. Unliebsame Presseorgane wurden ausgeschaltet.

Als Mitte 1955 meine *Historia de la Colonización Agrícola en Argentina* herauskommen sollte, eine kleine Geschichte der landwirtschaftlichen Besiedlung Argentiniens, stiegen beim Verlag Bedenken auf. Das Büchlein enthielt einige kritische Bemerkungen zur Agrarpolitik Peróns. Wenn auch sachlich gehalten und mit Argumenten untermauert, wollte sich der Verlag Ärger mit den Behörden ersparen. Man legte mir nahe, das Buch mit einer einleitenden Ergebenheitsadresse an den General zu versehen. Ich fand schon das Ansinnen eines solchen Kotaus widerlich. Die »Befreiungsrevolution« der Generäle vom 16. September 1955 machte eine weitere Diskussion überflüssig.

Denn als Perón 1955 den Fehler beging, die Macht der Kirche herauszufordern, indem er zuließ, dass seine Anhänger die Kurie und einige Kirchen in Brand steckten, rebellierten seine Waffenbrüder und entschlossen sich zu einer »Revolución libertadora«. Sie gestatteten dem Diktator, auf ein im Hafen befindliches paraguayisches Kanonenboot zu flüchten. Im Exil fand er zunächst Aufnahme bei seinen autoritär regierenden Gesinnungsgenossen in Lateinamerika und ließ sich schließlich in Madrid nieder, von wo aus er weiter intrigierte. Das zusammengeraffte Vermögen setzte er zweckdienlich für seine Ziele ein, während seine Partei in Argentinien bis 1973 verboten blieb.

Der Militärputsch wurde, zumindest anfänglich, vor allem von den bürgerlichen Kreisen begrüßt. Als die Absetzung Peróns publik wurde, ging eine sicht- und hörbare Begeisterungswelle durch die Stadt. Ich befand mich gerade in einem Omnibus im Zentrum; die Passagiere rissen die Fenster des Fahrzeugs auf, um lauthals in die Freudenschreie der Passanten einzustimmen. In den Arbeitervierteln dürfte die Stimmung allerdings anders ausgesehen haben.

Die 1958 von den Generälen einberufenen Wahlen gewann Arturo Frondizi, während jener Jahre einer der wenigen staatsmännisch denkenden Politiker des Landes. Seinen Wahlsieg verdankte er allerdings der Unterstützung des von Madrid aus intrigierenden Perón. Das sollte sich wenige Jahre später rächen, als dieser ihm die Rechnung präsentierte und die Generäle Frondizi wieder des Amtes enthoben.

Damals im Jahre 1955 allerdings glaubten wir wirklich, der Spuk sei ausgestanden, nicht ahnend, dass er sich nur in eine latente Phase zurückgezogen hatte, aus der er Jahre später erstarkt zu neuem Leben erwachen würde.

Reifezeit

Vielleicht ließe sich die erste Etappe unseres Stadtlebens – besser gesagt: unseres Vorstadtlebens – als ein äußerlich ruhiges Stadium des Heranreifens beschreiben.

Ich erfüllte meine Pflicht im Geschäft und fuhr ab und zu in die Provinzen, um zusammen mit den lokalen Vertretern der Firma die dortigen Kunden zu besuchen – für mich eine Art praktische Landeskunde. Abends, nach der Arbeit im Geschäft, verfasste ich meine Zeitungsartikel und Sachbücher. Gelegentlich hörte ich mir einen Literaturvortrag an. Unser geselliger Umgang beschränkte sich auf ein paar Verwandte und Schulfreunde von früher; tiefgehende Freundschaften schlossen wir nicht. Das Kino und die oft auf hohem Niveau stehenden Konzerte und Opern besuchten wir nur ausnahmsweise. Doch erlebten wir eine ganze Reihe von Theateraufführungen: von Dürrenmatts *Der Besuch der alten Dame* und Frischs *Herr Biedermann und die Brandstifter* über García Lorca und George Bernard Shaw bis zu Shakespeare und den griechischen Tragödien. Dazu die leichtere Muse, *My fair lady* und *Fiddler on the roof*. Und noch etwas: Inzwischen hatte sich uns das ausgezeichnete jiddische Volks-Theater (IFT) erschlossen, wo gelegentlich selbst Schauspieler aus New York gastierten. Ruth widmete sich ihrem Studium, ich meiner Schreiberei. Wir lasen viel, genossen die Übertragungen klassischer Musik im Radio und legten uns eine kleine Plattensammlung an. Schellackplatten natürlich, andere gab es noch nicht. Damals begann ich auch, mich mit den großen Jahrhundertromanen von Proust, Joyce und Musil zu beschäftigen. Bis dahin war mir als Autor dieser Kategorie nur Thomas Mann vertraut gewesen.

Als Mario dem Kindergarten entwuchs, kam er in eine in der Nachbarschaft gelegene private Grundschule. Daneben brachten wir ihn einmal pro Woche zum jüdischen Unterricht. In Buenos Aires besuchen über 40 Prozent der schulpflichtigen Kinder Privatinstitute, weil die meisten Staatsschulen unter großen Mängeln leiden. Die Lehrer streiken oft wochen-, gelegentlich sogar monatelang, die Klassenräume sind meist überfüllt. Pflichtkurse zur Fortbildung der Lehrkräfte werden selten abgehalten, obwohl die drei Monate langen Sommerferien dazu einladen müssten. Wer es sich irgend leisten kann, schickt seine Sprösslinge daher in eine der vielen privaten Lehranstalten, die von kirchlichen Institutionen oder von ausländischen Schulgemeinschaften unterhalten werden oder auf privater Unternehmerinitiative beruhen. Natürlich stellt dieses System eine der vielen Ungerechtigkeiten unseres Landes dar, weil sich die Kinder bedürftiger Eltern mit der zwar kostenlosen, aber auch höchst mangelhaften Ausbildung der überbürokratisierten Staatsschulen begnügen müssen.

Blicke ich heute, nach fast sechzig Jahren Stadtleben, auf die Verhältnisse zurück, die ich Anfang der fünfziger Jahre hier vorfand, so kommt mir die tiefgreifende Entwicklung zum Bewusstsein, die unsere Lebenshaltung nachhaltig beeinflusste. Japanische Billiguhren verdrängten die soliden Schweizer Präzisionsinstrumente. Taschenrechner und Radios verwandelten nicht lange nach dem letzten Weltkrieg einige Importeure in Dollarmillionäre. Oder so banale Beispiele wie die Verdrängung von Flaschenmilch durch Tetrapack, der Einsatz wegwerfbarer Windeln oder die von penetranter Werbung durchgesetzte Verbreitung der Marken-Erfrischungsgetränke bis zur erfolgreichen Bekämpfung vieler Krankheiten, die vor nicht allzu langer Zeit als unheilbar galten. Vom Kugelschreiber bis zur Kontaktlinse, vom Internet, das unser tägliches Leben immer mehr vereinnahmt, zum Mobiltelefon. Vom Vordringen der Kunststoffe in sämtliche Bereiche bis zur Selbstverständlichkeit interkontinentaler Flüge. Von der Tiefkühltruhe bis zum allgegenwärtigen Fernsehen, das mit seinen unterschwelligen Botschaften und Befehlen die öffentliche Meinung bildet. Von der Organtransplantation zur Geburtenkontrolle und zur Humangenetik hat sich der Alltag so ungeheuer verändert, dass unsere Großeltern, würden sie aus ihren Gräbern auferstehen, sich in unserer Welt kaum noch zurechtfinden könnten.

Hinter diesen äußerlichen Erscheinungen verbergen sich tiefgehende Veränderungen und Spannungen, deren Auswirkungen von Autoren wie Aldous Huxley, Franz Kafka oder George Orwell intuitiv vorausgesehen wurden. Die Intimität unseres Privatlebens ist in Frage gestellt. Moderner Komfort und lebensverlängernder Fortschritt hin oder her – über fünfzig Prozent der Klassenkameraden meiner Enkel entstammen geschiedenen Ehen.

Wie viele zu »Neuarmen« herabgesunkene Bürger dieser bis vor kurzem unbekannten Klasse angehören, entzieht sich der statistischen Erhebung. Genauso wie die Anzahl der jungen Menschen, die ihre berufliche Karriere als Arbeitslose beginnen. Genauso wie die Probleme, die auf uns dank der ständig verlängerten Lebenserwartung zukommen, weil sie von keiner Altersfürsorge aufgefangen werden. Welche Folgen der Hass mit sich bringen wird, der sich bei den Millionen der Benachteiligten aufbaut, wird sich zeigen. Schon heute werden auf den Straßen von Buenos Aires tagtäglich Hunderte von Menschen überfallen, verletzt, getötet. Nicht selten von Kindern. Weder das Leben ihrer Opfer noch ihr eigenes armseliges Dasein zählen für sie. Im Fernsehen werden periodisch Verhaltensregeln übertragen, damit der Geschädigte im Fall eines Überfalls mit dem Leben davonkommt: Ruhe bewahren und auch den Angreifer beruhigen. Nicht schimpfen oder kränken, sondern Verständnis zeigen und ohne verdachterweckende Gesten seine ganze Habschaft aushändigen. Geht's gut, kann man später die Glückwünsche seiner Freunde entgegennehmen, weil es glimpflich ablief. Dann folgt eine Anzeige bei der Polizei, nur um den Verlust seiner Dokumente zu melden. Ansonsten ist das verlorene Zeit.

Tatsache ist, dass die Fortschritte der ins Weltall vordringenden, nach den Sternen greifenden Menschheit nur einer dünnen Schicht der Weltbevölkerung zugutekommen. Die überwiegende Mehrzahl vegetiert nach wie vor unterhalb der Armutsgrenze dahin, leidet unter ständigem Hunger und wird von vermeidbaren Krankheiten heimgesucht. Das Heer der benachteiligten Kinder, die der Gewalt, der Drogensucht, der sexuellen und wirtschaftlichen Jugendprostitution ausgesetzt sind, steht bereits vor unserer Haustür. Wir müssen nur die Augen aufmachen, um es wahrzunehmen.

Alfred de Levie, mein Schwiegervater

Mit der finanziellen Unterstützung meiner Schwiegereltern kamen wir zu unserem ersten Auto, einem gebrauchten Plymouth, der uns eine größere Bewegungsfreiheit gestattete. In einer so großen Stadt wie Buenos Aires mit ihrem zwar dichten, aber veralteten Verkehrsnetz ist das kein Luxus.

Die Erwähnung meines Schwiegervaters veranlasst mich, an dieser Stelle seinen Lebenslauf kurz zu skizzieren. 1890 in Jever geboren, wurde er von seinem Vater bereits als Kind zu harter Arbeit auf dem landwirtschaftlichen Betrieb angehalten. Mehr als einmal erwähnte er, dass er, ermüdet von der frühmorgendlichen Arbeit, ab und zu während des Schulunterrichts eingeschlafen sei. Nachdem sein Bruder mit gerade mal achtzehn Jahren im Krieg gefallen war, blieb er der einzige männliche Nachkomme, der sich nach der Rückkehr aus dem Feld um die Firma kümmern konnte, während seine Schwestern studieren durften. Er erlebte die Zeit der Hochinflation, als er vom Erlös eines Hausverkaufs wenige Tage später gerade noch ein Fahrrad kaufen konnte. Dieses Erlebnis beeinflusste – wie bei so vielen Deutschen seiner Generation – seine geschäftlichen Entscheidungen lebenslang. Er ließ sich in Bremen nieder, der Heimatstadt seiner Frau. Dort kamen seine drei Kinder zur Welt. Kurz nach Hitlers Machtergreifung entschloss er sich, auf seinen Betrieb in Gudendorf in die Nähe von Cuxhaven zu ziehen. Dort hoffte er naiverweise, den Auswirkungen der antisemitischen Gesetzgebung zu entgehen. Seinen damals vierzehnjährigen Sohn schickte er zu einer Schwägerin nach Nürnberg, die ältere Tochter nach Berlin. Dort gab es bessere Schulen. Ruth, die Jüngste, musste sich vorerst mit der Dorfschule begnügen. Als er begriff, dass ihm zwar seine Nachbarn wohlgesonnen waren, sein Betrieb aber der Gefahr der »Arisierung« ausgesetzt war, klang das Angebot eines in den USA ansässigen Deutschen verlockend: Der schlug vor, sein Anwesen, von dem er hübsche Fotos sandte, gegen den Hof in Gudendorf zu tauschen. Mit der Begründung, er wolle ohnehin seine Mutter besuchen, erschien er eines Tages in Gudendorf und drängte auf einen Abschluss des Geschäftes. Mein misstrauischer Schwiegervater entschloss sich aber zunächst zu einer Reise in die Staaten, um das angebotene Gut in Augenschein zu nehmen. Das war sein Glück. Denn es stellte sich heraus, dass das Objekt in keiner Weise dem entsprach, was man ihm vorgegaukelt hatte. Natürlich zerschlug sich das Geschäft. Was den Betrüger nicht daran hinderte, gegen den Juden Klage auf Schadenersatz zu erheben. Dass er dieses Gerichtsverfahren tatsächlich gewann, sagt alles über den damaligen Zustand der Justiz in Deutschland.

Nachdem also aus diesem Tauschhandel nichts geworden war, nahm Alfred de Levie Verhandlungen mit der »J.C.A.« auf – und gelangte 1938 als Siedler nach Avigdor. Die auf dem Gebiet der Landwirtschaft und Viehzucht mitgebrachte Erfahrung und die geringe Summe, die er nach Entrichtung der »Reichsfluchtsteuer« und der Zwangskonvertierung der »Sperrmark« transferieren konnte, waren natürlich von Vorteil. Der Luxus, den er sich damit leisten konnte, war bescheiden: ein Plattenfußboden anstelle eines Bodens aus gestampftem Lehm; ein Radio, dessen Akku vom Strom eines kleinen Windmotors gespeist wurde. Und ein Stück Weideland, das er zusätzlich zu dem von der Siedlungsgesellschaft zur Verfügung gestellten Anwesen pachtete, um Jungvieh aufzuziehen. Siegfried, sein Sohn, den er kurzhielt, obwohl er ohne ihn den Betrieb nicht hätte bewerkstelligen können, betätigte sich mit seiner guten Stimme sonnabends als ehrenamtlicher Vorbeter in der Synagoge; dieses Amt hatte er bereits in Cuxhaven ausgeübt. Sein Traum war die Rabbiner-Laufbahn gewesen, so wie seine Schwester Ruth gerne Medizin studiert hätte. Es hatte nicht sein sollen. Immerhin konnten beide wenigstens die Richtung ihrer eigentlichen Berufung beibehalten: Mein Schwager, indem er später ein paar Jahre lang als Vorbeter, Jugendführer und Prediger bei einer Gemeinde in Buenos Aires tätig war, bis er in Israel den Posten des Leiters und Seelsorgers in einem Seniorenheim übernahm. Und Ruth brachte es, wie bereits erwähnt, zur Psychologin.

Die schwere Erkrankung meiner Schwiegermutter machte eine ständige medizinische Überwachung und folglich die Übersiedlung der Familie nach Buenos Aires erforderlich. Für meinen Schwiegervater bedeutete dieser Umzug einen schweren Schlag, den er mit viel Würde ertrug. Über sechzig Jahre alt, der spanischen Sprache nur mangelhaft mächtig, war es ihm, dem Landwirt und Viehzüchter, nicht vergönnt, in der Stadt eine ihm gemäße Stellung zu finden. Das ihm verbliebene Kapital reichte gerade zum Kauf einer alten Wohnung.

Erst ein paar Jahre später sollte er in den Genuss einer »Wiedergutmachung« gelangen. Diese Umschreibung des Schadenersatzes, den die Bundesrepublik Deutschland für das erlittene Unrecht leistete, ist – zurückhaltend gesagt – unglücklich. Wie lässt sich ein bestialischer Völkermord »gutmachen«, wie das größte Verbrechen sühnen, das die an Grausamkeiten wahrlich nicht arme Geschichte der Menschheit aufweist? Andererseits möchte ich nicht versäumen, den Ausnahmecharakter dieser Aktion anzuerkennen. Immerhin hat sich Adenauers Regierung dazu bereitgefunden, während die Vertreter der anderen an diesem Verbrechen beteiligten Völker, einschließlich der DDR, ihre blutbesudelten Hände in Unschuld wuschen. Wenigstens einem Bruchteil der Überlebenden verhalf die von der Bundesrepublik geleistete Entschädigung für die damals vernichteten Existenzen zu einem würdigen Lebensabend. So auch meinen Schwiegereltern.

Bis es aber so weit war, ging der alte Mann von Haus zu Haus, um mit einem transportablen Handgerät durchgelegene Wollmatratzen (Schaummatratzen gab es damals noch nicht) aufzuarbeiten. Nie kam eine Klage über seine Lippen, nie trauerte er besseren Zeiten nach. Vielmehr übte er sein Handwerk mit einer Selbstverständlichkeit aus, als sei er nie ein angesehener Gutsbesitzer gewesen.

Als in den siebziger Jahren der größere Teil ihrer Familie nach Israel zog, entschlossen sich auch meine alten Schwiegereltern zur Auswanderung – genau genommen zur dritten ihres Lebens. Denn bereits die Übersiedlung von Avigdor nach Buenos Aires war für sie einer Emigration gleichgekommen.

Tacuara-Schläger

Teils direkt, teils in Nebensätzen erwähnte ich bereits mehrmals die seelischen Verletzungen, unter denen nicht nur die Überlebenden der Shoah, sondern auch deren Nachkommen ihr Leben lang litten. So hatte meine Frau einst einen Patienten in Behandlung, der in erster Person die permanente Todesangst schilderte, die in einem der Vernichtungslager umging. Sein Alter aber wies ihn eindeutig als Nachgeborenen aus. Als ihn meine Frau auf diesen Umstand hinwies, räumte er verblüfft ein, er habe wohl unwillkürlich die von ihm verinnerlichten Erlebnisse seines Vaters in Ich-Form von sich gegeben.

Solche posttraumatischen Reaktionen können sich in den Symptomen eines mehr oder weniger ausgeprägten Verfolgungswahns äußern: in übertriebener Ängstlichkeit und in der Neigung, selbst hinter den harmlosesten Scherzen seiner Mitmenschen eine hintergründige Aggression zu wittern. Dieses Verhaltensmuster ist, genau wie die Verheimlichung der Identität, durch die jahrtausendealte Verfolgungsgeschichte der Juden in der Diaspora bedingt. Eine andere Antwort auf die Feindseligkeit gegen die Juden scheint hingegen neueren Datums zu sein. Sie äußert sich in einer kämpferischen Trotzhaltung, in einem herausfordernd-entschlossenen »Nie wieder!«, wie sie vielen jungen Israelis zu eigen ist, die sich am Aufstand des Warschauer Ghettos im Jahre 1943 orientieren. Der sichtbarste Ausdruck dieser neuen Gesinnung in Argentinien war für mich die Gefangennahme Adolf Eichmanns im Mai 1960.

Beide Reaktionen – die der fluchtbereiten Ghetto-Haltung und die der kämpferischen Gegenwehr – zeigten sich, als sich 1955 die Umtriebe des »Movimiento Nacionalista Tacuara« (kurz »Tacuara«, nach einer Bambusart genannt, aus der die Indios ihre gefürchteten Speere anfertigen) bemerkbar machten. Dieser Bund war aus dem ultra-rechten Flügel der Partei Peróns hervorgegangen und spaltete sich im Laufe der zehn Jahre seines Daseins mehrmals – teils in rechte, teils in extrem linke Fraktionen. Die immer mehr nach links abtriftenden »Montoneros« waren die bekanntesten dieser Abtrünnigen, die sich als Stadtguerilla inszenierten.

Die »Tacuara« bediente sich eines Sammelsuriums faschistischer, nationalistisch-katholischer, antikommunistischer und antisemitischer Schlagworte, die sie der Öffentlichkeit gewaltsam nahebringen wollte. Allein zwischen Januar und November 1963 verübte sie dreiundvierzig Anschläge, unter ihnen die Schändung eines jüdischen Friedhofs und den Überfall auf jüdische Studenten und Studentinnen. Ihre meist jugendlichen Mitglieder, die mit dem Hitlergruß salutierten und militärisch kurz geschorene Frisuren trugen, entstammten vorwiegend den sogenannten besseren Kreisen. Unterstützung fanden sie bei einigen hochrangigen Militärs und Polizeioffizieren, beim lokalen Vertreter der Arabischen Liga und bei einigen der in Argentinien untergekommenen Nazi-Kriegsverbrecher.

Nicht zuletzt ihre Umtriebe trugen zu der vom Idealismus getragenen und von der wirtschaftlichen Unsicherheit bedingten Auswanderungswelle bei, die Anfang der sechziger Jahre Argentiniens Juden ergriff. Unter ihnen die Geschwister und die Eltern meiner Frau, die – ohne sich dessen klar bewusst zu sein – die Anschläge der »Tacuara« als Wiederkehr der Verfolgungen erlebten, denen sie in Deutschland ausgesetzt gewesen waren.

Dieser Fluchtbewegung stand der kämpferische Geist entgegen, mit dem sich ein Teil der jüdischen Gemeinschaft jenen Schlägergruppen entgegenstellte. Hier sei ein Beispiel angeführt, das eine uns sehr nahestehende Familie betraf. Als der betreffende, strenggläubige Herr in Begleitung seines sechzehnjährigen Sohnes eines Samstagmorgens aus der Synagoge kam, wurden die beiden von einem in der Gegend herumlungernden »Tacuara«-Trupp mit Knüppeln und Schlagringen angegriffen und verprügelt. Die Opfer meldeten den Vorgang bei einer jüdischen Organisation zur Selbstverteidigung, die am darauffolgenden Samstag anrückte und den zu neuen Heldentaten angetretenen Rowdies einen Denkzettel verpasste, der mehrere von ihnen in den Rinnstein beförderte. Einem wurde ein Auge ausgeschlagen; er erwies sich als Sohn eines hohen Offiziers.

Dieses Vorkommnis in unserem nächsten Umkreis trug dazu bei, dass sich Ruths Familie nicht lange danach zur Auswanderung nach Israel entschloss.

Höhenflug

Unsere ersten richtigen Ferien verbrachten wir Mitte der fünfziger Jahre am Meer. Dort, in Mar del Plata, 400 Kilometer südlich von Buenos Aires, hatte uns ein Geschäftsfreund für vierzehn Tage eine kleine Ferienwohnung unentgeltlich zur Verfügung gestellt. Ich verdanke diesem Urlaub gewissermaßen meine erste Begegnung mit dem Meer. Gewissermaßen, denn ich hatte ja die emigrationsbedingte Überquerung des Atlantiks und die damit verbundene Äquatortaufe längst hinter mir. Aber auf jener Reise waren andere Gefühle im Vordergrund gestanden, während ich nun, fast zwei Jahrzehnte später, die Naturgewalt des Ozeans vom Strand aus erlebte und durch stundenlange Küstenwanderungen mit Ruth und unserem Muscheln sammelnden Kind auf mich einwirken lassen konnte. Papa, sind die Muscheln aus Plastik gemacht?, lautete die Frage eines ins Kunststoffzeitalter hineingeborenen Jungen im Jahre 1955. Im Laufe unseres Lebens verbrachten wir unseren Urlaub noch oft am Meer. Viel häufiger als in den Bergen, die ich eigentlich vorziehe, von denen uns aber eine umständlichere Anreise trennt – sei es in einem der argentinischen Strandbäder oder im uruguayischen Punta del Este, wo sich der Rio de la Plata in den Atlantik ergießt. Manchmal fällt es mir schwer, die im Verlauf eines halben Jahrhunderts empfangenen Eindrücke und Erlebnisse zeitlich auseinanderzuhalten. Aber das Gefühl menschlicher Kleinheit, das mich damals überkam, bleibt mir unvergesslich – angesichts des bis zum Horizont reichenden Meeres mit seinem rhythmischen Wellenschlag, mit der vom stürmischen Wetter bewegten Oberfläche, mit seinem Farbenspiel, das die Himmelstönungen widerspiegelt.

Während unseres damaligen Ferienaufenthalts hielt uns die Gefahr der Kinderlähmung in Atem. Zwar hängten wir unserem Kind kein Kampfersäckchen oder andere Amulette um den Hals, doch ließen wir ihm eine Gammaglobulin-Spritze geben. Die werde, wie uns der Kinderarzt versicherte, die Abwehrstoffe seines Körpers aktivieren. Uns vermittelte sie das einigermaßen beruhigende Bewusstsein, wenigstens etwas gegen die Gefahr unternommen zu haben, die uns in jenen Jahren auf Schritt und Tritt vor Augen geführt wurde. Den ganzen Sommer über sausten die Krankenwagen mit heulenden Sirenen durch die Gegend, in denen sich verzweifelte Eltern über ihre nach Atem ringenden Kinder beugten. Noch 1956 registrierten die Statistiken in Argentinien 6490 Fälle von Poliomyelitis. Jeder dritte führte zum Tod. Erst mit der Einführung der Salk-Impfung konnte im Jahr 1964 die Epidemie gestoppt werden. So plötzlich, wie sie aufgetaucht war, verschwand sie auch wieder, Tausende von Krüppeln hinterlassend. Andere, bis dahin unbekannte Krankheiten lösten sie ab. Egon Friedell zitiert in seiner *Kulturgeschichte* den geistreichen Ausspruch von Troels-Lund: »Es ist nicht unwahrscheinlich, dass die Krankheiten ihre Geschichte haben, sodass jedes Zeitalter seine bestimmten Krankheiten hat, die so nicht früher aufgetreten sind und ganz so auch nie wiederkehren werden.«

Als wir 1969 in Mar del Plata unsere Winterferien verbrachten, erlebten wir am 20. Juli jenes Jahres – um nochmals dem Gang der Erzählung vorzugreifen – den ersten Mondflug. Den ganzen Nachmittag über wurden damals im Aufenthaltsraum unseres Familienhotels Kabel verlegt und Stühle aufgestellt, damit wir auf dem Fernsehschirm in Echtzeit verfolgen konnten, wie der erste Mensch den Fuß auf den Erdtrabanten setzte und seine Spuren im Staub hinterließ. Angesichts dieses doppelten Triumphs des menschlichen Geistes – nicht nur hatte Apollo XI sein Ziel erreicht, auch die weltweite Fernsehübertragung war gelungen – musste ich an einen Artikel denken, den ich als Zehnjähriger, also gerade einmal ein Vierteljahrhundert zuvor, in einer Jugendzeitschrift gelesen hatte: »Nie wird es dem Menschen gelingen, die erforderliche Energie aufzubringen, derer es bedarf, um die Anziehungskraft der Erde zu überwinden«, hieß es da. Nie!

Die Banalität des Bösen

Die erste Auslandsreise meines Vaters nach dem Krieg hatte 1949 den USA gegolten, wo er Geschäftliches erledigen sowie Verwandte und alte Fürther Freunde aufsuchen wollte. Reiselustig, wie er zeitlebens war, unternahm er, zusammen mit meiner Mutter, Anfang der fünfziger Jahre eine längere Europareise. Die von der Reise mitgebrachten Dias wurden stolz sämtlichen Bekannten vorgeführt. Eine damals verbreitete Angewohnheit – aus einer unseren Enkeln unvorstellbaren Zeit ohne Fernsehen und Videos.

Ein paar Jahre später begleitete ich meine Eltern nach Deutschland und in die Schweiz, wo mich mein Vater seinen Geschäftsfreunden und alten Bekannten vorstellte. Am Frankfurter Flughafen wurden wir von Fritz Acker abgeholt, dem Vetter meiner Mutter. In einem alten, von seinen Eltern geerbten Haus in Bad Homburg hatte er – der mit einer »arischen« Frau verheiratete »Halbjude« – die Hitlerzeit überlebt. Er betätigte sich als Versicherungsagent; im Dritten Reich hatte der »Nicht-Arier« die lukrativen Bezirke einem verdienten Nazi abtreten und sich mit den unergiebigen Landkreisen begnügen müssen.

Wir mieteten einen VW-Käfer und fuhren in einer großen Achterschleife über Fürth-Nürnberg bis Coburg und über Hildesheim und Hannover bis nach Hamburg. Mein Vater war ein Feinschmecker: Im Fränkischen delektierte er sich an den gebratenen Karpfen, in der Gegend des Steinhuder Meers am Räucheraal. Und für mich bedeutete der Geschmack von Presssack und Ochsenmaulsalat das Eintrittsportal zu den Kindheitserinnerungen, ebenso wie der Anblick der blühenden Rosskastanien und der Geruch des Flieders. Da mich persönlich keine bösen Erinnerungen verfolgten, die diesen ersten Nachkriegskontakt mit Deutschland hätten beeinträchtigen können, genoss ich diese Reise, zumal wir viele gute Freunde meiner Eltern trafen. In Fürth wurden wir von einigen ehemaligen Logenbrüdern meines Vaters freundschaftlich empfangen, unter anderem von Konrad Kurz, der uns ein soeben erschienenes Buch (vermutlich *Nuclear Weapons and Foreign Policy*) zeigte, das ein Fürther Jude namens Henry Kissinger verfasst habe, der, wie er voraussah, noch viel von sich reden machen würde. Der Ruf, den mein gleichaltriger Landsmann Kissinger in Lateinamerika genießt, ist bekanntlich nicht der Beste, weil er im Kalten Krieg die hiesigen Militärdiktaturen unterstützt hat.

Erst als ich den verödeten Fürther »Schulhof« aufsuchte, auf dem in meiner Kindheit die Synagogen gestanden hatten, erst als ich die fremden Gesichter wahrnahm, die mich aus den Fenstern der umliegenden Häuser anstarrten, überkam mich der Schauder. Und plötzlich spürte ich einen Abgrund, den ich während dieser Reise bislang verdrängt hatte. Dann aber sagte ich mir, dass es nicht die friedliebende, wenn auch passive Mehrheit Deutschland gewesen war, die das Unglück über die Welt gebracht hatte, sondern die von krankhaftem Hass geleiteten Fanatiker, die mit Hilfe der verführbaren Mehrheit die Macht an sich gerissen hatten. Und so geschieht es immer wieder. Zu allen Zeiten, in allen

Ländern, in Ruanda oder in China, in Russland oder im Kosovo, in den Ländern des Islams oder in Argentinien.

Auf dieser ersten Deutschlandreise nach unserer Emigration wurde ich mehr als einmal nach den Beziehungen der Vorkriegsemigranten zu den Nazis gefragt, die nach 1945 in Argentinien untergeschlüpft waren. Mehrere Hundert sollen es gewesen sein. Guten Glaubens verneinte ich jeden Kontakt; verständlicherweise zeige keiner der beiden Parteien auch nur das geringste Interesse, der anderen näher zu treten.
Die Gerüchte über die engen Beziehungen argentinischer Regierungskreise zu Nazideutschland und über die offenen Arme, mit denen notorische Kriegsverbrecher unter der Ägide Peróns empfangen wurden, waren damals noch vage. Viele Jahre vergingen, bis die Recherche von Historikern wie Robert A. Potash, Leonardo Senkman oder Uki Goñi die damaligen Machenschaften mit kriminalistischer Akribie ans Licht brachten.

Als Israels Ministerpräsident Ben Gurion die Sitzung der *Knesset* (Parlament) unterbrach, um der Welt die Verhaftung Adolf Eichmanns zu verkünden, verbanden wir Emigranten nichts mit dem Namen Richard Klement, unter dem der einstige SS-Obersturmbannführer in Argentinien gelebt hatte. Unter diesem war er mit einem Pass des Roten Kreuzes nach Argentinien gelangt und bekleidete nun einen Posten bei Daimer-Benz. Am 11. Mai 1960 vom israelischen Geheimdienst Mossad in einem Vorort von Buenos Aires festgenommen, wurde er in einem Flugzeug der El Al außer Land geschafft. Es ist bedauerlich, dass diese vom legalen Standpunkt aus gesehene Verletzung des argentinischen Hoheitsrechts ausgerechnet unter der Präsidentschaft Arturo Frondizis stattfand. Denn dieser Staatsmann von Format hätte Besseres verdient. Doch ohne die gewagte Entführung wäre Eichmann nie vor ein israelisches Gericht gelangt, zumal kein Auslieferungsabkommen zwischen den beiden Ländern bestand. Und nie wäre die Welt mit der »Banalität des Bösen«, die

Hannah Arendt am bieder und unterwürfig auftretenden Organisator des Massenmordes beobachtete, so deutlich konfrontiert worden. Angesichts der im Namen Deutschlands verübten millionenfachen Morde erscheint die heuchlerische Berufung auf das Völkerrecht, gelinde gesagt, unmoralisch.

Die Aufsehen erregende Festnahme des Hauptorganisators der »Endlösung« lenkte den Blick der Öffentlichkeit auf die Kriegsverbrecher, die in Argentinien Zuflucht gefunden hatten. Einige von ihnen fühlten sich bedroht und verschwanden von der Bildfläche, gedeckt von ihren ehrenwerten Mitwissern. Unter ihnen der berüchtigte Sadist Dr. Joseph Mengele, der »Todesengel« von Auschwitz-Birkenau, der bis dahin seine Praxis in einem Vorort von Buenos Aires unbehelligt geführt hatte. Wo er, ganz in der Nähe des Hauses meiner Eltern übrigens, illegale Schwangerschaftsunterbrechungen durchgeführt hatte. Lang ist die Liste der meist mit Hilfe hoher Würdenträger des Vatikans und der materiellen Unterstützung des Roten Kreuzes ins Land gelangten Verbrecher gegen die Menschheit und ihrer Kollaborateure. Von Hans-Ulrich Rudel, der Perón beim Aufbau der Flugzeugindustrie beriet, bis zum Ustascha-Führer Ante Pavelic; vom »Henker von Lyon«, Klaus Barbie, bis zu Erich Priebke und Josef Schwammberger. Einzelheiten sind dem Werk Uki Goñis zu entnehmen, das in deutscher Übersetzung unter dem Titel *Odessa – die wahre Geschichte – Fluchthilfe für NS-Kriegsverbrecher* erschienen ist.

Erst viele Jahre später enthüllte sich uns das ganze Ausmaß argentinischer Geheimbeziehungen zum Dritten Reich und das Schicksal, das uns erwartet hätte, wäre Deutschland siegreich aus dem Krieg hervorgegangen. Denn Argentinien sollte den Nazis als Brückenkopf dienen, um von hier aus ganz Südamerika ohne Waffengewalt zu erobern. Selbst die auf Druck der Alliierten in letzter Minute erfolgte Kriegserklärung an die Achsenmächte begünstigte diese indirekt, da sie später die Aufnahme jener Kriegsverbrecher erleichterte, denen nach wie vor die Sympathien regierungsnaher Kreise galten.

Nicht nur mit der Protektion dieser Elemente aus der Kloake der Menschheit, sondern auch mit der Torpedierung der jüdischen Immigration nach dem Krieg setzte Perón in seiner ersten Amtszeit die Einwanderungspolitik seiner konservativen Vorgänger fort. Eines der empörendsten Beispiele für die Geisteshaltung jener Kreise lieferte der als tolerant geltende Politiker Tomás Le Breton. Der erfahrene Politiker war Argentiniens Botschafter in London, als ihm 1941 die Bitte vorgetragen wurde, zwanzig mit den Kindertransporten nach England gelangte deutsch-jüdische Kinder nach Argentinien einreisen zu lassen, damit sie sich mit ihren dort lebenden Eltern vereinen könnten. Er lehnte den Antrag ab, es sei denn – so seine ungeheuerliche Anregung –, die Kinder ließen sich zuvor sterilisieren! Es gäbe ja bereits genug Juden in Argentinien.

Was sollte man von einem Direktor der Einwanderungsbehörde wie Dr. Santiago Peralta erwarten – einem berüchtigten Antisemiten, der in Deutschland Anthropologie studiert hatte –, wenn das auf der ganzen Welt verbreitete braune Gift selbst einen honorigen Mann wie Le Breton erfasst hatte? Mein Vater erwähnte gelegentlich den ungleichen Kampf des »Hilfsvereins« gegen Leute wie Peralta, den Autor mehrerer antisemitischer Schriften und Leiter eines »Ethnologischen Instituts«, der von Perón bis 1947 in seinem Amt belassen wurde.

An dieser Stelle drängt sich die Frage auf, ob Perón selbst Antisemit gewesen ist. Ein Bewunderer der »Neuen Ordnung«, die er als Militärattaché an den argentinischen Botschaften im Deutschland Hitlers und im Italien Mussolinis kennengelernt hatte, war er zweifellos. Aber ein pathologischer Judenfresser vom Schlag eines Hitler, Himmler, Goebbels oder Streicher war er nicht. Dazu dachte der schlaue Fuchs viel zu pragmatisch. Wie in vielen Köpfen in seiner Umgebung spukte auch in seinem vermutlich die Mär von der jüdischen Loge herum, die er nicht unnötig herausfordern wollte. Wenn es ihm opportun schien, konsultierte er jüdische Ärzte und leistete sich eine Zeit lang sogar einen polnischen Juden als Finanzminister. Das hinderte ihn nicht daran, nach 1945 die übelsten Kriegsverbrecher ins Land zu lassen. Nur am Rande sei allerdings die bekannte Tatsache erwähnt, dass auch die USA, Frankreich und viele südamerikanische Staaten Nazigrößen aufnahmen, wenn sie sich irgendwelche Vorteile davon versprachen. Eine Entschuldigung für Peróns Politik ist das nicht.

Umwege

Die Heirat meines Bruders im Jahre 1959 fand auf Wunsch seiner katholischen Braut in der Kirche statt. Als Konzession verzichtete sie auf das Niederknien vor dem Altar. Der Pfarrer erklärte sich bereit, die Ehe zu segnen, ohne auf die Konversion des Bräutigams zu drängen – unter der Bedingung allerdings, dass die zu erwartenden Kinder im katholischen Glauben erzogen würden. Nach dem befriedigenden Abschluss dieser Verhandlungen wurde mein Bruder von unserer Mutter zum Altar geführt. Die Brautmutter hingegen fiel beim Betreten des Gotteshauses in Ohnmacht. In einem früheren Kapitel erwähnte ich die familiären Spannungen, die noch vor wenigen Jahren gelegentlich durch sogenannte Mischehen hervorgerufen wurden. Dass diese nicht nur bei Verbindungen zwischen jüdischen und christlichen Partnern auftreten, sondern auch zwischen Protestanten und Katholiken oder zwischen orthodoxen und freisinnigen Juden, scheint auf tiefer liegende seelische Konflikte hinzuweisen. Die spielen sich im Unterbewusstsein ab und werden rationalisiert, indem man sich, mangels besserer Argumente, der unterschiedlichen Religionszugehörigkeit bedient. Solche Begründungen erscheinen immer noch plausibler, als wenn die Väter des jungen Paars ihre ablehnende Haltung mit dem Hinweis erklären würden, sie seien Mitglieder konkurrierender Fußball- oder Kegelvereine.

In diesem Zusammenhang eine kleine Anekdote. Als die (zweite) Frau des Frankfurter Schopflochers, dessen Sohn Tom ich überraschenderweise in Essen getroffen hatte, einst ihren evangelischen Eltern in Hamburg die bevorstehende Verlobung mit einem Studienfreund bekannt gab, enthielt das Antwortschreiben der Mutter die verwunderte Frage: »Schopflocher? Was für ein seltsamer Name! Ist denn dein Zukünftiger Jude – oder etwa gar Katholik?« In Deutschland traf ich verschiedentlich auf Menschen, die einen jüdischen Vorfahren im Stammbaum haben, von den Rassegesetzen aber verschont blieben, weil sich die Verfemung nur bis zur Großelterngeneration erstreckte. Heutzutage erinnern sich jene aber wieder geradezu stolz ihres Tropfens jüdischen Bluts. Die weit über hundert deutschen Nachkommen des Aufklärungsphilosophen Moses Mendelssohn zum Beispiel treffen sich periodisch zu »Familienzusammenkünften« in Berlin. Mit Religion haben solche Anwandlungen natürlich nichts zu tun.

✶

Endlich wagten wir den großen Schritt: Wir verkauften unser Vorstadthaus und bezogen eine Etagenwohnung in der Stadt, was unserem Alltagsleben neue Perspektiven eröffnete. Denn der neue Wohnsitz bedeutete bessere Schulen für unsere Kinder und mehr Freizeit für mich, da der lange Weg zum Büro wegfiel; er bot Ruth bessere Berufschancen und uns beiden einen bequemeren Zugang zu Fortbildungskursen und sonstigen Veranstaltungen. Und dann, am 3. Februar 1960, kam unser zweiter Sohn, Manuel Jorge, zur Welt.

In der Zeitspanne zwischen meinem vierzigsten und sechzigsten Lebensjahr entwickelte ich eine vielseitige Aktivität, die eher einem Fünfundzwanzigjährigen angestanden hätte. Mein Vater sah sich zur Warnung veranlasst, ich käme, wenn ich so weitermachte, demnächst atemlos im Himmel an. Nun, die Puste ging mir nicht aus, und ins Jenseits, welcher Art auch immer, wurde ich bislang noch nicht abberufen.

Ich bin nicht stolz auf die Mehrspurigkeit, in der sich mein Leben damals abspielte. Neben der Hauptbeschäftigung als Importkaufmann und Fabrikant, von der ich lebte und meine Familie ernährte und die mir zu vielen Lebenserfahrungen und mehreren Auslandsreisen verhalf, betätigte ich mich als Verfasser von Zeitungsartikeln und Sachbüchern, eine Zeit lang auch als Maler und Holzschnitzer. Diese Bemühungen waren von einem gewissen Achtungserfolg begleitet, der mich aber trotz aller Hingabe nicht so recht befriedigte, da ihm der Geruch des Dilettantismus anhaftete. Gewiss: Der Kaufmannsberuf, dem keine Berufung zugrunde lag, erlaubte mir einen angenehmen Lebensstil; meine Artikel und Bücher wurden gelesen, meine Bilder in Argentinien, Chile und Deutschland ausgestellt und von der Kritik wohlwollend aufgenommen, die Holzschnitte sogar vom Nationalsalon akzeptiert und mein literarisches Werk durch Preise ausgezeichnet. Doch ich erkannte die mir gesetzten Grenzen.

Nicht dass ich die erwähnten Nebentätigkeiten alle gleichzeitig ausgeübt hätte, doch überlappten sie sich oftmals. Sie geben den Blick auf den steinigen Weg der Suche frei. Jahrzehntelang war ich auf ihm unterwegs, bis ich mich kurz vor meinem Rückzug aus dem Geschäftsleben endgültig und eindeutig für die Literatur entschied, auf die mein so häufig zitierter innerer Kompass seit früher Kindheit gewiesen hatte.

Mit Literatur meine ich natürlich nicht die Sachbücher über landwirtschaftliche Themen, die ich nicht ungern verfasste, wenn auch ohne innere Beteiligung. Diese Richtung änderte sich, als ich mich entschloss, an den von der Dichterin Ester de Izaguirre organisierten Literaturkursen teilzunehmen. Ihr Hauptverdienst bestand darin, dass sie Schriftsteller dafür gewann, dort teilweise beachtenswerte Referate zu halten. Zu ihnen gehörte Enrique Anderson Imbert, der Verfasser einer *Theorie und Technik der Erzählungen*. Zwei Mal erschien sogar der damals schon fast ganz erblindete Jorge Luis Borges. Mit seiner profunden, wie aus einem unterirdischen Gelass emporsteigenden, oft stockenden Stimme erweckte er den Eindruck, als lösten sich seine Gedanken nur ungern von ihrem geistigen Vater. Die erniedrigende Geste Peróns, der Borges als Direktor der Nationalbibliothek absetzte und zum Geflügelinspektor degradierte, lag hinter ihm. Er hatte die Schikane mit dem ihm eigenen Humor aufgenommen, natürlich ohne sein neues Amt auf dem Zentralmarkt anzutreten. Ebenso ungerührt nahm der Autor der *Universalgeschichte der Infamie*, der *Fiktionen* und des *Aleph* auch die Anfeindungen ideologiebefangener, linker Intellektueller zur Kenntnis, die ihn als reaktionären Bourgeois attackierten.

Wesentlich bedeutungsvoller als die eher passiven Literaturkurse wurde für mich die Teilnahme am dreijährigen Lehrgang, den die katholische Universidad del Salvador unter dem seltsamen Namen »Sintaxis razonada« (nur annähernd mit »vernunftbegründete Satzbaulehre« übersetzbar) abhielt. In Wirklichkeit war der Lehrstoff weit umfassender, als diese Bezeichnung hätte erwarten lassen. Wir hatten zur Ausbildung unserer geistigen Wendigkeit auch Kurzprosa zu vorgegebenen Themen zu schreiben. Diese Texte wurden dann verlesen und gemeinsam kritisiert.

Meine Frau und ich – sie in ihrer Eigenschaft als Psychologiestudentin, ich als angehender Schriftsteller – nahmen parallel zu diesem Lehrgang an einem sehr anregenden Philosophieunterricht teil, den der aus Triest stammende, leider früh verstorbene Dr. Emilio Comar erteilte. Bestechend war daran nicht zuletzt, dass er bei seinen Vorlesungen immer Bezüge zur Gegenwart fand. Mit komischer Verzweiflung pflegte er sich darüber zu beklagen, dass uns heutzutage billiges Schreibpapier in Hülle und Fülle zur Verfügung stehe. Dieser Überfluss verleite dazu, viel ungereimtes Zeug in die Welt zu setzen. Früher hätten es sich die Schreibkundigen sehr genau überlegt, bevor sie zum teuren Pergament griffen. Leider kann ich unsere Kolleghefte nicht mehr finden, doch erinnere ich mich, dass er uns unter anderem Thomas von Aquin, Immanuel Kant und Karl Jaspers näherbrachte. Dem Jaspers sah er übrigens etwas ähnlich.

Die Seminare der »Sintaxis razonada« wurde von Dr. Hernández Izquierdo geleitet, einem jener spanischen Intellektuellen, die Franco aus Spanien vertrieben hatte. Nach dem Tod seiner alten Mutter lebte er in einer winzigen, muffig riechenden Wohnung, umgeben von einer eindrucksvollen Bibliothek. Im Laufe der Gespräche pflegte er zielsicher in deren Klaviatur zu greifen und den Band hervorzuziehen, dessen er gerade bedurfte, um durch ein darin enthaltenes Zitat eine vorgetragene Meinung zu untermauern. Später betätigte er sich als »Stil-Korrektor« – also als Lektor – meiner ersten Erzählungen. Dabei wies er mich immer wieder auf die Distanz hin, die ein Schriftsteller zu seinen Texten gewinnen müsse, um diese selbstkritisch betrachten zu können. Seine Devise lautete: »Heißen Herzens schreiben, eiskalt korrigieren!« Viel verdanke ich diesem kahlschädeligen Mann mit seiner Madrider Aussprache, seiner scharfen Brille und seinem ebenso scharfen Verstand. In meiner Erzählung *Geschichtsunterricht* erweckte ich ihn noch einmal, wenn auch in eine andere Dimension transponiert, zum Leben.

Noch viele Jahre sollten vergehen, bis ich über den Umweg von Malerei und Holzschnitt endgültig zu meiner alten Liebe zurückfand – zur Literatur. Denke ich an meine kaufmännische Tätigkeit zurück, so tröstet mich der Gedanke, dass in der Literaturgeschichte des Abendlandes nur ganz wenige Schriftsteller und Dichter zu finden sind, die von ihren Büchern leben konnten. Waren sie nicht Hauslehrer, Versicherungsangestellte, Advokaten, herzögliche Geheimräte, englische Premierminister, Mönche oder schwäbische Dorfpfarrer, russische Land- oder Wiener Stadtärzte oder wenigstens Berliner Journalisten, und stand ihnen weder ein ererbtes Vermögen noch ein großzügiges Stipendium zur Verfügung, so gehörten sie gelegentlich auch dem Kaufmannsstand an.

Glanzpigmente

Der Vertretung eines italienischen Herstellers für Knopfdrehmaschinen verdanke ich den Kontakt zur einschlägigen Industrie. Damals wurden die Knöpfe, abgesehen vom klassischen Perlmutt, meist aus Galalithplatten hergestellt. Deren Produktion war nicht nur relativ teuer, ihnen haftete auch der Nachteil an, dass sich mit ihnen kaum modische Effekte erzielen ließen. Ein Kölner Laboratorium, das sich auf die Herstellung von Glanzpigmenten spezialisiert hatte, wurde von uns in Argentinien vertreten. Als es ein Verfahren entwickelte, um billige und universal einsetzbare Polyesterplatten herzustellen, vermittelte ich die entsprechende Exklusivlizenz an einen unserer Kunden, eine Knopffabrik.

Deren Eigentümer waren die Brüder Antonio und Ricardo Rabini. Sie stammten aus einem Dorf in der Nähe von Ancona. Mit ihren Eltern waren sie als Kinder nach Argentinien gelangt, wo sie bald ihren Vater verloren und schon in jungen Jahren für die verwitwete Mutter und die kleineren Geschwister zu sorgen hatten. Als ich sie kennenlernte, bemühten sie sich gerade um die Automatisierung ihrer Knopffabrikation, die zu jenem Zeitpunkt noch viel Handarbeit erforderte.

Nachdem die Lizenzerteilung zur Herstellung der Polyesterplatten zur allgemeinen Zufriedenheit abgewickelt worden war, tauchte die Idee auf, mit Hilfe der Kölner die Herstellung der Glanzpigmente in Angriff zu nehmen. Diese fanden nicht nur zur Erzielung der Perlmutteffekte in Knöpfen Anwendung, sondern auch in anderen Sparten der Kunststoff verarbeitenden Industrie. Eine Aktiengesellschaft wurde gegründet, an der sich die Kölner Firma und die Familie Rabini beteiligten und der ich als Vertrauensmann beider Parteien angehörte. Da ich kein Geld besaß, schossen mir Rabinis den für die Anteile erforderlichen Betrag vor. Ich begab mich für ein Vierteljahr nach Köln, um mich mit dem Herstellungsverfahren vertraut zu machen.

Schnell verfiel ich dem Zauber dieser Stadt mit ihren Geschichtsspuren aus der Römerzeit und dem Mittelalter, ihren Museen, dem herrlichen Dom, mit den Weinbergen und Burgruinen entlang des Rheinufers und den romantischen Eifeldörfern. Ich genoss die Gastfreundschaft der Inhaber der Firma, der Herren Dr. Vogt und Dr. Hunsdiecker. Der Letztere ist allen Chemikern durch die nach ihm benannte Reaktion bekannt. Mit Gisela, der jüngsten seiner drei Töchter, und deren Mann ist unsere Familie noch immer freundschaftlich verbunden.

Im Laufe unserer Zusammenarbeit lernte ich Antonio, meinen etwa sieben Jahre älteren Geschäftspartner, genauer kennen. Mir hafteten ja noch immer die Eierschalen jener Weltfremdheit an, die ich der Prägung durch eine idealistische Reformpädagogik verdankte. Es dauerte eine ganze Weile, bis ich die praktische Lebensklugheit begriff, auf der Antonios Erfolg beruhte. Meinungsverschiedenheiten blieben dabei nicht aus, bis er es tatsächlich fertigbrachte, das mir bis dahin fehlende Verbindungskabel zur Erde zu installieren.

Zur Verdeutlichung des Lernprozesses, dem ich unterworfen wurde, ein paar Beispiele: Antonio ließ es mit unterdrücktem Lächeln zu, dass ich die aus Deutschland mitgebrachten Konstruktionspläne einigen Kesselbauern unterbreitete, die auf die Errichtung derartiger Anlagen spezialisiert waren; ich wollte ihre Kostenvoranschläge einholen. Als sie vorlagen, zog er das Angebot eines Handwerkers aus seiner Mappe, der mit rostfreiem Stahlblech umzugehen verstand und in der Lage war, die Installationen unter unserer Anleitung mit den von uns in eigener Regie besorgten Materialien zu errichten. Die Einsparung betrug fast fünfzig Prozent.

Als ich bei den Behörden eine Steuervergünstigung beantragte, die uns als den Gründern eines im Land bislang nicht existierenden Industriezweigs zustand, forderte der zuständige Beamte für seine Unterlagen die Offenlegung des Fabrikationsgeheimnisses. Vertrauensselig wie ich war, sah ich keinen Grund, dem Mann diese Angaben zu verweigern. Antonio hielt mich entsetzt von meinem Vorhaben ab. Die Versuchung für den Staatsbeamten, unsere Formeln für viel Geld an Dritte zu verkaufen, sei zu groß; lieber sollten wir auf die Steuererleichterung verzichten. Wie recht er hatte, erwies sich eines Tages, als eine Firma vor Ort den Techniker eines deutschen Mitbewerbers abwarb, um uns mit den unredlich erworbenen Kenntnissen Konkurrenz zu machen. Nicht nur der hintergangene Konzern, sondern auch der illoyale Techniker und die hiesigen Nutznießer des begangenen Vertrauensbruchs waren übrigens nicht etwa argentinische Staatsbeamte, sondern samt und sonders deutscher Nationalität. All dies geschah erst ein paar Jahre nach Inbetriebnahme unserer Fabrik, die eine Zeit lang schöne Gewinne abwarf, da uns die Mode begünstigte. Weil wir das Produkt auch in andere südamerikanische Länder exportierten, bot sich mir die Gelegenheit zu Geschäftsreisen in unsere Nachbarstaaten, was meinen Horizont deutlich erweiterte. Als die Nachfrage nach den von uns erzeugten Pigmenten nachließ, lösten wir die Fabrik auf und versteigerten die Einrichtung an die Meistbietenden – ein typisches Verhalten in unseren Ländern, die an schnell wechselnde Geschäfte gewöhnt sind.

Die Schüsse in Dallas

Am 22. November 1963 wohnte ich mit meinem Teilhaber Antonio in der Kölner Oper eine Aufführung des *Freischütz* bei, als in der Pause ein Mann vor den Vorhang trat, um den jähen Tod des Präsidenten Kennedy bekannt zu geben. Während er mit einer hilflosen Geste abtrat, noch bevor ich meinem Begleiter die Übersetzung ins Ohr flüstern konnte, erhob sich im Zuschauerraum ein schwer zu beschreibendes Geräusch. Halb unterdrückter Seufzer, halb erstickter Schrei, erschien mir dieser unartikulierte Laut wie der Atem der Geschichte, der für einen kurzen Augenblick einen hör- und fühlbaren Ausdruck gefunden hatte. Einen Moment später setzte das Volksgemurmel ein. Vermutungen: Herzschlag? Attentat? Dann erloschen die Lichter, das Stimmengewirr verstummte. Der Bühnenvorhang erhob sich und gab die Sicht auf die Wolfsschlucht frei, wo Kaspar die Unheil bringende Freikugel goss.
Sowohl Antonio wie ich hatten das Bedürfnis, uns mit unseren in Argentinien zurückgebliebenen Frauen in Verbindung zu setzen. Ein ähnliches Gefühl sollte mich achtunddreißig Jahre spä-

ter am 11. September 2001 in der Untergrundbahn von Buenos Aires überkommen, wo mich die Nachricht vom Anschlag auf die New Yorker Twintowers erreichte. Meine erste Reaktion war der Griff zum Mobiltelefon, um Ruth, meine Frau, anzurufen. Wenn ich mich recht erinnere, war es Dr. Dang von der Pestalozzi-Schule gewesen, der uns einst im Zusammenhang mit seinen Fronterfahrungen erzählt hatte, dass die ins Trommelfeuer geratenen Soldaten in ihrer Todesangst nach ihren Müttern schrien. Das instinktive Bedürfnis nach Familiennähe, das uns damals ergriffen hatte, ist vielleicht mit dieser kreatürlichen Muttersehnsucht, mit dem Streben nach Geborgenheit, Sicherheit und Wärme verwandt, das uns in kritischen Momenten überkommt.

Immer wieder gelingt es Einzelgängern oder winzigen Verschwörergruppen verderbnisbringend ins Räderwerk der Geschichte einzugreifen. Das ist höchst beunruhigend, weil es uns doch die Wehrlosigkeit vor Augen führt, mit der wir dem Zerstörungstrieb Einzelner ausgeliefert sind. Wie leicht gelingt es Mördern, oft aus den eigenen Reihen, die Ansätze zur Völkerverständigung durch ein paar Schüsse zunichtezumachen.

Auch in Argentinien herrschte wieder einmal Gewalt. Der Terrorismus, der seit Anfang der sechziger Jahre die Straßen der Stadt verunsicherte und Hunderte von Zivilopfern forderte, war nicht etwa die spontane Antwort auf eine der uns periodisch heimsuchenden Militärdiktaturen. Sondern die sich »Guerilla« nennenden Extremisten waren es, die als Erste auftraten. Sie machten sich ausgerechnet unter den demokratischen Regierungen der Präsidenten Arturo Frondizi und Humberto Illia bemerkbar. Frondizi wurde 1962, Illia im Jahre 1966 von den Militärs gestürzt. Dass sich der von seinen Waffenbrüdern zum Präsidenten ernannte General Juan Carlos Onganía zur Aufgabe gemacht hatte, die als peronistische und kommunistische Widerstandsgruppen agierenden extrem linken Verbände mit Unterdrückungsmaßnahmen zu bekämpfen, die dem Kasernengeist entsprungen waren, erwies sich als Unglück für das Land. Der Kongress wurde aufgelöst, die politischen Parteien kurzerhand verboten. Und wo man schon beim Verbieten war, kamen auch gleich die Werke Bartóks und Strawinsky sowie ein paar Filme Michelangelo Antonionis auf den Index. Man weiß ja nie, was für Teufelswerk hinter derartigen Darbietungen lauert. Die Polizei drang mit langen Stöcken prügelnd in die Universitäten und nahm rund vierhundert Verhaftungen vor. Studenten und Professoren gleichermaßen. Aus war es mit der Unabhängigkeit der Lehranstalten. Laboratorien wurden zerstört, Bibliotheken ausgeräumt. Eine ganze Generation von Wissenschaftlern wanderte aus, mehr als einer kam im Ausland zu Ehren. Unter ihnen César Milman, der sogar mit dem Nobelpreis für Medizin ausgezeichnet wurde, während hierzulande die Zensur immer groteskere Formen annahm. So verbot der forsche Kavalleriegeneral kurzerhand die in Washington uraufgeführte Oper *Bonarzo* des international geachteten argentinischen Komponisten Alberto Ginastera. Das auf einer historischen Begebenheit aufgebaute Libretto stammt vom ebenso angesehenen Schriftsteller Manuel Mujica Láinez. Der Grund? Die Darbietung dieses in seinen Augen unmoralischen Stückes, dem er nichts Böses ahnend mit der Familie beigewohnt hatte, habe ihn gezwungen, tags darauf die Beichte abzulegen. Dass er humoristische Zeitschriften schließen ließ, die es wagten, seine Karikatur zu veröffentlichen, wunderte niemanden. Schließlich war er ja für die geistige Gesundheit seines von Kommunisten, Anarchisten und sonstigem subversivem Gesindel bedrohten Volks verantwortlich.

Und wie reagierten wir, soweit wir nicht direkt betroffen waren? Schließlich handelte es sich bei diesen verrückten Maßnahmen um keine Nacht- und Nebelaktionen, sondern sie fanden in aller Öffentlichkeit statt. Ein Vorgeschmack der verheerenden Zustände, die das Land ein Jahrzehnt später erleiden sollte und die Spirale der Gewalt und Gegengewalt beschleunigte, wenn auch vorderhand noch mit Unterbrechungen.

Wir alle waren Zeugen des Terrors – ich sah mit eigenen Augen den in der Agonie erstarrten Gesichtsausdruck des Erstaunens eines Mannes, der in meinem Stadtviertel Belgrano auf offener Straße von den Kugeln der Guerilleros getroffen wurde. Wie sich herausstellte, war er der Techniker eines Müllerei-Konzerns gewesen, ein ganz unpolitischer Mann. Geiselnahmen und Entführungen waren an der Tagesordnung. Einer meiner Nachbarn und Kunden, der leutselige Direktor einer Farben- und Lackfabrik, wurde in seinem Büro vor den Augen seines Sohnes von einem Terroristen erschossen. Es waren oft jugendliche Weltverbesserer, die im Kontext des weltweiten Kalten Kriegs von einer der extremistischen Organisationen rekrutiert worden waren. Mit ihren Anschlägen terrorisierten sie die friedliche Bevölkerung und versuchten, Fabriken lahmzulegen, indem sie gezielt deren Leiter und Techniker umbrachten. Das provozierte wiederum die Streitkräfte dazu, immer brutaler zuzuschlagen.

Mit dieser Klarstellung des geschichtlichen Ablaufs will ich nicht den damaligen Staatsterror und erst recht nicht die bürgerkriegsähnlichen Zustände Argentiniens zwischen 1974 und 1984 beschönigen oder gar rechtfertigen. Es geht mir lediglich darum, die historische Abfolge von Ursache und Wirkung ins rechte Licht zu rücken.

Der Tod meines Vaters

Es wirkt geradezu unheimlich, wie sich das tägliche Leben vor dem geschilderten Hintergrund fast normal abspielte. Nicht nur, dass unsere Kinder ihre Schulen besuchten und wir unseren Geschäften nachgingen. Auch die Familienereignisse – Geburt, Hochzeit und Tod – ließen sich nicht per Dekret den Wünschen der uniformierten Herren anpassen. Ich muss mein Gedächtnis sehr bemühen, um mich zu erinnern, welcher dieser Generäle sich am Tag einer bestimmten Familienfeier oder dem Begräbnis einer unserer Lieben gerade an der Macht befand.

Mein Vater war immer ein starker Zigarrenraucher gewesen. Wie weit diese Gewohnheit mit dem Blasenkrebs zusammenhing, den die Ärzte Anfang der sechziger Jahre bei ihm diagnostizierten, ließ sich nicht einwandfrei feststellen. Zwei lebensverlängernde Operationen verhalfen ihm zu Ruhepausen, die ihm ein relativ normales Dasein gewährten, bis ihn die Krankheit in den Rollstuhl zwang. Als ihn seine in San Francisco lebende Cousine Ännchen besuchen wollte, lehnte er das Angebot ab: Er wolle nicht, dass sie ihn in diesem Zustand zu sehen bekäme.

So lange es vertretbar war, fuhr ich ihn täglich für ein paar Stunden ins Geschäft, wo er sich gerne aufhielt. Dort verfasste er auch jenen Brief an seine Cousine, dessen Durchschlag ich nach seinem Tod in einer Schublade seines Schreibtischs vorfand. Das Schreiben begann mit der Versicherung, dass er sich mit diesem Brief keiner Unredlichkeit Marianne, seiner Frau, gegenüber schuldig mache. Er habe vor ihr nichts zu verbergen. Noch immer stehe ihm das Bild der Familie vor Augen, die ihn bei seiner Rückkehr aus der englischen Kriegsgefangenschaft am

Die Eltern des Autors, 1950

Bahnhof von Berlin erwartet hatte. Wo sie, das blonde Mädchen, ihm einen großen Blumenstrauß überreicht hatte. Dann klang das Thema des Konkurses an, in den er vor fünfunddreißig Jahren geraten war und den er zurechtfertigen versuchte, indem er darauf hinwies, dass er für den Unterhalt dreier Familien hätte aufkommen müssen, was seine Kräfte überstiegen habe. Diese Niederlage belastete ihn offenbar sein Leben lang, obwohl er mit uns nie darüber gesprochen hatte.

Die Antwort Ännchens ist mir nicht bekannt. Wie hatte sie den Brief aufgenommen? Ob sie sich ihres verfehlten Lebens bewusst wurde, das sie hinter ihrem grotesk geschwätzigen Gemurmel verbarg? Ob sie angesichts des verhaltenen Abschieds ihres Vetters der Blinddarmoperation gedachte, bei der sie ein ungeschickter Chirurg in Berlin zur Kinderlosigkeit verdammt hatte? Auch was meinen Vater bewogen haben mochte, den Durchschlag seines Briefes in der Schublade aufzubewahren, wo wir ihn nach seinem Tod finden mussten, entzieht sich meiner Kenntnis. Dass wir ihn meiner Mutter unterschlugen, habe ich nie bereut.

Bei seiner letzten Einweisung im Deutschen Krankenhaus flüsterte mir mein Vater die Bitte zu, dafür zu sorgen, dass man ihn vor einer weiteren Operation verschonen möge. Die Ärzte hatten allerdings ohnehin nichts dergleichen im Sinn. Der Chef-Urologe, eine Kapazität auf seinem Gebiet, versuchte mir klarzumachen, dass sich die Aufgabe eines Arztes nicht auf die Heilung der Krankheiten beschränke, sondern er auch die Leiden der Patienten lindern müsse, denen anders nicht mehr zu helfen sei. Schmerzstillende Medikamente bewirkten, dass unser Vater die letzten Tage seines Lebens dahindämmernd verbrachte. Welche Bilder sich in seinem erlöschenden Gehirn widerspiegelten, blieb uns verschlossen.

Er starb 1967 im Alter von siebenundsiebzig Jahren. Seinem Wunsch gemäß wurde sein Leichnam verbrannt, »den reinigenden Flammen übergeben«, wie sich der alte Freimaurer auszudrücken pflegte, und die Urne auf dem Dissidenten-Sektor des

Englischen Friedhofs beigesetzt, wo sich damals viele jüdische Bekannte aus dem Kreis meiner Eltern bestatten ließen. Auch die Asche meiner Mutter, die ihm zwölf Jahre später in den Tod folgte, befindet sich dort. »Fern der Heimat …« Welcher Heimat?

✶

Kurz nach dem Tod meines Vaters entschloss ich mich, das alte Unternehmen umzugestalten. Der Schritt wurde mir leicht gemacht, da der Mietkontrakt für die Räume gekündigt worden war. Ich löste die Firma auf, deren Betriebskapital hauptsächlich aus den guten Auslandsbeziehungen bestand. Gleichzeitig trennte ich mich in gutem Einvernehmen vom langjährigen Buchhalter, dem mein Vater kurz vor seinem Ableben ein paar Anteile der Firma übertragen hatte, und überließ ihm als Abfindung das Geschäft mit den Metallpulvern. Ich behielt die Übersee-Abteilung und erwarb ein zweistöckiges Gebäude für die Büros und das kleine Lager. Den Lebensunterhalt meiner Mutter sicherte ich ab, indem ich sie als stille Teilhaberin einsetzte. Mein Bruder hatte eine gute Anstellung als Chefchemiker einer renommierten Firma gefunden.

Mario, unser älterer Sohn, diente nach Abschluss seines Abiturs als Verkehrspolizist – womit er vermied, als Rekrut zum Militär eingezogen zu werden. Der Polizeidienst war während seiner einjährigen Dienstzeit noch relativ ungefährlich. Kurz darauf nahmen allerdings die Attentate zu – jetzt hätte ein derart exponierter Posten dem Achzehnjährigen das Leben kosten können. Als der einjährige Dienst hinter ihm lag, absolvierte er eine kaufmännische Lehre bei einem befreundeten Kunden und besuchte gleichzeitig die Universität, um Wirtschaftswissenschaften zu studieren. Anschließend trat er in die Firma ein, in der heute bereits unser ältester Enkel Ariel tätig ist. Neidlos gebe ich zu, dass die beiden ein wesentlich größeres kaufmännisches Geschick an den Tag legen, als es mir gegeben war.

Unser jüngerer Sohn Manuel besuchte zunächst eine Handelsschule, die der Universität von Buenos Aires unterstellt war. Nicht, weil er sich für den Kaufmannsstand interessierte – schon als Kind neigte er zur Architektur –, sondern weil wir ihm zu einem Beruf verhelfen wollten, der ihn, sollte Unvorhersehbares eintreten, bald ernähren könnte. Dieser Gedanke war vermutlich von unseren Emigrantenerfahrungen bestimmt und ist, wie ich heute zu erkennen glaube, mit den Überlegungen verwandt, die meinen Vater damals veranlasst haben mochte, mich in den Beruf eines Landwirts zu drängen.

Bei der Abschlussprüfung wurde ich Zeuge einer Szene, die für die damals herrschenden Zustände bezeichnend ist. Manuel war in seiner Schule erschienen, um die letzte noch ausstehende Prüfung abzulegen. Am Eingang begegnete er zufällig dem von der Militärregierung eingesetzten Direktor Guerra (nomen est omen: »guerra« bedeutet auf Deutsch Krieg), der ihn mit hochrotem Kopf anbellte. Der Ansatz von Manuels Schläfenhaaren wurde als zu lang und folglich als Symptom jugendlicher Rebellion beanstandet. Erst als er sie auf der Toilette notdürftig zurechtgeschnitten hatte, beruhigte sich der aufgebrachte Pädagoge und gestattete ihm, das Examen abzulegen. Froh, die Handelsschule hinter sich gebracht zu haben, schrieb er sich an der Universität ein, um Architektur zu studieren – einen Beruf, den er heute mit Leib und Seele ausübt.

Ich wurde nun zeitweilig der Literatur untreu und wandte mich der Malerei zu. Daneben ging ich meinen Pflichten als Überseevertreter nach, erwarb einen Citroën 2 CV – das ideale Vehikel für Leute, die ein Fortbewegungsmittel ohne Statussymbolik suchen – und verbrachte den Sommerurlaub mit der Familie an der argentinischen oder an der uruguayischen Küste. Nach einer gewissen Zeit legten wir uns in einem Vorort von Buenos Aires ein Sommerhäuschen mit großem Park und Schwimmbassin zu, in dem wir viele Wochenenden verbrachten. Dort luden wir Freunde ein und grillten unsere »asados« – ein kulinarisches Zeremoniell, dem sich unsere Söhne mit wachsender Geschicklichkeit hingaben. Ein paar Jahre lang ging dies gut, bis uns die ständig zunehmende Unsicherheit der Gegend zwang, das Anwesen zu verkaufen. Den letzten Ausschlag zu diesem Entschluss hatte die Leiche gegeben, die eines Morgens, von einigen Kugeln durchlöchert, im Straßengraben direkt vor unserem Gartentor lag.

Wir traten daraufhin dem jüdischen Sportclub »Hacoaj« bei. Dort ruderte ich jahrelang mindestens einmal pro Woche durch die Flüsse, Bäche und Kanäle des Tigre-Deltas. Viele meiner Holzschnitte und Ölbilder spiegeln meine Verbundenheit mit der dortigen Landschaft wider. Noch heute bedauere ich, dass ich mit fünfundsiebzig, auf ärztlichen Rat hin, das Rudern einstellen musste.

Daneben unternahm ich mehrere Geschäftsreisen ins Ausland und ins Landesinnere. Ab 1972 leitete ich das Mitteilungsblatt des »Hilfsvereins«, dessen Vorstand ich angehörte. Vier Jahre lang stand ich dem monatlich erscheinenden Vereinsheft vor, dessen Artikel damals etwa zur Hälfte in Spanisch und in Deutsch erschienen.

Und im Januar 1974 heiratete Mario seine Lili, mit der er zwei Kinder zeugte – Ariel und Tamara – und mit der er bis zu ihrem frühen Tod eine harmonische Ehe führte.

Alltagsleben im Ausnahmezustand

Während an Bevölkerungsanzahl vergleichbare Länder wie Kanada, Neuseeland oder Australien den Weg in die Moderne einschlugen, sorgten in Argentinien unfähige Militärs, schwatzhafte Politiker und korrupte Gewerkschaftsbonzen dafür, dass das vom Klima begünstigte, mit Bodenschätzen reich gesegnete, von den beiden Weltkriegen des 20. Jahrhunderts verschont gebliebene Land von einer Krise in die nächste torkelte. Ich muss diese tragische Entwicklung mit ihren absurden Widersprüchen hier zumindest in kurzen Zügen schildern. Nicht als Historiker, der ich nicht bin, sondern als einer der vielen Leidtragenden, die sich darum bemühten, mit den Umständen zurechtzukommen. In der Zeitung und in den Radionachrichten konnten wir verfolgen, wie die terroristischen Guerillaverbände im entstandenen Machtvakuum agierten. Aber es ist nun einmal so: Solange lediglich der Nachbar daran glauben muss, bilden wir uns ein, uns könne nichts geschehen.

Die erstarkten »Montoneros« warfen Bomben in Cafés und sprengten Offiziere in die Luft, manchmal mitsamt ihrer Frauen und Kinder. Sie behaupteten, für ein freies, gerechtes und unabhängiges Argentinien zu kämpfen. Doch selbst auf dem Höhepunkt ihrer Aktivitäten zählten sie nie mehr als höchstens zehntausend Mitglieder, von denen nicht mehr als ein Drittel dem Proletariat entstammte. In einem Volk von damals gut dreißig Millionen Einwohnern befanden sie sich also in einer verschwindenden Minderheit – eine Tatsache, die sie ignorierten, wenn sie großspurig »im Namen des Volkes« auftraten. Ein mit ihnen konkurrierender Verband, der sich »ERP« (»Ejército Revolucionario del Pueblo«) nannte, berief sich auf Che Guevara und Trotzki und zog aus, um in den Wäldern der Provinz Tucumán, über tausend Kilometer nördlich von Buenos Aires, einen »revolutionären, lateinamerikanischen Krieg« zu führen. Wie es hieß, mit Hilfe tschechischer Waffen. Der im spanischen Luxusexil residierende Ex-Diktator unterstützte »seine Soldaten« aus taktischen Gründen, auch wenn ihm deren zunehmender Linksdrall zuwider war. Seine früheren Waffengefährten waren an der Macht, aber untereinander uneinig. Ab und zu inszenierten sie eine Palastrevolution, um sich auf dem Präsidentenstuhl abzuwechseln. Das Volk wurde dabei natürlich nicht gefragt, die Parteien blieben verboten. Endlich entschloss sich der zur Präsidentschaft gelangte General Lanusse, Wahlen auszuschreiben – allerdings unter Ausschluss Peróns, dem er zu Recht nicht über den Weg traute –, um die konstitutionelle Ordnung wiederherzustellen.

Héctor J. Cámpora, ein politisierender Zahnarzt, gewann mit seinem »Frente Justicialista de Liberación« die Wahlen. Er erwies sich, wie vorauszusehen war, als Steigbügelhalter Peróns, den er Mitte 1973 aus dem Exil zurückholte. Bereits das Massaker unter den zum Empfang des siebenundsiebzigjährigen Caudillos im Flughafen erschienenen Anhängern verhieß nichts Gutes. Dennoch gelangte er mit 63 Prozent der Wählerschaft zum dritten Mal ans Ruder. Er distanzierte sich von den »Montoneros« und ihren linksextremistischen Weggenossen und ließ zahlreiche ihrer Mitglieder verhaften. Doch bald entglitten ihm die Zügel und nur wenige Monate später starb er. Isabelita, seine dritte Frau – eine Bardame, die er in Panamá kennengelernt und zum Schaden des Landes zu seiner Vizepräsidentin gemacht hatte –, übernahm die Regierung. Sie stand ganz unter dem Einfluss eines esoterisch veranlagten Ex-Polizeisergeanten namens López Rega, dessen Todesschwadronen unliebsame Linke in Gangstermanier liquidierten. Das veranlasste die Untergrundbewegungen wiederum zu Gegenschlägen. Man hat errechnet, dass damals alle fünf Stunden ein politischer Mord verübt wurde und alle drei Stunden eine Bombe explodierte. Zu der Unsicherheit auf der Straße gesellte sich eine zügellose Inflation, was die Wirtschaft aus dem Gefüge brachte.

Es ist daher nicht verwunderlich, dass viele von uns mit Erleichterung das Auftreten der Militärjunta begrüßten, die im März 1976 Isabelita aus dem Amt jagte. Vom angekündigten »Proceso de reorganización nacional« (»Prozess der nationalen Neuorganisierung«) versprachen wir uns die Wiederherstellung der Rechtssicherheit. Dass wir vom Regen in die Traufe geraten waren – vom Terror der Guerrilla in den gnadenlosen Staatsterror –, erkannten damals die wenigsten. Acht Jahre Militärherrschaft standen uns bevor. Als verwirrend empfinde ich, dass zumindest ein Teil der heute pauschal verteufelten Offiziere ehrlich davon überzeugt war, dem Wohl des Vaterlands zu dienen. Nur brachten sie mit ihrer Kasernenmentalität nicht die psychologischen Voraussetzungen mit, derer es bedarf, um eine Demokratie mit friedlichen Mitteln aufzubauen. Die Jagd auf die Andersdenkenden nahm ihren Verlauf; sie fand im Programm ihren Ausdruck, das Alfredo Oscar Saint Jean, einer der damals einflussreichsten Generäle, 1977 verkündete: »Erst töten wir die Subversiven, dann ihre Mitläufer, dann ihre Sympathisanten, dann die Gleichgültigen und zum Schluss die Ängstlichen.« Wie man sieht: wahrhaft menschenfreundliche Grundsätze! Damals hatte die Junta der Stadtguerilla schon große Verluste zugefügt. Im August 1978 sollen bereits 4500 Kämpfer gefallen sein. Was ihre Kommandanten veranlasste, sich ins sichere Ausland abzusetzen und von dort aus ihre Durchhalteparolen nach Argentinien zu schicken.

Was aber ging in den Köpfen der Militärs vor, die Terror mit Gegenterror beantworteten? Es dauerte eine ganze Weile, bis wir den Gerüchten über die Folterzentren Glauben schenkten, wo sadistische »Ordnungshüter« ihren Gefangenen Geständnisse abpressten und sie oft zu Tode quälten. Missliebige Lehrer wurden aus ihren Schulen, als Linke verdächtigte Ärzte aus den Spitälern, in das Adressbüchlein ihrer Kommilitonen geratene Studenten aus den Universitäten, Arbeiterführer aus den Fabriken gezerrt. Als uns deutsche Freunde von den Todesflügen erzählten, bei denen Häftlinge betäubt und gefesselt von Marineflugzeugen aus in den Rio de la Plata geworfen wurden, bestritten meine Frau und ich diese Behauptung mit voller Überzeugung. Aber die Freunde mahnten zur Vorsicht und wiesen darauf hin, der Bericht über die Todesflüge stamme immerhin von Amnesty International. Kurz darauf mussten wir einsehen, dass die genannten Verbrechen genauso zur Praxis der Diktatur gehörten wie die Gepflogenheit, Tausende von ermordeten Gefangenen zu »desaparecidos« (Verschwundene: der Euphemismus für die Umgebrachten) zu erklären und unter der Bezeichnung N.N. zu verscharren. Oder wie das ungeheuerliche Verfahren, die in der Haft geborenen, ihrer Identität beraubten Babys der Subversiven zu verschenken und ihre Mütter umzubringen. Die den Streitkräften nahestehenden Adoptiveltern zogen blondhaarige und blauäugige Jungen und Mädchen vor; an jüdischen Kindern oder solchen mit Indioblut bestand weniger Interesse.

So ganz ahnungslos waren wir natürlich nicht gewesen. Nur sahen wir uns den sogenannten Sicherheitskräften hilflos ausgeliefert. Wir machten uns zur Gewohnheit, den Personalausweis stets mit uns zu führen. Denn wer bei einer der Razzien ohne seine Papiere angetroffen wurde, endete auf dem Kommissariat. Selbst wenn man ein unschuldiges Telegramm aufgeben oder einen Überlandbus besteigen wollte, war man gezwungen, seine Dokumente vorzuweisen, die genau registriert wurden. Besorgt sahen wir auf die Uhr, wenn unsere Kinder nicht zur gewohnten Stunde nach Hause kamen. Verdacht kam in den Augen der Schergen der Schuld gleich; das Justizwesen war außer Kraft gesetzt. Der vierzehnjährige Sohn des uns bekannten Ehepaars T. wurde beim Verteilen von Flugblättern ertappt und verschwand. Es war kein Geheimnis, dass die in die Hand der Sicherheitskräfte gefallenen Juden eine besonders grausame Behandlung erwartete. Zum einen als Kommunisten, zum anderen als Juden. Solches geschah, wie man tatsächlich zu hören bekam, zur Verteidigung der Werte des christlichen Abendlandes. Unsere Bekannten waren Juden und suchten in ihrer Not den Rabbiner Marshall Meyer auf, der sich, ausgestattet mit einem schützenden Pass der USA, im Rahmen seiner Möglichkeiten um das Schicksal seiner Glaubensbrüder kümmerte. Nach wenigen Tagen rief er die Eltern zu sich: Er wolle ihnen beim Rezitieren des Kaddischgebets beistehen. Zum Andenken an den Sohn, der nicht mehr am Leben sei.

Adriana M., die Tochter eines anderen Bekannten, eine Medizinstudentin, wurde verhaftet, als sie sich an einer Aktion beteiligte, um Indianerkinder im Norden des Landes zu impfen. Sie kam mit dem Leben davon. Claudio E. hingegen, der neunzehnjährige hochbegabte Sohn des Ehepaars, das uns auf unserer Hochzeit in Avigdor das Mozart-Ständchen dargebracht hatte, fand den Tod mit der Waffe in der Hand beim Überfall auf ein Regiment in einem Vorort von Buenos Aires. Er war, wie so viele jugendliche Idealisten, vom Endsieg der gesellschaftlich Benachteiligten überzeugt gewesen. Ich versuchte damals, sein Schicksal in einer meiner Erzählungen festzuhalten, die später in Deutsch unter dem Titel *Morgen-Grauen* erschien. Der argentinische Verlag sah sich veranlasst, den spanischen Originaltext zu entschärfen, um sich Scherereien zu ersparen.

Allein im letzten Trimester des Jahres, in dem die Generäle und Admiräle die Regierungsgewalt übernommen hatten, führten ihre paramilitärischen Verbände im Durchschnitt fünfzehn Entführungen pro Tag durch, während sich die »Montoneros« im Jahr 1976 zu rund vierhundert Attentaten bekannten. Im Jahr darauf machten erstmalig die »Madres de Plaza de Mayo« von sich reden, die, angetan mit weißen Kopftüchern (in Wirklichkeit Windeln), Donnerstag um Donnerstag mit einem Schweigemarsch auf dem Platz vor dem Regierungsgebäude ihre verschleppten Kinder zurückforderten. Der Kern dieser Frauengruppe, die aus berechtigter Sorge um ihre Kinder entstanden war, hat sich inzwischen in eine extrem linke Organisation verwandelt, deren ressentimentgeladene Vorsitzende Hebe Bonafini das 2001 auf das New Yorker World Trade Center verübte Attentat begeistert begrüßt hat. Die gemäßigteren »Abuelas (Großmütter) de la Plaza de Mayo« hingegen beschränken sich auf die Forschung nach dem Verbleib ihrer Enkelkinder, die ihren Eltern weggenommen wurden und unter gefälschter Identität bei Familien leben, die Komplizen der Mörder ihrer Väter und Mütter sind. Dabei kommt es nicht selten zu Tragödien, sei es, weil die heute erwachsenen Menschen nicht von ihren liebgewonnenen »Adoptiv-Eltern« lassen wollen, die sie von Kindesbeinen an als Vater und Mutter kennen; sei es, weil sie es nicht ertragen, plötzlich unter einem ihnen bislang vorenthaltenen Namen einer ihnen fremden Familie zugeordnet zu werden. Gelegentlich will man sie mit Hilfe der Justiz zwingen, sich einer DNA-Probe zu stellen, um ihre Abstammung zu klären. Dieser suchen sie sich unter dem Verweis auf den Schutz ihrer Privatsphäre zu entziehen. Wer wagt es, Partei zu ergreifen und den Stab entweder über die echten Großmütter oder über diese Enkel zu brechen, die sich der genetischen Untersuchung widersetzen?

Die Nachfolger jener von Perón bekämpften »Montoneros« beherrschen noch heute die politische Szene. Sie haben gelernt, sich durch legale Tricks der Regierungsgewalt zu bemächtigen, und behaupten kaltblütig, die mythenumrankte Evita Perón wäre, würde sie noch leben, eine der ihren gewesen. Die Militärs sind entmachtet und geächtet. Gegen die noch immer stattfindenden Prozesse, denen sie ausgesetzt sind, hätte ich nichts einzuwenden, wenn die Justiz die nicht weniger schuldigen Terroristen mit gleichem Eifer verfolgen würde. Was jedoch nicht geschieht. Es gehört nun einmal zu den Kuriosa der argentinischen Geschichte, dass sich die Mehrheit der Politiker – egal ob von rechts oder von links – »Peronisten« nennen, um beim Wahlvolk anzukommen. Groß ist die Vergesslichkeit ihrer an der Nase herumgeführten Anhänger.

✳

Von Kind auf fühlte ich mich zu den bildenden Künsten hingezogen. Diese Neigung wurde sowohl in Herrlingen wie auch später bei Carl Meffert (Künstlername Clément Moreau), unserem Zeichenlehrer in der Pestalozzi-Schule, gefördert; sie fand in Linolschnitten und Aquarellen ihren gelegentlichen Niederschlag. Anfang der siebziger Jahre schrieb ich mich bei den »Amigos de las Bellas Artes« ein, einer Kunstakademie, in deren Kursen ich mir die Grundzüge der Ölmalerei aneignete und Aktzeichnen übte. Im Laufe der folgenden Jahre besuchte ich die Ateliers verschiedener Künstler, wie Luis Barragán, David Heynemann, Demetrio Urruchúa, Eduardo Audivert und Georgina Labró. Luis Barragán gab mir den Rat, der Neigung zu widerstehen, alle Einfälle in ein und demselben Gemälde unterzubringen. »Wenn dir beim Malen eines Bildes eine neue Idee kommt, so hebe sie dir für deine nächste Leinwand auf« – eine Empfehlung, die mich an den dreißig Jahre zuvor erhaltenen Rat Stefan Zweigs gemahnte,

Rancho, Ölskizze des Autors

ich solle nicht alles, was mir durch den Kopf geht, zu Papier bringen. Heynemann begleitete ich in die freie Natur; er war Landschaftsmaler. Urruchúa hielt neue Schüler dazu an, sich zunächst ein paar Monate lang nur mit der grünen Farbe abzugeben. Es ist kaum zu glauben, wie viele Möglichkeiten sich innerhalb dieser zunächst absurd klingenden Auflage eröffnen: Man lernt, die ganze Skala der grünen Farbe von gelblichen bis zu bläulichen Grautönen zu nutzen, und außerdem lassen sich durch eine behutsame Beimischung anderer Farben oder durch Lasuren Abstufungen erzielen, die bei entsprechendem Geschick zu einem harmonischen Bild führen können.

Audivert hingegen war Grafiker, der mich mit Holzschnitt, Kaltnadel, Aquatinta und Kupferstich vertraut machte. In seiner Werkstatt ging es vor allem um das Handwerkliche, um den Umgang mit der Druckerpresse oder den Ätzbädern.

Nachdem der jährlich abgehaltene »Salón Nacional« zwei Mal hintereinander meine Holzschnitte angenommen hatte, wagte ich mich an die Öffentlichkeit. Im Jahre 1977 fand in der Kunstgalerie Lirolay meine ersten Ausstellung statt. Weitere folgten zunächst in Buenos Aires und in Córdoba, später in Bonn, Hamburg und in Santiago de Chile. Am besten gelangen mir die farbigen Holzschnitte, die ich unter Zuhilfenahme verschiedener

Druckstöcke anfertigte, bis ich zur Illuminierung der Schwarz-
weiß-Drucke mit Aquarellfarbe fand. So ganz befriedigten mich
meine Bemühungen allerdings trotz der wohlwollenden Kritik
nicht. Abgesehen davon, dass ich mich nie ganz dem Einfluss
des Expressionismus entziehen konnte, den ich als Jugendlicher
in mich aufgenommen hatte, stieß ich bald an die Grenzen meiner Fähigkeiten. Während ich mich noch weiter mit Holzschnit-
ten abgab, verfasste ich auch Erzählungen, zunächst nur für die
Schublade.

Das Datum, an dem ich Pinsel und Schneidewerkzeuge endgültig
aus der Hand legte, um mich wieder ganz der Literatur zu widmen, lässt sich ziemlich genau bestimmen. Es geschah, als ich,
siebenundfünfzigjährig, mein im Juli 1980 im Verlag Albino erschienenes Buch *Fuego fátuo* vorstellte. Seine 160 Seiten enthielten zehn Erzählungen und ebenso viele Originalholzschnitte.
Längst vergriffen, begegnet man ihm gelegentlich im Antiqua-
riat als übwith teuertes Sammelobjekt; der argentinische Schrift-
stellerverband SADE bedachte es mit einer Ehrenschleife. Die
größte Auszeichnung aber lag für mich darin, dass eine meiner
Erzählungen von der bekannten Rezitatorin Berta Singerman
vorgetragen wurde. In Russland zur Welt gekommen, war sie als
vierjähriges Mädchen nach Argentinien gelangt. Noch in hohem

253

Alter vibrierte in ihrer musikalischen Stimme die Leidenschaft, mit der sie sich für die Rechte der Frau und gegen die Kriegstreiber einsetzte. Trug sie Rubén Daríos barockes *Triumph*-Poem vor, so vergaß man über der dargebotenen Lautmalerei ihr Alter und ihre Gebrechlichkeit und glaubte, die Fanfaren und Trompeten zu vernehmen, die der nicaraguanische Poet besang. Mit ihrer Deklamationskunst verlieh sie Dichterinnen wie der Chilenin Gabriela Mistral, der Uruguayerin Juana de Ibarbourou oder der in der Schweiz geborenen Argentinierin Alfonsina Storni Ausdruck, die den Protest der unterdrückten Frauen unseres Kontinents artikulierten. Ihr Repertoire reichte von den Spaniern Gustavo Bécquer, García Lorca und Ramón Valle Inclán bis zu Edgar Allan Poe, vom Portugiesen Eça de Queiroz bis zu den Argentiniern Evaristo Carriego und Luis Chamizo. Ihre Stimme pflegte ganz unscheinbar, fast zögerlich, anzuheben, um in zunehmender Steigerung ihren volltönenden Höhepunkt zu erreichen. Manuel de Falla fasste sein Urteil über ihre Kunst in folgendem Satz zusammen: »Während wir Komponisten nach Musik für die Worte suchen, zieht Berta Musik aus den Worten.«

Als mein Text aus ihrem Mund erklang – es war eine gekürzte spanische Fassung von *Eine Mutter* –, schien mir, als hörte ich eine andere, vertraute und gleichzeitig fremde Erzählung, in der ein mir unbekanntes Echo mitschwang. Ich nehme an, dass dieses Gefühl dem eines Komponisten ähnelt, wenn er der Konzertaufführung eines seiner Werke beiwohnt.

Im gleichen Jahr stellte ich mich ein letztes Mal meinem Publikum als bildender Künstler vor, indem ich in Santiago de Chile in der Galería Bucchi eine Serie meiner illuminierten Holzschnitte zeigte. Doch damals hatte ich mich innerlich schon von der Malerei entfernt. Hinter meiner Literatur dagegen ahnte ich ein weites, noch unerforschtes Feld. Seine Möglichkeiten habe ich, wie ich glaube, bis zum heutigen Tag nicht ausgeschöpft. An diesem Punkt meiner Überlegungen angelangt, drängt sich mir die Frage nach den Beweggründen auf, die mich immer wie-

Manuel, Linoleumschnitt

der zum Schreiben veranlassen. Ist es nur die Lust zu fabulieren, eine quasi absichtslose Erzählerkunst? Ist es die Entrüstung, die mich dazu verleitet, die himmelschreienden Ungerechtigkeiten unserer Welt anzuprangern? Oder geht es auch um den Versuch, auf diese Weise allzu Intimes meiner Biografie auf meine fiktiven Gestalten zu verteilen, unter deren Masken ich mich zu verbergen suche? Die Quellen, die dem komplizierten Schreibmechanismus zu Grunde liegen, entspringen in den meisten Fällen tiefen Seelenschichten. Deshalb darf man keine Antwort auf diese Frage erwarten. Jedenfalls nicht von mir, der ich versuche, mich in diesem Lebensbericht auf dem Boden der Tatsachen zu bewegen, Interpretationen jedoch möglichst aus dem Weg gehe. Wobei es mir nicht immer leichtfällt, auszuloten, bis zu welcher Tiefe ich mich vorwagen darf. Und im Übrigen schreibt man ja letztendlich zeit seines Lebens immer am selben Buch, egal wie viele man veröffentlicht.

Chile

Es war im Jahre 1974, nicht lange nach dem Fall Salvador Allendes und der Machtübernahme des Generals Augusto Pinochet, als mich zwei Herren im Namen der damals größten Knopffabrik Chiles aufsuchten. Unter Allende war diese verstaatlicht worden; die ursprünglichen Besitzer hatten das Land panikartig verlassen. Wie es hieß, unter Hinterlassung ihres Autos am Flughafen. Pinochet – so sagte man mir – habe wieder geordnete Zustände hergestellt, was den Angestellten der Fabrik erlaube, den Betrieb in Form einer Kooperative weiterzuführen. Meine Besucher schlugen mir vor, das ein paar hundert Kilometer südlich der chilenischen Hauptstadt gelegene Unternehmen aufzusuchen, um bei dessen Reorganisation mitzuwirken. Die Aufgabe reizte mich, nicht nur wegen des in Aussicht gestellten Verkaufs der Anlagen, deren Vertretung wir innehatten, sondern auch wegen der damit verbundenen Möglichkeit, meine Kenntnisse im Genossenschaftswesen anzuwenden. Wenige Wochen nach diesem Gespräch besuchte ich Chile, was der Auftakt für eine jahrelange, vielseitige Beziehung zu diesem Land und seiner liebenswerten Bevölkerung werden sollte.

An dieser Stelle muss ich vorausschicken, dass meine Sympathien Allende galten – nicht zuletzt, weil er sich als junger sozialistischer Abgeordneter 1939 dafür eingesetzt hatte, dass man die auf einem der Flüchtlingsschiffe herumirrenden Juden vor der Gefahr rettete, nach Deutschland zurückgeschickt zu werden. Sie durften sich im Süden Chiles niederlassen, wo ich eines Tages auf ihre Spuren stoßen sollte. Doch derartige Überlegungen bewegten natürlich nicht den normalen Durchschnittswähler, als er sich für den Sozialisten entschied. Mit Unterstützung der christlich-demokratischen Partei war diesem 1970 die Präsidentschaft der Republik zugefallen. Ein lang anhaltender Streik der Lastwagenfahrer und die gewaltsame Übernahme vieler landwirtschaftlicher Großbetriebe durch die Landarbeiter, denen nichts Besseres eingefallen war, als die auf den besetzten Ländereien vorgefundenen Viehbestände zu dezimieren, hatten das Land drei Jahre später in Versorgungsengpässe getrieben. Wie mir meine neuen Freunde erzählten, war es im Jahr vor meinem Besuch zu Protestkundgebungen gekommen, die vom Radau der gegeneinander geschlagenen Topfdeckel der aufgebrachten Hausfrauen begleitet wurden. Allende hatte inzwischen eine Landreform nach kommunistischem Muster durchgeführt; hatte Bergwerke, Banken und die großen Industriemonopole enteignet; Gerüchte besagten, seine Anhänger seien bis zu den Zähnen bewaffnet, was allerdings vermutlich nur auf eine kleine Gruppe von Aktivisten zutraf. Denn viele Gewerkschaftler strebten durchaus friedlich eine sozialistische Regierungsform an, mit der sie natürlich den großen internationalen Konzernen heftig auf die Füße traten. Die meisten der Mittelklasse angehörenden Chilenen – es waren ja vor allem die Inhaber kleinerer Betriebe: Knopf-, Bürsten- und Matratzenfabriken, mit denen ich zusammenkam (außer mit meinen Freunden aus den Kreisen der Literatur) –, hatten damals den Militärputsch Pinochets begrüßt, der im Kontext des Kalten Krieges bekanntlich das Wohlwollen des US-State Departments genoss und nicht nur Allende, sondern auch Tausenden seiner Anhänger das Leben kostete. Nicht viel anders wie in Argentinien erkannte die geplagte Bevölkerung zu spät das wahre Gesicht der Diktatur, unter der alle Andersdenkenden blutig verfolgt wurden. Mehr als einmal wurde ich Zeuge, wie die »Carabineros« (so heißen die Gendarmen, die in Chile sowohl polizeiliche wie militärische Funktionen innehaben) Zivilisten abschleppten und die gaffenden Umstehenden barsch aufforderten, gefälligst weiterzugehen.

Ich hielt also meine Vorträge vor den Mitgliedern der Kooperative und setzte mich mit den Technikern der Fabrik zusammen, um einen Plan auszuarbeiten, der die Modernisierung des Unternehmens in drei Jahresetappen vorsah. Die italienische Firma, die wir vertraten, lieferte die Maschinen und entsandte einen Fachmann, um sie in Betrieb zu nehmen. Ich diente als Dolmetscher und Koordinator. Santiagos Technische Universität hatte mir einen jungen Ingenieur zur Verfügung gestellt, dessen wahrhaft patriotische Begeisterung, genau wie die der ganzen Belegschaft, ansteckend wirkte.

Mehrere Jahre lang besuchte ich nun Chile in etwa vierteljährlichen Abständen. Da ich dort auch die Anlagen anderer Firmen anbot, die wir in Argentinien vertraten, gelang es mir mit der Zeit, Land und Leute genauer kennenzulernen. Unsere Nachbarrepublik pflegt nicht nur das Theater, sondern ist auch ein Land der Dichter – es brachte auf diesem Gebiet gleich zwei Nobelpreisträger hervor: Zuerst erhielt ihn 1945 Gabriela Mistral, die Direktorin eines Mädchenlyzeums in Temuco. Und sechzehn Jahre später der aus der gleichen Gegend stammende, von Pinochet wegen seiner politischen Einstellung verfolgte Neftali Reyes, bekannter unter dem Namen Pablo Neruda. Den Empfehlungen einiger meiner argentinischen Schriftstellerkollegen verdankte ich den Zugang zu den lokalen literarischen Kreisen.
Ich gewann Santiago lieb. Die Stadt beherbergt noch eine gewisse Anzahl von Gebäuden im unverfälschten Kolonialstil; ihr Ausblick auf die Gebirgskette der Anden mit ihren schneebedeckten Kappen versöhnte mich mit dem Smog, der im Zentrum vorherrschte. Barockkirchen und Museen standen zwischen modernen Hochhäusern; vom bewaldeten Santa-Lucía-Hügel aus, mitten in der Stadt gelegen, konnte man das ständig wechselnde Farbenspiel der Kordilleren bewundern, das ich in einigen Aquarell- und Ölskizzen festzuhalten suchte.
Verschiedene Gewohnheiten von Santiagos Einwohnern fanden Eingang in meinen bereits erwähnten historischen Romanen. So etwa ihr Brauch, sich Mimosenstöckchen auf den Balkonen zu halten: An deren mehr oder weniger intensivem Beben lesen sie die seismischen Erschütterungen ab, von denen die Stadt häufig erfasst wird. Ein richtiges Erdbeben, durch das zwar keine Häuser einstürzten, aber Risse in einigen Wänden entstanden, durfte ich auch einmal erleben. Das Gefühl der Unsicherheit, das mich überkam, als ich, von den Erdstößen geweckt, vom Fenster mei-

nes Hotelzimmers aus das scheinbare Schwanken des Horizonts bemerkte, werde ich nie vergessen. Dabei konnte ich das gelassene Verhalten der Bevölkerung angesichts der Gefahr beobachten, mit der zu leben sie gewohnt waren.

Immer wieder erstaunt es mich, dass die Bevölkerung der ausgewiesenen Erdbebenzonen auf der ganzen Welt nach jeder Katastrophe, kaum haben sie ihre Toten beerdigt und die Trümmer der zerstörten Häuser beseitigt, darangeht, ihre Städte an der gleichen Stelle wieder zu errichten. Und dies, obwohl sie genau wissen, dass sie sich damit der Gewalt der unberechenbaren Naturkräfte ausliefern.

Als sich das Geschäft in Chile entwickelte, stellte ich eine junge Frau namens Isabel als lokale Mitarbeiterin ein. Die Bekanntschaft zu ihr und ihren Eltern war außerordentlich bereichernd für mich, denn auf diese Weise lernte ich eine der traditionsbewussten, in ihre koloniale Gedankenwelt eingesponnenen Familien Chiles kennen. Das war mir für meine Vorstudien zu einem im Vizekönigreich Peru spielenden historischen Roman von genauso großem Nutzen wie das Entgegenkommen der Angestellten der Nationalbibliothek, die mich über hundert Jahre alte Dokumente fotokopieren ließen – eine selten erteilte Konzession.

Die konservative Geisteshaltung dieser alteingesessenen Kreise hängt vermutlich mit der geografischen Isoliertheit Chiles zusammen, von der man sich mit einem Blick auf die Landkarte überzeugen kann. Während sich Argentinien mit der Europa zugewandten Hafenstadt Buenos Aires relativ weltoffen gibt, ist der über 4000 Kilometer lange, aber durchschnittlich nur 200 Kilometer schmale Landstreifen Chiles im tropischen Norden von einer der trockensten Wüsten der Welt begrenzt, im kalten Süden durch eine zerklüftete Küste und unwirtliche Inseln. Im Osten erhebt sich die Gebirgskette der Anden, im Westen dehnt sich die Weite des Pazifischen Ozeans.

Isabels Vater und ein Bruder waren Anwälte, allerdings übte nur der Sohn den Beruf aus. Das alte Ehepaar bewohnte eine zweistöckige Villa in einem der besten Viertel Santiagos. Deren ungemütliche Räume waren durch schwere Vorhänge permanent verdunkelt und mit klobigen Möbeln überladen. Ihr ererbtes landwirtschaftliches Unternehmen hatte sich durch Allendes Landreform auf einen Bruchteil seiner Fläche reduziert. Der alte Herr behauptete allen Ernstes, er stamme von Alfonso dem Weisen ab, dem König von Kastilien und León. Und wollte man der stets dunkel gekleideten Dame des Hauses Glauben schenken, hatte diese einen Kaufherrn mit klingendem Namen zum Vorfahren, der, um das Jahr 1700 herum aus Spanien eingewandert, zum Schatzmeister Chiles ernannt und ob seiner Verdienste von König Philipp V. in den Adelsstand erhoben worden war. Ein Marquis! Sie gestand mir nicht nur ihre Bewunderung für die antisemitischen Romane Hugo Wasts, sondern rechtfertigte auch den Sklavenhandel – man müsse sich in die Mentalität der damaligen Menschen versetzen: »Das war doch ein ganz legales Geschäft wie alle andern auch.« Die mir auf der Zunge liegende Frage, was sie denn von der ebenso legalen Ketzerverbrennung hielt, behielt ich wohlweislich für mich.

Was mich aber am meisten beeindruckte, war ihr Bericht über das – durch die Kleist'sche Erzählung auch in Deutschland bekannte – Erdbeben, das Santiago im Jahre 1647 heimgesucht und über 800 Menschenleben gefordert hatte. Obwohl ihre Vorfahren ja frühestens fünfzig Jahre nach diesem Ereignis in Chile eingetroffen waren, enthielt die Geschichte der strengblickenden Dame derartig genaue Einzelheiten, dass man hätte meinen können, sie habe der Zerstörung der von Gott ob ihrer Sünden gestraften Stadt als Augenzeugin beigewohnt. Die Erzählerin wirkte tatsächlich so, wie man sich nach den Gemälden von Velazquez oder Goyas eine spanische Marquise vorstellt. Ihren farbigen Bericht über die Christusfigur, der die Dornenkrone bis auf die Schulter herabgerutscht war und deren zur Seite gewandter Kopf allen Bemühungen, ihn wieder in die richtige Stellung zu bringen, trotzte, nahm ich fast wortwörtlich in meinen Roman auf. Wieder einmal war ich auf einen Beweis des kollektiven

Geschichtsbewusstseins gestoßen, dem ich bereits begegnet war, als der Herr Lehrer uns Sechsjährigen die Gräuel des Dreißigjährigen Kriegs nahebrachte, als mir meine Großmutter die Vertreibung der Juden aus Nürnberg schilderte oder als ein nachgeborener Patient meiner Frau Einzelheiten über die deutschen Vernichtungslager in erster Person von sich gab, so, als habe er sie am eigenen Leib erfahren.

Die anlässlich der Erdbebenstöße zur Schau gestellte Gelassenheit der Chilenen nahm ich auch wahr, als Ende 1977 die argentinische Militärjunta der wachsenden Unzufriedenheit im Volk begegnete, indem sie den äußeren Feind beschwor. Man forderte eine Grenzberichtigung in den Anden sowie das uneingeschränkte Hoheitsrecht über den Beaglekanal und drei dort liegende Inseln. Ein Großteil der Argentinier ging diesem Ablenkungsmanöver auf den Leim; die Hysterie griff um sich. Plakate mit der Warnung vor Spionen – »Der Feind hört mit!« – tauchten in Buenos Aires auf. Ein lauschendes Ohr war darauf abgebildet; mehr oder weniger das Gleiche, das im Deutschland meiner Kindheit auf Litfaßsäulen die Kriegsbegeisterung geschürt hatte. Krankenschwestern standen in ihrer weißen Tracht an den Straßenecken und forderten die Passanten zu Blutspenden auf. Im Süden wurden zum Schaden der regionalen Wirtschaft Staubecken entleert. Ein befreundeter Kunde älteren Jahrgangs – der friedfertige Besitzer einer Druckerei, der in seiner Freizeit ausgezeichnet malte – gestand mir, er wäre, hätte man ihn noch gelassen, liebend gerne als Freiwilliger in den Krieg gezogen, und sei es auch nur, um einen Sanitätswagen zu fahren. Und einer unserer Nachbarn, ein netter Oberst, erwähnte befriedigt den Kampfgeist seiner Rekruten. Als er sie bei einer Inspektionsreise gefragt habe, ob sie bereit seien, ihr Leben fürs Vaterland zu lassen, hätten alle mit einem strammen »Jawohl, Herr Oberst!« geantwortet. Als ob den armen Kerlen etwas anderes übrig geblieben wäre! Anfang Dezember 1977 fragte ich ihn vertraulich, ob ich angesichts der angespannten Lage eine geplante

Geschäftsreise nach Chile antreten könne. Er gab mir – ebenso vertraulich – den dringenden Rat, ich solle unbedingt vor Weihnachten wieder zurück sein.

Natürlich wurde das Säbelrasseln der argentinischen Generäle vom chilenischen Militär in gleicher Lautstärke erwidert. Die Zivilbevölkerung hingegen nahm dort den Konflikt, soweit ich dies beurteilen konnte, eher von der humoristischen Seite. Sie behielt recht: Es kam zu keinem Krieg. Nachdem Argentinien den Schiedsspruch der britischen Krone als inakzeptabel zurückgewiesen hatte, entsandte der Papst Kardinal Antonio Samoré in die Gegend. Der erzielte nach zähen Verhandlungen eine Übereinkunft, ohne dass die Generäle der Konfliktparteien ihr Gesicht verloren hätten. Wie viele Schulen und Spitäler man mit den Millionen hätte errichten können, die durch diese unsinnige Aktion verpulvert wurden, hat niemand berechnet. Oder jedenfalls nicht publik gemacht.

∗

Der Verkauf der Industrieanlagen rechtfertigte meine Reisen ins Innere Chiles, die mir zu interessanten Begegnungen verhalfen. Eine besonders beeindruckende Erfahrung wurde mir in Temuco zuteil. Die Bezirkshauptstadt der nach der dortigen Urbevölkerung benannten Region La Araucaria, siebenhundert Kilometer südlich von Santiago gelegen, wurde 1881 als Fort gegründet, um den wilden Araukanierstämmen Einhalt zu bieten. Heute zählt der Ort etwa dreihundertfünfzigtausend Einwohner. Unweit des herrlichen Seegebiets von Pucón und Villarica gelegen, umgeben von Wäldern und stets ausbruchbereiten Vulkanen, beherbergt Temuco diverse Industrien, den üblichen Verwaltungsapparat und vier Universitäten. Dort war es, wo ich auf ein seltsames Nebenkapitel der gewiss an Seltsamkeiten nicht armen jüdischen Geschichte stieß.

Die Besitzer einer kleinen Fabrik von Schaumstoffmatratzen beabsichtigten die Erweiterung und Modernisierung ihres Betriebs, was mich zu einem Besuch veranlasste, um die geeignete Schneideanlage anzubieten. Inzwischen hat sich das Unternehmen trotz seiner ungünstigen geografischen Lage zu einer der bedeutendsten Matratzenfabriken Südamerikas entwickelt. Die Inhaber sind zwei Brüder, deren Vater kurz nach dem Ersten Weltkrieg aus Polen eingewandert war. Der fleißige Mann betätigte sich im Süden des Landes als fliegender Händler. Unter anderem belieferte er die dort stationierten Garnisonen mit Matratzen. Als sein Geschäft prosperierte, heiratete er eine Frau aus der Gegend, zeugte seine beiden Söhne und verschied kurz nach der Ankunft des Jüngeren. Nie hatte er seine jüdische Abstammung verleugnet; nie wäre ihm eingefallen, die Religion seiner Geburt in irgendeiner Weise auszuüben. Seine Witwe, der man Mapucheblut nachsagte, erzog ihre Kinder im katholischen Glauben. Ihren typisch jüdischen Familiennamen behielten sie alle bei. Mehrfach stieß ich dort unten auf Namen, die auf eine jüdische Herkunft hinwiesen. Deren Träger verschleiern diese keineswegs, halten sich aber für gute Christen (zweiter oder dritter Generation) und werden als solche von der Gesellschaft akzeptiert.

Dass es auch anders hätte kommen können, zeigt die Vorgeschichte von Temucos jüdischer Gemeinde. Um 1902 herum waren die ersten zwei oder drei jüdischen Familien in die Gegend gelangt, um sich dem Holzhandel zu widmen. Sie stammten aus der uralten Stadt Monastir in Mazedonien, in der eine Synagoge aus dem dritten Jahrhundert das Bestehen einer jüdischen Gemeinde während der Römerzeit belegt. Unter ottomanischer Herrschaft waren eine Anzahl der 1492 aus Spanien vertriebenen Juden hinzugestoßen: Sepharden, die sich auch im Exil das Ladino als Muttersprache bewahrten. Noch vor dem Ersten Weltkrieg soll ein Landvermesser namens Levy, gemeinsam mit den Familien Testa, Arveste und Albala, ein »Centro Macedónico« gegründet haben. Ihr Judentum verbargen sie zunächst, doch gilt dieses Zentrum als die älteste jüdische Gemeinschaft Chiles, die sich im Jahre 1925 mit einer kleinen Gruppe aschkenasischer (also westeuropäischer) Juden zusammenschloss. Zwischen 1933 und 1939 nahm Chile etwa 12 000 mitteleuropäische Juden auf, darunter die rund sechshundert Flüchtlinge von den Schiffen *Augusto* und *Virgilio*, die unter der Präsidentschaft von Pedro Aguirre Cerda Anfangs 1940 das rettende Chile betreten durften. Unter der Auflage allerdings, sich südlich des Bio-Bio-Stroms niederzulassen. Ähnlich wie die Passagiere der *Conte Grande* und der *Cap Norte*, die in letzter Minute, bewacht wie Schwerverbrecher, über Punta Arenas nach Temuco verfrachtet wurden und dadurch dem sicheren Tod in deutschen Vernichtungslagern entgingen. Dass ich dreimal die Irrfahrten dieser Geisterschiffe erwähne, deren vom Genozid bedrohte Menschenfracht von allen potentiellen Asylstaaten zurückgewiesen wurde, ist kein Zufall. Vom einst regen jüdischen Gemeindeleben war bei meinen Besuchen nur noch wenig zu spüren. Gelegentlich tauchen auf großer Fahrt befindliche junge Israelis auf, die sich nach ihrem Militärdienst auf Weltreise begeben. Es gab ein Gemeindehaus mit einer kleinen Synagoge, in der ich einem seltsamen Freitagabend-Gottesdienst beiwohnen durfte, dessen Gebräuche von der traditionellen Norm abwichen, da man, offenbar aus Ignoranz, die Freitagabend-Gebete mit den für Schabbat-Ausgang vorgesehenen Riten vermischte. Merkwürdig sind auch die Bestattungszeremonien der dortigen Juden. Die Sepharden unterhalten nämlich ein etwas vernachlässigtes »Mausoleum«, was eigentlich dem jüdischen Brauchtum zuwiderläuft. Einen jüdischen Friedhof gibt es nicht. Die Kreuze stehen friedlich neben dem Davidstern. Da ruhen sie nun, die Cambis, Pardos, Hassons, Arutys aus Monastir, neben den Korachs und Rabinovichs aus Russland. Neben den Schottlands, Wiesenfelds, Fulds, Blumenthals, Schloss' und Tannenbaums aus Deutschland. Eingebettet zwischen Gräbern, auf deren Steine alt-chilenische, deutsche und spanische Namen zu lesen sind.

Bei diesem Friedhofsbesuch war mir, als entstünde vor meinen Augen ein Fresko, in dem die jahrtausendealte jüdische Geschichte zu neuem Leben erwachte. Mächtige Ströme von Juden, die über Rom und Byzanz zu Beginn unserer Zeitrechnung in das unwirtliche Monastir – damals Bitoj genannt – gelangten.

Friedhof von Temuco (Chile) – Gräber mit Kreuzen und Davidsternen in Eintracht nebeneinander

Sephardische Splittergruppen, von Isabel der Katholischen aus ihrer spanischen Heimat vertrieben, kommen später hinzu und bringen ihre Muttersprache mit, ihr spaniolisches Ladino.

»Im selben Monat, in dem Ihre Majestäten das Edikt erließen, dass sämtliche Juden aus den Königreichen und ihren Territorien ausgestoßen werden müssten, erteilten sie mir den Auftrag, mit ausreichender Mannschaft eine Expedition durchzuführen, um Indien zu entdecken«, verzeichnet Kolumbus auf der ersten Seite seines Bordbuchs. Ob Cristóbal Colón – Kolumbus – selbst jüdischer Abstammung war, konnte trotz vieler darauf hinweisender Indizien nie einwandfrei nachgewiesen werden. Dass aber die Expedition von jüdischen Geldgebern finanziert und ihr Kurs von jüdischen Astronomen berechnet worden war, dass sich auf den drei Galeonen mehrere »Neuchristen«, also zwangsgetaufte Juden und deren Nachfahren befanden – Ärzte, Bader, Dolmetscher – ist belegt. Nichts weniger als die Tatsache, dass sich viele Territorien des neu entdeckten Kontinents im Laufe der Jahrhunderte zu einem Zufluchtsort für verfolgte Juden entwickeln sollten und dieser sich zwischen der Mitte des 19. und des 20. Jahrhunderts für Millionen von Menschen als lebensrettend erwies. Fünfhundert Jahre nachdem Kolumbus das Gebiet, das er bis zu seinem Tod für Indien hielt, für seinen König beansprucht hat, macht sich eine Gruppe sephardischer Mazedonier nach Chile auf – das damals das Ende der Welt war. Und ein paar Jahrzehnte danach gesellt sich eine Handvoll deutscher Juden dazu.

Es sind die verwehten Spuren dreier Hochkulturen – Babylon, Al Andalus, Deutschland –, zu denen die Juden schöpferisch beitrugen. Viele starben eines gewaltsamen Todes. Kreuzzüge. Pogrome. Beschuldigung der Hostienschändung, Brunnenvergiftung und Ritualmord. Die unfassliche Shoah unseres Zeitalters.

∗

In den sechzehn Jahren zwischen 1980 und 1996, als ich meinen letzten in Spanisch verfassten Roman veröffentlichte, stellte ich insgesamt vier Erzählungs- und Novellenbände und zwei Romane vor. Sie spielen größtenteils im Milieu der argentinischen Provinzen, die ich im Laufe meines Lebens kennengelernt habe. Dazu kommen ein Theaterstück, die Texte für einige Solo-Abende – verfasst für meinen Freund, den Schauspieler Natalio Hoxman – sowie eine Reihe von Vorträgen, Essays und Artikeln für argentinische Zeitschriften.

Es war eine fruchtbare Zeit, bereichert durch den Kontakt mit einer Anzahl argentinischer Schriftstellerkollegen, die leider inzwischen alle bereits gestorben sind. So etwa der einstige Leiter des Büros der Kongressstenographen, der meinen Stil seinem strengen Urteil unterwarf; Víctor Sáiz, ein 1951 nach Argentinien ausgewanderten Spanier, dessen Romane ins Tschechische – ausgerechnet! – übersetzt wurden und der in der Redaktion einer bekannten Zeitschrift tätig war; die an einer schweren Krankheit leidende Haydee Jofre Barroso, Übersetzerin mehrerer Werke der brasilianischen Autorin Clarice Lispector und Verfasserin literaturwissenschaflicher Essays, oder der äußerst produktive Schriftsteller Eduardo Gudiño Kieffer, der geduldig alle meine

Manuskripte durchlas. Dankbar gedenke ich dieser Männer und Frauen. Sie führten mich selbstlos in den Geist der lateinamerikanischen Literatur ein, der mir dennoch – ich muss es gestehen – im Innersten fremd blieb.

Es ist daher nicht verwunderlich, dass sich im Jahre 1998 mit dem Erscheinen meines ersten Erzählbandes in Deutsch, *Wie Reb Froike die Welt rettete*, ein neuer Wendepunkt in meinem Leben und Schaffen ankündigte. Das Buch enthielt die Nacherzählung einer Auswahl meiner zuvor in Spanisch veröffentlichten Geschichten und ein paar kürzere Originalarbeiten. Als mir zu Bewusstsein kam, dass ich, trotz aller in Spanisch verfassten Bücher und Essays, in meiner Traumwelt weiterhin dem Deutschen verhaftet geblieben war, zog ich meine Konsequenzen. So wie ich eines Tages Pinsel und Schneidemesser aus der Hand gelegt hatte, um mich wieder voll und ganz der Literatur zuzuwenden, verfasste ich von nun an meine Erzählungen ausschließlich auf Deutsch. Das hinderte mich aber nicht daran, weiterhin Artikel in den großen argentinischen Tageszeitungen *La Nación* und *La Prensa* zu veröffentlichen – unter anderem über das Werk deutschsprachiger Autoren wie Musil, Böll und Siegfried Lenz. Auch schrieb ich für das Wochenblatt *Mundo Israelita* mehrere Jahre hindurch die Kolumne »Mínimas máximas« mit Betrachtungen über Alltagsbegebenheiten.
Verschlägt uns das Schicksal in die Sprachfremde, so bleibt die mitgebrachte Muttersprache in ihrer Entwicklung stehen. Sie verkümmert, während sie in unserem Geburtsland einem Prozess ständiger Erneuerung unterworfen ist. Bei den Exilanten macht sich früher oder später der Einfluss ihrer Sprachumgebung bemerkbar. Gelegentlich kommt es zu einer Zweisprachigkeit. Diese entpuppt sich bei näherer Betrachtung aber meist als Pseudozweisprachigkeit. Denn nur die wenigsten Auswanderer drücken sich in der später erworbenen Sprache ebenso gewandt aus wie in der Kindheitssprache – es sei denn, sie widmen sich beruflich den Sprachwissenschaften. Für die meisten Emigran-

ten aber – vor allem für Auswanderer mit abgeschlossenem Bildungsweg – gilt das Wort Alfred Polgars: »Die Fremde ist nicht Heimat geworden. Aber die Heimat Fremde.«

Befasse ich mich mit der Übertragung eigener, in Spanisch vorliegender Texte – ich ziehe vor, sie als »Nacherzählungen« zu bezeichnen, Martin Buber hätte wohl von einer »Verdeutschung« gesprochen –, so erlebe ich oft, wie sie ein unerwartetes Eigenleben entwickeln. Es ist mir dann, als hebe ich einen Film ab, unter dem tiefere Schichten sichtbar werden, zu denen ich zurückfinde. Bei meinen in argentinischen Milieus spielenden Erzählungen bemühe ich mich besonders um die stummen Wörter, die das gesprochene und geschriebene Wort umkreisen und färben. Um diese anklingen zu lassen, muss ich die Assoziationsfähigkeit berücksichtigen, die mein Publikum mitbringt. Dass diese beim deutschen Leser anders gestaltet ist als beim südamerikanischen, bedarf keiner Erklärung. Bei diesem genügen wenige Andeutungen, um vor seinem geistigen Auge ein Städtchen in der Provinz Buenos Aires, die Weite der Pampa-Ebene oder die Gestalt eines alten Viehtreibers entstehen zu lassen, denn deren bloße Erwähnung dockt an seinen Erfahrungsschatz an. Bei jenem hingegen muss ich mich bemühen, ihn von der Vorstellung eines ihm vertrauten deutschen Dorfes, einer deutschen Wiese oder eines deutschen Bauern wegzubringen, was natürlich nie ganz gelingen kann.

Aber genau genommen: Was ist denn Originaltext und was Übersetzung? Stellt nicht bereits die erste Niederschrift des Textes eine Über-Setzung dar – die der noch unartikulierten Vorstellungswelt des Autors in eine normierte, allgemein verständliche Sprache?

Johannes Urzidil verlieh dem Verhältnis von Schriftsteller und Leser in seinem Gedicht *An den Leser* einen treffenden Ausdruck: »Wer diese Zeilen liest,/ der ist ihr wahrer Dichter./ Ich bin nur Worteschichter,/ Gedankenbau-Errichter,/ nur der sein Herz ergießt.«

Späte Lehr- und Wanderjahre

Im Laufe der Jahre veranlasste mich der Geschäftsgang der Firma zu diversen Reisen ins In- und Ausland: Neben Chile gehörten Uruguay und Brasilien zu den von mir besuchten Ländern. Dort verkaufte ich unser Glanzpigment, besichtigte das überwältigende Rio de Janeiro zu Fuß (wobei mir von Taschendieben meine Geldbörse geklaut wurde, ohne dass ich es merkte), machte einen Abstecher nach Petropolis, um das in den Bergen gelegene Sterbehaus Stefan Zweigs zu besuchen, und genoss in São Paulo die Gastfreundschaft eines Onkels meiner Frau. Mehrfach reiste ich in die USA und nach Kanada, meist in Gesellschaft Ruths. Ich besuchte die tapfer alleine lebende Tante Ännchen in San Francisco, meinen Vetter Rudi Nussbaum und seine Frau Laureen in Portland, Oregon; den wiedergefundenen Cousin Tom in Montreal; Fred, einen Cousin Ruths in Los Angeles.

Im Jahre 1996 wohnte ich mit Mario und meinem Enkel Ariel dem Wochenendtreffen der Fürther und Nürnberger Juden in einem Kurort in der Nähe von New York bei. Im Gedächtnis blieb mir die in ihrer Schlichtheit ergreifende Ausstellung einer kleinen, von Henry Schwab zusammengetragenen Sammlung postalischer Abschiedsworte und Notschreie aus den Todeslagern, verborgen hinter den trivialen Standardsätzen wie »Es geht uns gut« oder »Macht Euch keine Sorgen um uns«.

Doch bald musste ich feststellen, dass mich eigentlich nur noch wenig mit den amerikanisierten Ex-Fürthern verband. Mein Sohn nahm die Gelegenheit wahr, Daten für seine genealogischen Studien zu sammeln. Mehr als einer der Anwesenden hatte irgendeinen Schopflocher in seinen Stammbaum – nicht verwunderlich bei einem Urgroßvater mit so vielen Kindern.

In London kam es zu einem bewegenden Treffen mit einer Reihe Herrlinger Schulkameraden. Bewegend weniger durch den Austausch gemeinsamer Erinnerungen als durch die Berichte über die unterschiedlichen Schicksale der auf der ganzen Welt verstreuten Freunde und – mehr noch – der Gefährten, denen die rettende Auswanderung nicht mehr gelungen war.

Wichtig waren mir die vielen Deutschlandreisen, die ich im Laufe der vergangenen vierzig Jahre absolvierte. Wenngleich sie jahrelang in erster Linie geschäftlichen Charakter trugen – ich besuchte periodisch die einschlägigen Fachmessen und nahm an Fortbildungskursen der von uns vertretenen Firmen teil –, nutzte ich die sich mir bietende Gelegenheit, um Museen zu besuchen, Theateraufführungen zu genießen und stundenlange Wanderungen durch die geliebten Wälder zu unternehmen – eine Landschaft, die ich in Argentinien vermisse. Ab 1999, als meine Bücher in Deutschland erschienen, unternahm ich mehrere Lesereisen in Begleitung Ruths. Was mir dazu verhalf, alte Kontakte aufleben zu lassen und neue zu knüpfen, die mich bereicherten.

In Stuttgart trafen wir uns mit der damals fast hundertjährigen Jenny Heymann. Sie starb hundertvierjährig, ausgezeichnet mit der Otto-Hirsch-Medaille und geehrt als älteste Einwohnerin Stuttgarts. Während der Verfolgungszeit war sie in London untergekommen. Schon kurz nach dem Krieg kehrte sie nach Deutschland zurück und unterrichtete am Ludwigsburger Gymnasium. Bis kurz vor ihrem Tod nahm sie in geistiger Frische am Leben ihrer Mitmenschen teil. Sie ließ es sich nicht nehmen, die Manuskripte ihres alten Schülers zu begutachten. Einfallsreich und gut aufgebaut, nur hätte sie sich einen etwas flüssigeren Stil von mir gewünscht. In Herrlingen war sie unsere Sprachlehrerin gewesen: Deutsch, Englisch und Französisch. Dort hatte sie mich und zwei meiner Mitschüler manchmal zum Tee eingeladen. Wie sie mir bei einem meiner Besuche in Stuttgart verriet, hatte sie Mitleid mit uns gehabt – es sei etwas Trauriges von uns ausgegangen. Und anlässlich eines Besuchs bei Hugo Rosenthal habe er ihr gestanden, er habe noch oft an den kleinen Robert Schopflocher denken müssen, den er damals vielleicht nicht so recht verstanden habe. Das musste ich als Siebzigjähriger von meiner einstigen Klassenlehrerin erfahren!

Ganz anders war der Besuch, den ich Siegfried Lenz in Hamburg abstattete. Ich hatte ihn um die Gewährung eines Interviews gebeten, da ich einen längeren Artikel für die argentinische Tageszeitung *La Nación* plante. Es war ein regnerischer Nachmittag, an dem mich Siegfried, bewaffnet mit einem großen Schirm, vom Bahnhof abholte. Der warmherzige Empfang, den er und seine Frau Lilo mir zuteilwerden ließen, bildete den Auftakt für eine langjährige Freundschaft. Später besuchten Ruth und ich die beiden auf ihrer Sommerresidenz, wo wir beim Füttern der Karpfen ihres künstlichen Teichs helfen durften. Viel verdanke ich Siegfried, der mir zu Kontakten und Lesungen in Deutschland verhalf, mehrere meiner Manuskripte kritisch las und mich durch seine Gespräche bei einem oder auch mehreren Gläschen Wein innerlich bereicherte. Der argentinische Wein, den ich ihm mitbrachte, beurteilte er als »interessant«, was bei der diplomatischen Ausdrucksweise eines Masuren wohl eher einer Ablehnung gleichkam. Unter den vielen gemeinsamen Vorlieben befand sich das Werk seines Freundes Amos Oz und – ganz prosaisch – unsere Begeisterung für Mohnkuchen. Oft war die Rede von der seltsamen Tatsache, dass das Publikum Romane lieber lese als Erzählungen. Wir sprachen vom Älterwerden. Heinrich Böll habe ihm von seiner Beobachtung erzählt, nicht der Einfallsreichtum werde vom Alter beeinträchtigt, wohl aber die Fähigkeit, die aufsteigenden Bilder organisch miteinander zu verbinden. Nun: Das Alterswerk Siegfrieds bestätigt die Wahrnehmung des Kölners in keiner Weise.

Nicht alle Erfahrungen, die ich in Deutschland machte, waren so glücklich wie die Besuche bei Fräulein Heymann oder bei Siegfried Lenz. Unseren viele Generationen umfassenden Geschichtserfahrungen verdankt unsereiner ein besonderes Gespür für die Problematik, die sich in den Beziehungen zu unserer Umwelt ergeben können. Wir wissen instinktiv, wer von unseren Bekannten einen jüdischen Witz unbedenklich erzählen darf und bei wem sich hinter der Anekdote ein vielleicht ihm selbst nicht bewusster Rassismus verbirgt. Diese Zwiespältigkeit der Gefühle war vor allen bei meinen ersten Deutschlandbesuchen präsent, besonders wenn ich es mit älteren Jahrgängen zu tun hatte. Inzwischen erwarb ich mir viele deutsche Freunde meiner eigenen und der mir folgenden Generation. Denn schließlich: Wem steht das Recht zu, einem, sagen wir nach 1933 Geborenen die Sünden seiner Väter anzukreiden, selbst wenn er als Pimpf die Hand zum Hitlergruß erhoben hatte?

In einer Kirche in Wiesbaden wohnte ich einer brillanten Aufführung der *Matthäuspassion* bei. Das zur Verteilung gelangte Textheft vermittelte mir aber auch erstmalig den Judenhass, der dem von der Bach'schen Tonkunst überwältigten Zuhörer normalerweise gar nicht zum Bewusstsein kommt. Wie weit dieser Hass dennoch ins Unterbewusstsein des Publikums dringt, lässt sich schwer ermessen. Auf dem Nachhauseweg von dem Konzert, umfangen von der Erinnerung an die Choräle des großen Johann Sebastian – seine Wiederentdeckung im 19. Jahrhundert schuldete er bekanntlich Felix Mendelssohn-Bartholdy, dem man die erste Wiederaufführung der *Matthäuspassion* seit dem Tod des Komponisten verdankt –, entdeckte ich einen Stolperstein im Pflaster. Darauf drei Namen. Sie gemahnten an ein deportiertes Wiesbadener jüdisches Ehepaar mit ihrem kleinen Kind, die alle drei im Lager ermordet wurden.

Mein Freund Alfred Fleischhacker begleitete mich in die streng bewachte Berliner Synagoge in der Oranienburger Straße, deren orientalisch anmutender Kuppelbau zum Stadtbild gehört. Betritt man den Vorraum, so steht man vor einem großen Foto, das 1935 aufgenommen wurde. Darauf ist die vorderste Reihe der Gemeindemitglieder in ihren schweren Wintermänteln abgebildet, die Hüte auf dem Kopf. Ernst sehen sie in die Linse des Fotografen, auch wenn sie das sie erwartende Schicksal in seiner vollen, unvorstellbaren Grausamkeit damals noch nicht voraussehen konnten. Ein Schicksal, das dem heutigen Besucher vor Augen steht, sobald er ein paar Schritte weitergeht und durch die Glasfassade auf den leeren Platz blickt, der früher den Betsaal des Gotteshauses eingenommen hatte. Nur noch ein paar Spuren in der Erde erinnern an die Säulen, die den Saal einmal schmückten.

Das in zweitausendjähriger Geschichte herangewachsene deutsche Judentum mit seinen wenigen Höhe- und vielen Tiefpunkten ist erloschen. Eine Kontinuität gibt es nicht. Den nach dem Krieg entstandenen Gemeinden standen meist orthodoxe Rabbiner osteuropäischen Ursprungs vor, denen das Verständnis für das facettenreiche deutsche Judentum abging. Die heutigen Gemeindemitglieder sind größtenteils »displaced persons« und deren Nachkommen, zu denen in der zweiten Hälfte des vergangenen Jahrhunderts Nachschub aus den kommunistischen Ländern stieß. Die Namen und Lehren eines Moses Mendelssohn, eines Leo Baeck, eines Martin Buber sagen ihnen nichts mehr.

Für meine Kinder und Enkel stellt sich das Verhältnis zu Deutschland wesentlich unkomplizierter dar, als dies bei den meisten Vertretern meiner Generation der Fall ist. Verständlich! Mit Genugtuung beobachte ich die unbefangene Haltung, die sie bei Schul- oder Geschäftsreisen im Umgang mit gleichaltrigen Deutschen einzunehmen pflegen. In Argentinien geboren und aufgewachsen, interessieren sie sich für Deutschland als für das Land, das ihre Großeltern weitgehend geprägt hat. Unverkrampft und nüchtern betrachten sie es, wie sollte es auch anders sein. Ohne Bitterkeit oder Hass, aber auch – trotz des Besuchs deutscher Schulen – ohne allzu tiefe innere Bindung.

Wohl die eindrucksvollste meiner Reisen ins Ausland galt aber Israel, das ich mehrmals besuchte, erst allein, dann mit Ruth und einmal mit ihr und unserem Sohn Manuel. Meine Besuche bei Mitschülern und Lehrern aus meiner Herrlinger Zeit sowie die Gespräche mit Freunden aus den Baron-Hirsch-Siedlungen und mit unseren Verwandten vermittelten mir einen Eindruck, der weit über den Buber'schen Kulturzionismus und die Begeisterung für die Kibbuzbewegung hinausging, die wir in Herrlingen in uns aufgenommen hatten. Auch unsere alten Freunde Wastl und Lisbeth Neumeyer hingen dieser Idee des Kulturzionismus an, was sie nicht daran hinderte, sich, geleitet von ihrer idealistischen Grundeinstellung, den Problemen des Alltags zu stellen. Angefangen mit der modernen Milchwirtschaft bis zur Leitung eines Förderfonds für auszubildende Jugendliche.

Da gab es die Verwandten in Bnei Berak, einem Vorort von Tel Aviv: eine der Hochburgen der Orthodoxie, die sich an die Idee eines Gottesstaates klammert. Sie leben in einer Welt, die anderen Gesetzen gehorcht als die mir vertrauten. Längst habe ich mich mit der Erkenntnis abgefunden, dass mir der Zugang zu jener Welt verwehrt ist. Anders war es bei meinem Schwager Siegfried, der damals das Seniorenheim Beith Gila in einem Vorort Tel Avivs leitete. Dort und später, nach seiner Pensionierung, in seiner gemütlichen Wohnung in Ashdot verlebten wir viele schöne Stunden mit ihm und seiner Familie.

Da gab es gute Freunde in Gaash, einem der Kibbuzim der sozialistischen »Shomer Hatzair«-Bewegung. Eine der Töchter Chawas hatte kurz zuvor ihren Militärdienst hinter sich gebracht. Ihre schwere Aufgabe: die Überbringung der Todesnachricht an die Hinterbliebenen der Gefallenen. Sie schilderte mir, wie sie während der Kriege in Begleitung einer Kameradin die Treppe der Mietshäuser emporsteigen musste, vorbei an den Türen, hinter denen – wie leicht zu erraten war – Mütter und junge Ehefrauen angstvoll ihren Schritten lauschten und erleichtert aufatmeten, wenn sie vorbeigingen, ohne bei ihnen Halt zu machen. Sie berichtete mir vom wilden Schrei, den sie durch den Druck auf den Klingelknopf auslöste, noch bevor die Tür aufging und sie ihre Pflicht erfüllen konnte. »Verstehst du, was es heißt, ständig mit dem Gefühl herumzulaufen, dass du vielleicht den morgigen Tag nicht mehr erleben wirst?« Ich verstand: So rechtfertigte sie ihre Art von Leben, die man zu anderen Zeiten vielleicht als leichtfertig, zumindest als oberflächlich angesehen hätte.

In der im Nordwesten des Negev gelegenen Siedlung Nizanim suchte ich das Denkmal auf, das die Familie meines Freundes Jacov Kroch diesem errichtet hatte. Als die ägyptischen Truppen als Antwort auf den Teilungsbeschluss der Vereinigten Nationen bis ins Herzstück des Landes vorstießen, fand er den Tod. Die Ägypter wurden zurückgeschlagen; die geschändete Leiche Jacovs hatten sie zurückgelassen.

In Sde Boker, einem Kibbuz im Wüstengebiet des Negev, wo jeder Tropfen Wasser – er kommt aus über 70 Meter Tiefe – kostbar ist, traf ich den Sohn einer Freundin meiner Fürther Kindheit. Er verwaltete einen kleinen Weinberg. Wein aus der Wüste, bei über 30° C Durchschnittstemperatur!

Shave Zion verdankt seine Gründung der Judengemeinde des schwäbischen Dorfs Rexingen, der es gelang, vor dem Krieg geschlossen dorthin zu ziehen. Nach einigem Zögern hatten sie Neumeyers in ihrer Siedlung aufgenommen. Außer Wastl und Lisbeth besuchten wir den ebenfalls dort lebenden Shlomo Ilan (früher Fritz Rosenheimer), einer meiner Schulfreunde aus der Herrlinger Zeit. Nur ein Jahr älter als ich, hatte er unter der Hitlerherrschaft den Widerstandsgruppen Hagnah und Palmach angehört, die hinter den deutschen Linien operierten, um jüdische Kinder zu retten. Dabei mussten nicht nur die Deutschen überlistet werden, sondern auch die britische Mandatsmacht, die die Einwanderung der Juden mit allen Mitteln zu verhindern suchte. 1944 nahm er als Soldat der »Jewish Brigade« innerhalb der englischen Armee am Vorstoß nach Dachau teil und organisierte 1945 illegale Waffen- und Munitionstransporte nach Palästina. Nach der Staatsgründung hatte er sich in seiner Eigenschaft als Diplomlandwirt um die Verbesserung der Viehweiden im Nordgalil verdient gemacht. Als ich ihn mit Ruth besuchte, war er ein blinder, alter Mann mit wallendem weißem Bart. Kurz nach unserer Visite starb er. In Shave Zion war es, wo ich das gute Einvernehmen der jüdischen Siedler mit ihren arabischen Nachbarn aus den umliegenden Dörfern kennenlernte. Zu festlichen Veranstaltungen besuchte man sich häufig gegenseitig.

Und noch ein letztes Steinchen in diesem Mosaik: die Siedlung Neve Shalom/Wahat al Salam (die Oase des Friedens), die wir auf Empfehlung meiner in England ansässigen Herrlinger Freunde besuchten. Es handelt sich um eine zwischen Tel Aviv und Jerusalem gelegene Dorfkooperative, die 1972 von jüdischen und arabischen Bürgern Israels gemeinsam errichtet worden war und eine Friedensschule beherbergt, in der Kindern beider Völker eine multikulturelle Bildung vermittelt wird, mit dem Ziel der gegenseitigen Verständigung. Als wir das Dorf 1992 besuchten, wurden dort 59 Kinder in der Grundschule und 21 im Kindergarten betreut. Von meinen israelischen Freunden eher skeptisch betrachtet, erhält das Werk gelegentlich die Unterstützung ausländischer Stiftungen wie der Adenauer-Stiftung. Eine Utopie? Einer der vielen Ansätze zur friedlichen Lösung des Konflikts? Ich weiß es nicht. Aber vielleicht bilden die dort heranwachsenden Kinder den Katalysator, der eines Tages die Kettenreaktion auslöst, der es bedarf, um einen Friedensprozess in die Wege zu leiten. Vielleicht gelingt es ihnen, ihre Eltern und Gefährten zum Frieden zu erziehen.

Meine Stellung zum Zionismus durchlief die Entwicklung vom unkritischen Idealismus meiner Herrlinger Kindheit über ein nicht allzu ernst nehmendes Spiel mit Auswanderungsabsichten während der Zeit der Militärdiktatur in Argentinien, bis zur etwas distanzierten Bewunderung, die ich dem tapferen Israel heute entgegenbringe. Seine Bewohner haben ein winziges, seit Jahrhunderten brach liegendes Land mit seinen Malariasümpfen und versandeten Wüstenflecken zum Blühen gebracht und müssen sich in absurd verlaufenden Grenzen tagtäglich der Todfeinde erwehren, von denen sie umgeben sind. Ich habe mir eine Grundsympathie dafür bewahrt, wohl wissend, dass mir dieses Land, dessen Sprache ich, trotz aller Bemühungen seit Kindesbeinen, nicht beherrsche, im Grunde fremd geblieben ist. Auch Israel machte ja im Laufe seiner Existenz verschiedene Phasen durch. Auf seinen gut 20 000 Quadratkilometern Kernland beherbergt es eine Bevölkerung sehr heterogener Herkunft. Wie in einer echten Demokratie üblich, gibt es verschiedene Parteien, die, einmal an der Regierung, auf unterschiedliche Weise auf die Angriffe seiner fundamentalistischen Widersacher reagiert. Das Land ist dem weltweiten Antizionismus von Rechts bis Links ausgesetzt, hinter dem sich tausendjähriger Judenhass verbirgt. Es sieht heute bestimmt ganz anders aus, als sich Theodor Herzl oder Achad Haam, als es sich die Gründer der Hebräischen Universität oder die »Chaluzim« der ersten Zeit erträumt hatten. Es muss auf die Rechte der Araber Rücksicht nehmen, ohne dass dies der Selbstaufgabe gleichkommt – ein Vorhaben, das fast der Quadratur des Kreises gleichkommt und den guten Willen beider Seiten voraussetzt.

Ein Urteil über die dortigen Zustände steht mir, der ich nicht meine Haut in Israel zu Markte tragen muss, nicht zu. »Verurteile niemanden, bevor du dich nicht in dessen Lage befunden hast«, steht im Talmud geschrieben – eine Mahnung, die von allen Kritikern beherzigt werden sollte. Wäre ich in Israel zuhause, würde ich vermutlich die sozialistisch gefärbte Friedensbewegung Shalom Achshav unterstützen. Eines jedenfalls hat die Geschichte der vergangenen sechzig Jahre schon mehr als einmal drastisch bewiesen: dass Israel den einzigen verlässlichen Zufluchtsort für die Juden darstellt, wenn es ihnen auf irgendeinem Teil der Welt wieder einmal an den Kragen geht.

Es drängt mich, in diesem Zusammenhang die beiden bis heute ungesühnten Attentate zu erwähnen, welche die jüdische Gemeinschaft Argentiniens in den neunziger Jahren des vergangenen Jahrhunderts zutiefst erschütterten. 1992 wurde die israelische Botschaft durch einen Bombenanschlag zerstört, der 29 Tote und zahlreiche Verletzte forderte. Und am 18. Juli 1994 wurde um genau 9:53 h das Gebäude der Jüdischen Gemeinde AMIA durch einen mit Explosivstoffen beladenen Kleinlaster in die Luft gesprengt. 85 Tote – »Juden und Unschuldige«, wie es einem Berichterstatter entfuhr –, junge Mütter, Kinder, Familienväter. Dazu über 300 teilweise schwer Verletzte. Die Explosionen und die Sirenen der Rettungswagen waren in der ganzen Stadt zu hören, die Rauchsäulen von den Balkonen aus zu sehen; das Fernsehen übertrug tagelang die Einzelheiten der Bergungsbemühungen. Israel hatte ein Hilfskommando entsandt. Auf den Bildschirmen konnte man die mitgebrachten, mit Davidsternen gekennzeichneten Spürhunde beobachten, wie sie die Trümmer nach Verschütteten absuchten. Dieses Attentat war das blutigste, das die Juden seit der Shoah getroffen hatte. In Argentinien war es geschehen! Geplant und finanziert vom Iran, durchgeführt mit einheimischer Unterstützung. Die Spuren der Täter wurden weitgehend verwischt, bis zum heutigen Tag laufen die Verbrecher frei herum. Am Sabbatmorgen nach dem Attentat füllten sich die Synagogen Argentiniens wie noch nie. Es war eine Demonstration der Verbundenheit, weit mehr als ein religiöser Akt. Auch ich, der ich die Synagoge nur selten betrete, suchte damals den Tempel auf.

»Die Toten sind nicht stumm«

Ab 1991 leitete ich als ständiger Mitarbeiter die Literaturecke der *Semanario Israelita*, der Nachfolgerin der *Jüdischen Wochenschau*. Ihr stand Werner Max Finkelstein vor. Der hatte eine abenteuerliche Laufbahn hinter sich, was damals für so viele Menschen galt. 1925 in Ostpreußen zur Welt gekommen, wohnte er seit seinem zehnten Lebensjahr mit seinen Eltern in Berlin. Nach dem frühen Tod seines Vaters verließ er Deutschland als Vierzehnjähriger mit einem Kindertransport nach Schweden. Ein Jahr später machte sich der Halbwüchsige auf und reiste durch die halbe Welt, über die Sowjetunion und Japan nach Kalifornien und dann die pazifische Küste Amerikas entlang, um sich mit seiner inzwischen in Bolivien lebenden Mutter zu treffen. Der kaum den Kinderschuhen entwachsene Jüngling schlug sich in der von ständigen Revolutionen heimgesuchten Andenrepublik ein paar Jahre lang als Minenarbeiter, Gefängnisaufseher und Krokodiljäger durch, bis er 1948 über die grüne Grenze Argentinien erreichte. Dort fand er nach einiger Zeit eine Stellung beim *Argentinischen Tageblatt*, bevor er, Jahre später, das Wochenblatt übernahm. Wozu ein ordentlicher Schuss Optimismus und vor allem Liebe zur Sache gehörten.

Im Jahr 1996 veröffentlichte ich eine auf zehn Ausgaben verteilte Folge, um meinen Lesern einen, wenn auch oberflächlichen Eindruck von der Lyrik deutschsprachiger Juden des 20. Jahrhunderts zu vermitteln. Dabei erteilte ich vierundvierzig Dichtern und Dichterinnen das Wort, von Ilse Aichinger bis Stefan Zweig, von Rose Ausländer bis Karl Wolfskehl, von Richard Beer-Hofmann bis zu Nelly Sachs, von Hilde Domin und Paul Celan bis zu Mascha Kaléko und Else Lasker-Schüler. »Die Hommage der jüdischen Dichter deutscher Sprache, die in unserem Jahrhundert wirkten, geht heute zu Ende«, schrieb ich zum Abschluss der Serie. »Eine der letzten Abschiedsgaben, die wir deutschsprachigen Juden denen hinterließen, die uns als ›Volksfremde‹ aus ihrer Mitte stießen.« Zu dem bekannten Ausspruch Adornos, nach Auschwitz sei kein Dichten mehr möglich, druckte ich im ersten Teil unserer kleinen Sammlung die Erwiderung Hans Sahls ab: *Memo* (1991): »Ein Mann, den manche für weise/ hielten, erklärte, nach Auschwitz/ wäre kein Gedicht mehr möglich./ Der weise Mann scheint/ keine hohe Meinung/ von Gedichten gehabt zu haben –/ als wären es Seelentröster/ für empfindsame Buchhalter/ oder bemalte Butzenscheiben,/ durch die man die Welt sieht./ Wir glauben, dass Gedichte/ überhaupt erst jetzt wieder möglich/ geworden sind, insofern nämlich als/ nur im Gedicht sich sagen lässt,/ was sonst/ jeder Beschreibung spottet.« Diesen Ausspruch möchte ich heute durch eine weniger bekannte, aber nicht weniger polemische Erkenntnis ergänzen, zu der Adorno 1966 gelangte: »Das perennierende Leiden hat soviel Recht auf Ausdruck, wie der Gemarterte zu brüllen. Darum mag falsch gewesen sein, nach Auschwitz ließe sich kein Gedicht mehr schreiben. Nicht falsch aber ist die minder kulturelle Frage, ob nach Auschwitz noch sich leben lasse.«

Die Auflage von Südamerikas letztem deutsch-jüdischen Emigranten-Blatt erreichte am Ende nur noch knappe 1000 Exemplare, von denen viele gratis verteilt wurden. Dass es schätzungsweise dreitausend Mitleser fand, war ein schwacher Trost für den Herausgeber. Im April 1999 musste er den Kampf aufgeben. Mit einer schlichten Zeremonie löste Finkelstein den Verlag auf und zog sich nach Berlin zurück, um dort seinen Lebensabend zu verbringen. In meiner Abschiedsbotschaft schrieb ich in der letzten Nummer des Blattes: »Mehrere Jahre hindurch war es unser Anliegen gewesen, den Lesern dieser Spalte Bücher näherzubringen, in denen sich direkt oder indirekt das jüdische Schicksal widerspiegelt. Nicht immer handelte es sich um ›Literatur‹ im engeren Sinn, wenn man unter dieser Bezeichnung Belletristik versteht. Auch Biografien und sogenannte Sachbücher, die sich mit jüdischen Themen auseinandersetzen – sei es mit Israel, sei es mit der Schoah, mit Problemen der ›Galuth‹ (Exil) oder mit weit zurückliegenden geschichtlichen Ereignissen – wurden berücksichtigt. Darüber hinaus war es unser Anliegen, im bescheidenen Rahmen des *Semanario* unser deutsch-jüdisches Erbe zu interpretieren. Die Artikel über das Werk und Leben Walter Benjamins, Gershom Sholems, Elias Canettis, Selma Sterns oder Martin Bubers mögen dies genauso belegen wie die sich über zehn Ausgaben erstreckende Würdigung der jüdischen Lyriker deutscher Zunge des XX. Jahrhunderts. Der Geist des *Semanario,* die Wahrung und Weitergabe der kulturellen Werte der deutschen Judenheit, wird in uns und in unseren Nachkommen weiterleben. In einer Weise freilich, die niemand vorausehen kann. In Form einer unterirdischen Strömung womöglich, die unsere Träume färbt und unser Denken befruchtet. Eine seelische Spannung erzeugend, die uns ›Juden mit Bindestrichen‹ (›Argentinos-judíos-alemanes‹) – d.h. in Argentinien heimisch gewordene Juden deutscher Herkunft und Kultur – stimuliert und innerlich bereichert.« Im Sinne des bekannten *Schlafliedes für Mirjiam* von Richard Beer-Hofmann, in dem es heißt: »Ufer nur sind wir, und tief in uns rinnt/ Blut von Gewesenen – zu Kommenden rollt's./ Blut unserer Väter, voll Unruh und Stolz./ In uns sind alle. Wer fühlt sich allein?«

»¡Qué se vayan todos!«

Nachdem die Militärs, die es fertiggebracht hatten, nach und nach sechs gewählte Präsidenten zu stürzen, durch die Niederlage im Malvinen-Krieg den Rest ihres Prestiges endgültig verspielt hatten, war die Zeit für eine demokratische Zivilregierung angebrochen.

Eine der ersten Amtshandlungen des neuen Präsidenten Dr. Raul Alfonsín, eines Provinzadvokaten, bestand in der Einberufung einer überparteiischen Kommission von Notablen. Die »Comisión Nacional de Desaparecidos« (abgekürzt »Conadep«), zusammengesetzt aus Soziologen, Juristen, katholischen, evangelischen und jüdischen Geistlichen, Schriftstellern und Journalisten, sollte die Übergriffe der Militärdiktatur untersuchen. Trotz diverser Widerstände und anfänglicher Bedenken leistete sie in fast zehn Monaten eine gründliche Arbeit, die das Schicksal der »Verschwundenen«, den Horror der Folterungen Zehntausender nur ihrer Gesinnung wegen ans Tageslicht beförderte. Noch einmal erhoben sich die Ermordeten aus ihren mit den Buchstaben N.N. bezeichneten Gräbern in unser Bewusstsein. Noch einmal gellten die Schmerzensschreie der mit dem elektrischen Viehtreiberstachel an Lippen und Genitalien Geschundenen durchs Land. Noch einmal wurden wir mit der Tragödie der Säuglinge konfrontiert, die man den todgeweihten Wöchnerinnen entrissen hatte, um ihre Identität zu fälschen. Noch einmal kamen die beim Verteilen von Flugblättern erwischten und spurlos beseitigten Fünfzehnjährigen zu Wort. 8 960 Verschwundene wurden ermittelt. Die den Müttern der »Plaza de Mayo« nahestehenden Menschenrechtler sprechen von 30 000 Opfern. Der von der

Kommission unter dem Titel »Nunca más« (»Nie wieder«) veröffentlichte Bericht diente als wichtige Beweisgrundlage der Prozesse, denen sich die Hauptschuldigen stellen mussten.

Wie aus den Gerichtsakten hervorgeht, verübten die diversen terroristischen Verbände in den Jahren zwischen 1969 und 1979 1501 Morde und 21 642 Attentate. Ihren Missetaten wird weniger Beachtung geschenkt als denen der Militärs. Eine ausgleichende Geste der Gerechtigkeit steht noch aus.

Zwei Putschversuche und eine Welle der Hochinflation veranlassten Alfonsín, seinen Posten bereits 1989 vorzeitig an den Peronisten Dr. Carlos Saul Menem abzugeben, der, ein Sohn zu Geld gekommener syrischer Einwanderer aus der tiefsten Provinz, 1995 wiedergewählt wurde. Dem folgte der radikale Dr. Fernando de la Rua als Präsident. Auch er, wie seine beiden Vorgänger, wiederum Anwälte. Wie gut waren die spanischen Vizekönige beraten gewesen, als sie im 17. Jahrhundert die Einwanderung von Advokaten kurzerhand untersagten, da die nichts weiter im Kopf hätten, als die Bevölkerung zu kostspieligen Prozessen zu verleiten. Seine schwache Regierung nahm zur Einfrierung der Bankkonten per Dekret Zuflucht, um des Wirtschaftschaos Herr zu werden.

Als ihm dies nicht gelang, musste er im Dezember 2001 zurücktreten. Während der folgenden zwei Monate erlebte das Land vier provisorische Präsidenten hintereinander, bis das Amt im Januar 2002 Dr. Eduardo Duhalde zufiel. Dieser brachte das Kunststück fertig, sich bis zum Ende seiner vorgesehenen Regierungszeit im Sattel zu halten, obwohl er gegen ungeheure wirtschaftliche Schwierigkeiten und das Misstrauen weiter Kreise anzukämpfen hatte. Diese Zustände ließen in der Bevölkerung den Verzweiflungsruf laut werden: »¡Qué se vayan todos!« – »Alle sollen sie abhauen«. Gemeint waren die Politiker sämtlicher Parteien, die das Land durch ihre Inkompetenz in den Abgrund geführt hatten. Der uferlose Populismus der Machthaber, die grassierende Korruption sowie die unter der Opposition herrschende Uneinigkeit hemmen noch heute die Entwicklung dieses potentiell so reichen Landes, in dem laut maßgeblicher Statistik 2,4 Millionen Menschen unterhalb der Armutsgrenze leben, während sich viele Politiker und Funktionäre schamlos bereichern.

Natürlich gibt es auch unter ihnen fähige Menschen guten Willens, doch befinden sich die in der Minderheit. Da die jeweils an der Macht befindliche Exekutive alles daransetzt, um die seit der Französischen Revolution angestrebte Gewaltenteilung außer Kraft zu setzen, lebt das Land seit nunmehr über achtzig Jahren praktisch in einem Zustand der Willkür. Verbände, die von der Verfassung nicht dafür vorgesehen sind, bestimmen die Geschicke des Landes weitgehend. Lange Zeit war es das Militär, heute sind es einige Gewerkschaftsführer mit autokratischen Allüren. Zwischen den Politikern mit ihrem Gerangel, ihren Intrigen und ihrem täglichen Kuhhandel einerseits und dem Volk der Argentinier auf der anderen, das ihnen auf Verdeih und Verderb ausgeliefert ist, gibt es wenig Verbindendes. Einmal zum Volksvertreter gewählt, schaltet und waltet der betreffende Politiker in den meisten Fällen nach Gutdünken.

Die Schwarz-Weiß-Malerei, der sich die Kommentatoren heutzutage so gerne bedienen, beeinträchtigt die Urteilsfähigkeit der Massen. Wer es wagt, die »Montoneros« zu verurteilen, die unter den demokratischen Regierungen Illias und Frondizis als erste ihre Bomben warfen, wird automatisch zum Anhänger der genauso verurteilungswerten Militärdiktatur abgestempelt. Und umgekehrt.

Trotz aller Schwierigkeiten gelang es uns, eine harmonische Familie zu gründen, deren Mitglieder verlässlich zusammenhalten. Das seit 1893 bestehende kleine Familienunternehmen überlebte sämtliche Krisen, sodass es auch heute noch meinen Sohn Mario und meinen Enkel Ariel ernährt.

Ariel und Tamara, den Kindern Marios und Lilis, verdanken wir unsere bislang dreifache Urgroßelternwürde: Camila, Sofía und Joaquín. Bei Ezequiel, Paula und Andrés, den wesentlich jüngeren Kindern Manuels und Alejandras, ist es noch nicht so weit. Dagegen verhalf uns der inzwischen sechzehnjährige Ezequiel zu einem auf den Kopf gestellten Déjà-vu-Erlebnis. Wenig älter als wir es bei der erzwungenen Auswanderung gewesen waren, von der wir glaubten, sie stelle einen Schlussstrich unter unsere deutsche Vergangenheit dar, gelangte er im Rahmen eines dreimonatigen Schüleraustauschs nach Bremen. Von keiner Vorgeschichte belastet, umgeben von alten und neuen Freunden, die ihn unvoreingenommen aufnahmen, fühlte er sich in der Geburtsstadt seiner Oma Ruth nach einer kurzen Eingewöhnungsphase in seinem Element. Für mich aber wirkte dieses Erlebnis meines Enkels, 73 Jahre nach meinem Abschied aus Deutschland, wie ein versöhnlicher Abschluss meiner Lebensschleife.

Schlussworte

Als mich im Januar 2008 die überraschende Nachricht erreichte, man habe mir den Jakob-Wassermann-Literaturpreis zugesprochen, konnte ich lange nicht fassen, dass diese Wahl auf mich gefallen war. »Mein Lebenskreis«, so führte ich in meinen Dankesworten im Fürther Stadttheater aus, »der vor fünfundachtzig Jahren im Nathanstift dieser Stadt begann, neigt sich seinem Ende zu. Die meisten der Verwandten und damaligen Bekannten, die nicht nur meine Kindheit bestimmten, sondern auch die Kindheit nicht weniger der hier Anwesenden, sind längst von uns gegangen, wirken jedoch weiter in Ihnen und in mir fort. Es ist daher von ganz tiefer Bedeutung für mich, dass es mir noch vergönnt ist, diesen Höhepunkt meines Lebens in Fürth zu erleben – in der Stadt, die nie aufhörte, meine innere Heimat zu sein.«

Viel habe ich erlebt. Schönes und Hässliches, Beglückendes und Schmerzliches. Stets begleitet vom nachhallenden Grundgeräusch, das von der Shoah ausgeht. Ich entkam den Folgen des Rassenwahns. Blieb am Leben, um mich, gemeinsam mit meiner Lebensgefährtin Ruth, meiner Kinder, Enkel und Urenkel zu erfreuen, diesen Trägern meiner Zukunftshoffnung.
Dankbar gedenke ich der vielen Menschen, die mir im Laufe meines Daseins ihre hilfreiche Hand boten. Die mir neue Wege wiesen. Die mich in Stunden der Vereinsamung warmen Herzens in ihr Heim aufnahmen. Mein Dank gilt den guten Freunden und Familienmitgliedern, die mir durch ihre konstruktive Kritik bei der Abfassung dieses Erinnerungsbuches halfen und gelegentlich mein Gedächtnis auffrischten.

Die Beschäftigung mit meinen Memoiren zeigte mir auch, dass es oftmals ganz alltägliche Ereignisse sind – eine Begegnung, ein Buch, ein Bild, ein Gedicht, eine Melodie, eine Theateraufführung, ein Film –, die den sich ständig verästelnden Lebenspfad unseres »Gartens der Weggabelungen« bestimmen, von dem Borges spricht. Durch den mich, wie ich heute als alter Mann erkenne, ein innerer Kompass leitete. Die Ankunft des Brüderchens. Ein vom Vater geschnitztes Schiffchen. Ein verstümmelter Maikäfer. Das in der Höhlenluft schwingende Echo eines Tropfsteins. Der Händedruck eines kindlich bewunderten Mannes, der erste Kuss oder ein nie geküsster Mund. Die aus der Thora vorgetragenen Zehn Gebote. Die im Entbindungsraum des Dorfspitals gehaltene Kerosinlampe, mit der ich bei der Geburt unseres ersten Sohns assistiere. Der Durchschlag eines Briefes. Die Bemerkung eines Meisters, der unversehens ein verrammeltes Fenster aufstößt, um Dinge sichtbar zu machen, denen ich bis dahin keine Beachtung schenkte. Latente, zu neuem Leben erwachende Reminiszenzen, den in Muschelschalen zusammengepressten japanischen Papierblumen vergleichbar, die erblühen, wenn sie ins Wasser gelegt werden.

Dem Wanderer ähnlich, der von einer Anhöhe aus mit dem Blick den von ihm zurückgelegten Weg erfasst, erkenne ich die Spuren der Kindheitseindrücke, die dem Labyrinth meines vielfach verschlungenen Lebenspfads einen Sinn geben. Ein langer, nicht immer leichter Weg, dessen Bewältigung, wie ich heute glaube, wichtiger ist als das Ziel, das mir verborgen bleibt. Hinter dem ich aber das Walten eines planenden, sich unserem Verständnis weitgehend entziehenden Weltgeistes erahne, dessen Gesetzen wir alle untertan sind.

Zur Geschichte dieser Autobiografie

Seit dem Erscheinen meiner ersten Bücher auf Deutsch wurde mehrmals der Wunsch an mich herangetragen, meine Autobiografie zu verfassen: eine Anregung, der ich mich bis Mitte des vergangenen Jahres standhaft verschloss. Zum einen schien mir der Zeitpunkt noch nicht gekommen, mich an eine derartige Lebensübersicht zu machen, die auf einen Abschluss meines Daseins hinzielte, zum andern hielt mich eine gewisse Scheu davon ab, mich mit Dingen aus meiner Vergangenheit zu beschäftigen, die ich jahrzehntelang in mein tiefstes Inneres verbannt hatte. Als dann Dr. Thomas Kraft den Vorschlag wiederholte, erreichte er mich in einem schwachen Moment: »Jetzt oder nie!«

Freilich reifte insgeheim ein Plan in mir heran, der zunächst seltsam erscheinen mag. Ich wollte nämlich eine Autobiografie zustande bringen, ohne als deren Mittelpunkt in Erscheinung zu treten. Ich stellte mir vor, mich als Zeitzeuge – man verzeihe die abgegriffene Bezeichnung – ganz am Rand der Erzählung bewegen zu können. Eine Absicht, die sich nicht immer durchführen ließ, denn es ist kaum zu vermeiden, dass der Handelnde hinter dem erzählenden Autor in Erscheinung tritt.

Auch weiß ich nicht, wie weit es mir gelang, diese Selbstdarstellung von den Einflüssen freizuhalten, die sich durch das vorlaute Dazwischengeplapper des in die Jahre gekommenen Erzählers ergibt, dieses besserwisserischen Besserwissenden, der die Legitimität der spontanen Erinnerungen in Frage stellt und mit dem Finger auf die inneren Widersprüche weist, die unserer Geschichte nun einmal anhaften.

Ruth und Robert Schopflocher, umgeben von ihren beiden Söhnen und zweien ihrer Enkel vor dem Fürther Stadttheater anlässlich der Verleihung des Jakob-Wassermann-Preises 2008

Und dann, als ich etwa zwei Drittel des Buches im Rohbau fertig hatte, begann mein Körper zu rebellieren. Im September 2009 musste mich meine Frau in die Notaufnahme unseres Krankenhauses fahren, wo man mir wenige Tage später einen Herzschrittmacher verpasste. Zwei Monate danach stellte sich ein bullöses Pemphigoid ein, eine Hautkrankheit, der nur mit der Verabreichung hoher Dosen von Cortison beizukommen ist. Kaum hatte ich mich von dieser Krankheit einigermaßen erholt, als ich von einer schmerzhaften Gürtelrose heimgesucht wurde, die noch immer meine Arbeit behindert. Ich will nicht behaupten, dass diese Kette von Missgeschicken in unmittelbarem Zusammenhang mit der Autobiografie steht, doch ist nicht auszuschließen, dass sich die Vergangenheit in den Krankheitsbildern regt, die mir zusetzen. Nichts weiter als eine Spekulation? Mag sein. Man spioniert nicht ungestraft in seinen eigenen Seelenschlupfwinkeln.

Aber das ist schon eine ganz andere Geschichte.

Buenos Aires, im Juli 2010